东亚佛学评论

Review of East Asian Buddhist Studies

第三辑

Number 3

刘成有　主编

国际文化出版公司

·北京·

图书在版编目（CIP）数据

东亚佛学评论．第三辑 / 刘成有主编．—— 北京 ：国际文化
出版公司，2021.12
ISBN 978-7-5125-1261-0

Ⅰ．①东… Ⅱ．①刘… Ⅲ．①佛学－文集 Ⅳ．① B948-53

中国版本图书馆 CIP 数据核字 (2021) 第 249031 号

东亚佛学评论（第三辑）

主　　编	刘成有
责任编辑	梁卫国
出版发行	国际文化出版公司
经　　销	全国新华书店
印　　刷	北京虎彩文化传播有限公司
开　　本	880 毫米 ×1230 毫米　　　32 开
	9 印张　　　　212 千字
版　　次	2021 年 12 月第 1 版
	2021 年 12 月第 1 次印刷
书　　号	ISBN 978-7-5125-1261-0
定　　价	68.00 元

国际文化出版公司
北京朝阳区东土城路乙 9 号　　　　邮编：100013
总编室：（010）64271551　　　　传真：（010）64271578
销售热线：（010）64271187
传真：（010）64271187—800
E-mail：icpc@95777.sina.net

东亚佛教研究中心
East Asian Buddhism Institute

Organizer 主办单位

East Asian Buddhism Institute, Minzu University of China

中央民族大学东亚佛教研究中心

Editor–in–Chief 主编

LIU Chengyou 刘成有

Executive Editor 执行编辑

SHI Jingpeng 史经鹏

English Editor 英文编辑

Kevin J. TURNER 田凯文

Nelson LANDRY 蓝山

Academic Committee（in alphabetical order）
学术委员会（按字母表顺序）

LI Silong, Peking University	李四龙	北京大学
LIU Chengyou, Minzu University of China	刘成有	中央民族大学

目录 Contents

书评

Reviews

意识的形而上学

摘要：与通常的从文献学、历史学视角进行的研究不同，井筒俊彦从哲学的视角，通过对《大乘起信论》哲学内涵的分析考察，力图揭示此书所蕴含的东方哲学的普遍性，从而重新构筑所谓意识的形而上学。在作者看来，在存在论的意义上，《大乘起信论》的"真如""随缘"就是"真如"的现象态的显现过程，也是语言的分节功能；在意识论的意义上，"心真如""心生灭"的两

①［作者］井筒俊彦（1914~1993），日本语言学家、东洋哲学家、伊斯兰学者。1954年至1968年，担任日本庆应大学教授，后在伊朗和加拿大从事教学和研究工作，是有世界声望的伊斯兰学研究学者，其代表作有《伊斯兰思想史》（1975年）《伊斯兰哲学的原像》（1980年）《伊斯兰文化》（1982年），《古兰经》日文版的翻译者。

［译者］张文良，中国人民大学佛教与宗教学理论研究所教授，研究领域为中国佛教、日本佛教。

重构造分别指示未显现的意识与已显现的意识；"三细六粗""熏习""不觉"表示现象世界从绝对无分节中分化、产生的机制；"始觉""本觉"则表达众生的修行和觉悟的过程。本文认为，通过对《大乘起信论》这一文本的解构和重构，可以发现其中包含的现代哲学的诸种可能性。

关键词：《大乘起信论》 意识 形而上学 东方哲学

序　言

《大乘起信论》的作者到底是谁？回答是"不知道！"按照佛教思想史上的说法，此书是古印度的马鸣菩萨所作，但因为历史上称为"马鸣"的佛教思想家不只一人，虽说是马鸣之作，到底是哪一个马鸣却仍然不能确定。

其次，关于此论何时何地写出，也没有确切的答案。甚至此书最初是用何种语言写就，也不甚明了。现在，我们能够看到的《大乘起信论》的版本只有新旧两种汉译本。既然说是汉译，我们自然会想象其原本为梵文本。但对此也有疑问，实际上此论也可能原本就是由汉文写就的伪论。

如此这般不知写就于何时何地、也不知出自何人之手、如此薄的一本小册子，却作为大乘佛教屈指可数的论书而声名远扬，在六世纪之后，推动了佛教思想史的发展，规范了佛教思想发展的方向。直到今日，其影响力仍持续不衰。

古往今来，关于《大乘起信论》的注释类和研究类的著作汗牛充栋。在已有的林林总总的注释书的基础上，再增添一本新的注释书，并非我的初衷。我撰写这篇论文的动机与以往的注释家迥然不同。

毫无疑问，《大乘起信论》是一部宗教著作。

但，这一论书同时也是一部佛教哲学的著作。当下，我特别聚焦于其第二种属性，通过对《大乘起信论》的再解读，即通过解构作品，分析其提出的哲学问题，进而探索其中所蕴含着哲学思想的诸种可能性，即对于这一论书显在地表述出的以及潜在地暗示出的哲学思想的线索，尽可能地加以赜探隐索。

要而言之，我之所以将《大乘起信论》作为本论文的主题，就是将其作为我多年来所思考的东洋哲学共时论构造的基础资料之一，从新的视角对其意识形而上学的构造进行再构筑。

把握贯穿于整个东方哲学的共时论构造，即古老的东方哲学对于生活于现代的我们来说具有什么样的意义？这是我近二十年来一有机会便言及的课题，关于其内涵，这里不欲详述。概而言之，即对古老文本的重新解读。"阅读"，不是简单地照本宣科，而是从新的视角出发对古老文本进行解构和重构。

作为珍贵的文化遗产而传承到我们手里的传统思想的文本，如果只是作为古董而装饰我们的书架，就失去了其应有的价值。我们应该积极地从现代人的视角去进行全新的解读，即将古老文本所蕴含着的哲学思想的可能性，通过创造性的阐释，使其得以彰显，从而为我们解决现代思想的课题提供思想营养，并开拓哲学思想未来发展的可能性。

这种思想的尝试到底能够得到什么样的成果，实在而言，我亦不知。我首先欲表明的，就是对待东方哲学，我一直秉持这样的立场。对《大乘起信论》的解读，是我重新阐释东方哲学的理论尝试的小小一环。

一、存在论的视角

1. 双面的思维形态

如上所述，当我们从哲学的视角解读《大乘起信论》的文本时，我们首先会注意到《大乘起信论》的两个显著特征。

其一是思想的空间化构造。如"心""意识"等以内在机能为内涵的概念，都是非空间性的存在，而《大乘起信论》的形而上学思维却都将其表述为空间性的、有特定边界的概念。经过这种思维操作，脱离了本来的时间性的"心"被表达为有限—无限的空间拓展。以这种空间化的形态，"心"被塑造为形而上学的存在（看到这里，柏格森一定会皱眉头了！）。

思维的空间性是贯穿《大乘起信论》哲学整体的根本性的思考方式，是《大乘起信论》哲学的基础构造。下面还将涉及这一问题，兹不赘述。

《大乘起信论》思想的第二个特征是思维的独特展开方式，

即思维的展开皆是双面的、二律背反的、两相对立的。换言之，思维的展开不是直线型的。这种思维的展开形式，既是《大乘起信论》思想的魅力所在，也是其难点所在。

《大乘起信论》整体结构严密，逻辑严谨，条分缕析，环环相扣。然而，深入到其理论内部，我们就会发现其思维的展开不是一条直线，而是一条蛇形线，蜿蜒逶迤，柔软而强劲。

思维展开过程中，处处有歧路，思维就在两种相对立的平行线之间上下震动而宛转向前。看着这种忽左忽右、忽上忽下的思维之流，人们往往会觉得捉摸不定。总而言之，《大乘起信论》尽管看起来理路明晰、逻辑清楚，但其思维形态并不是单线条的。面对这种具有特殊思维形态的文本，如果我们用直线型思维去把握，《大乘起信论》的思想或许会显得自相矛盾。

《大乘起信论》思维展开的这种强烈的二律背反倾向（意义的两面性、背反性），在《大乘起信论》中的诸多基本概念和范畴（或许应该说是全部）的意义构造中体现出来。

详细的讨论将在后面展开，这里仅举两例加以说明。

第一个例子是"真如"。"真如"这一范畴不仅在《大乘起信论》中，而且在整个大乘佛教中都是核心概念之一。这一概念的内涵是复合性的，而非单一的。在《大乘起信论》中，"真如"在本体的意义上，指充溢在无限宇宙中的存在能量、存在的表达力，是不可分割的全一的状态，是本原性的绝对的"无""空"（非显现）。

但，另一方面，"真如"之外，世间无一物。"真如"作为一切事物的本体，虽然它本身是"无"，但又显现为一切"有"，也就是说，一切瞬息万变、变动不息的经验世界的存在，莫不是"真如"的具象化表达，是显象化的"真如"。

在这个意义上说，"真如"表现为存在论上的两面性，即一方面它是绝对的"无""空"，是绝对的非显现；另一方面，它又是"有"，是在现象面的自我显现。这种两面性的、二律背反的性质恰恰是"真如"的核心属性。如果没有这种属性，"真如"既不可能是宇宙存在能量、全一的真实在，也不可能是这种宇宙能量的显现。在《大乘起信论》中，还有一个经常与"真如"并称而性质相反的概念"无明"（＝妄念）。而在存在论的意义上，"无明"就是"真如"本身。这种存在论的事实，如果用从信仰、修行的立场来表达，就是"烦恼即菩提"；从哲学的立场来表达，就是"色即是空，空即是色"。总之，"真如"不断地两相分离，而相对立的两面又不断地回归根源性的平等、无差别。

以上是存在论意义上的概念两面性问题。实际上，"真如"除了存在论意义上的两面性，还有另外一重两面性，这就是价值论意义上的肯定、否定的两面性。这种两面性在伦理学和道德论中具有特别重要的意义。如果从伦理学的立场来看，"烦恼即菩提"就不能成立，"真如"与"无明"在价值属性上完全对立，尽管从存在论的意义上说，"无明"是作为根源性存在的"真如"的一个侧面、一种显现形态。

从这个视角看，《大乘起信论》中的"真如"具有现象态和非现象态两种存在状态，前者具有否定性属性，后者则是肯定性属性，两者是相互对立的关系。现象界的事物（我们日常所体验的世界），毫无例外地都是"妄念"的产物，现实的世界就是妄象的世界。

换言之，"真如"的两个侧面即现象态与非现象态，虽然相互矛盾、相互对立，一个是否定性的、一个是肯定性的，但两者共存于"真如"之中。

与此相应，以"真如"为对象的我们的思维，也必然是双面的、二律背反的。围绕"真如"的思考，就如同两个相向而行的磁针在正负两级的力量构成的强大磁场中有序振动和摇摆。

《大乘起信论》中所说的"觉者"，即理想的、完美的修行者，就是具有这种思维特质者。他们不会对概念的两面性视而不见，相反，他们能够从更超越的立场，对概念的存在论意义上和价值论意义上的两面性进行超越性的综合把握，对其"非一非异"的属性，无矛盾地透彻理解。

第二个例子是在意义论上与"真如"有密不可分关系的范畴"阿梨耶识"。这一概念到底具有何种内涵，或者《大乘起信论》中的"阿梨耶识"与唯识哲学中的"阿梨耶识"有何异同，是下面将详细考察的内容。这里，只就这一概念所具有的两面性问题略加分析。

《大乘起信论》中的"阿梨耶识"处于"真如"的非现象态（形

而上的境界）与现象态（形而下的境界）之间的"地带"，是连接二者的空间性、形象化的概念。它是一种过渡形态，即"真如"由非现象的、"无"的次元，经由"阿梨耶识"而转换到现象的、"有"的次元。"真如"经由此处而脱离寂兮寥兮的"本来无一物"状态，进入五彩缤纷的经验的世界（用哲学的语言表达则是"意义分节体""存在分节体"）。"真如"由非现象态（"无"的境地）转向现象态（"有"的境地），以及反过来，由现象态的"有"复归非现象态的"无"，必须经过这一"中间地带"。《大乘起信论》中的"阿梨耶识"的基本构造就是如此，所以，其基本属性也是双面的、二律背反的。

因而，"阿梨耶识"的价值属性是肯定的还是否定的，取决于我们如何评价存在的现象态（经验的世界）。如果我们认为经验的世界意味着从"真如"状态的逃逸、背离，是我们的"妄念"所生的虚妄幻象，那么，作为其起点的"阿梨耶识"在价值上就是否定的。相反，如果我们把经验的世界视为"真如"自体的展开、"真如"的自我分节过程，那么，"阿梨耶识"在价值上就是肯定的。

妄象不断显现的源头（否定性存在分节的立场）

"阿梨耶识"

"真如"不断自我开显的始点（肯定性存在分节的立场）

由于"阿梨耶识"自体的两面性、二律背反性，《大乘起信论》关于"阿梨耶识"的思维自然也是分为肯定和否定两条线，在相反的方向上展开，是一种横跨非现象和现象的思维。这种思维特征在《大乘起信论》的"不生灭与生灭和合，非一非异"这种看起来自相矛盾的表述中体现出来。"不生灭"即"非现象性"，"生灭"即现象性；"非一非异"即双方既非全同，又非全然相异。正是在这个意义上，《大乘起信论》将"阿梨耶识"称之为"和合识"。

上面提到的"真如"和"阿梨耶识"只是典型地体现《大乘起信论》思维的两面性和二律背反性的两个例子。实际上，在《大乘起信论》中，这样的例子举不胜举。随着对《大乘起信论》文本的解读，我们会发现，几乎在所有的概念范畴的内部构造中，都存在着这种意义论的特征。

2. 作为假名的"真如"

在东方哲学传统中，一般而言，形而上学的目标是探究"言语之前"的世界。形而上学的思维达到极致，就是超言绝相、玄而又玄的境界，而到这一境，语言就丧失其本来所具有的意义指示的功能。如果仍然在言语与思维的范围内，那么，即便有存在论存在的余地，也不可能有形而上学。

虽然这么说，这并不意味着我们完全放弃语言。因为即便要超越语言、否定语言的能力，也要使用语言这个工具。即"言语道断"本身也是一种语言形态。人类生来就是语言性的存在，依靠语言来否定语言，听起来不可思议，但这恰恰是人的一种宿命。

关于这一点，人们经常用"一默如雷"来形容"沉默"的价值。似乎在形而上学体验的极致，只要完全沉默就能解决所有的问题。

但讽刺的是，"沉默"只有作为对"语言"的否定之否定，才具有修行论的意义。单纯作为"语言"否定的"沉默"实际上仍然是语言的意义连接的一环，仍然是语言的一种形式。

有人主张，路上的石头原本与语言没有任何关系，其"沉默"也有神秘的意义。但不要忘记，赋予路边石头的"沉默"以深远意义的，是人的意识活动。所以，"沉默"说到底，绝没有完全超越语言的支配范围。以形而上学的建构为目标的哲学思维，即使一味标榜"沉默"，也丝毫不会解决任何问题，即没有朝着形而上学建构的目标前进一步。即使明知道语言无效，也要运用语言这一工具对"语言之前"的世界进行描述，即从"言语道断"的世界再回到语言所支配的领域（＝全存在的世界），要"高高山顶立，红尘浪里行"。只有从结构的角度，对非语言的世界与语言的世界进行立体的、全方位的把握，才是形而上学的宗旨所在。这种形而上学的考察，正是《大乘起信论》所进行的尝试。

鉴于以上的事态，东方哲学的诸种传统思想，为了表达形而上学的至高境地，提出了诸种名称，如"绝对""真"（实在）"道""空""无"等等。思想家们明明知道至高的境地是无相无名的，但为了将其放入语言的支配范围内，作为一种方便，又不得不使用各种名称来称呼之。而其本质，不过是《大乘起信论》所说的"假名"。

古罗马时期，新柏拉图主义者普洛丁（Plotinus）所提出的"一者"（to hen）也是如此，"一者"纯然是一个假名。关于这一点，普洛丁曾解释道，自己使用"一者"所要表达的，并不是一者，也不是任何有确定内涵的东西，而仅仅指称"有之彼岸""实在性之彼岸""思考力之彼岸"，即言诠所不及之绝对的境地。与此正相契合的概念名称，原本就不存在。但如果仅仅说"言语道断"，哲学家就变得无话可说，所以"勉强赋予它一个假名，称之为一者"。有时候，不得不称呼它之时，也使用模糊的、不加严格限定的"那个东西"的说法。"但严格说来，既不能说'那个东西'也不能说'这个东西'，无论使用什么语言，我们都只是在其外侧打转转而已。"普洛丁的这段话，很准确地表达了作为意识和存在的奇点所具有的本原性和无可名状的性质，也表达了"一者"的假名性格。

基于完全同样的逻辑，《大乘起信论》选取了"真如"这一假名。《大乘起信论》在多处强调，"真如"只是假名，是为了表达绝对境地的一种方便、一个符号。

"一切诸法，但依妄念而有差别，若离心念，则无一切境界相。是故，一切法从本以来，离言说相，离名字相，离心缘相，毕竟平等，无有变异，不可破坏，唯是一心，故名真如。"

"一切言说，假名无实，但随妄念不可得故，言真如者，亦无有相。……当知一切法不可说、不可念故，名为真如。"

"真如"，顾名思义，是本来如此之意。"真"是对虚妄性的否定；"如"是无差别、不变的自我同一性。原为梵文 tathata 的汉译，梵文的本义为"本然之性"，是纯然的本来状态，无有一点一画的增减。

不过，"真如"尽管是假名，我们也想了解它到底意味着什么呢？我们知道，上面列举的各种名称，全部是假名。那么，既然每个假名都非"真"名，是不是任选哪个假名都能够同样表达形而上学的究竟者呢？如果不是"真如"，而是"道"或"无"，其意义是否完全相同呢？答案是否定的。"真如"与"道""无"之间有着显著的差异。因为每一个术语背后所存在的语言意义的"业"（前规定、意义预设）不同。虽然这些术语皆表达意识与存在的奇点，但意义表达的方向性、文化范式全然不同，如"真如"和"道"背后分别是印度与中国的文化范式。那么，这种差异是如何造成的呢？

无论是假名也好，还是其他名称也好，只要我们给某物命名，就不仅仅是一种单纯的命名行为，实际上，命名，从哲学的立场看，是一种意义分节的行为。当某物被命名的同时，就出现意义分节，某物就被特殊化、特定化。如由"真如"所命名的意识和存在的奇点，与以"道"命名的意识和存在的奇点，由于其背后的文化范式不同，其意义的指向性亦不同。换言之，虽然同有奇点，但两者是不同的存在。

3.语言的意义分节与存在分节

如上所述，新柏拉图主义的代表性思想家普洛丁，一方面将自己构想出的形而上学存在体系的极点命名为"一者"，另一方面又主张"一者"是假名而非本名，"一者"是无名无相的存在。"无名"，意味着它绝对地超越语言的范围。所以，严格地说，"一者"不仅不能称之为"一者"，而且一切形式的语言名相都不可趋近它。不可方物，难以言表。然而，讽刺的是，这种拒绝语言表达的主张又不得不用语言来表达。这可以说是一种根本性的悖论。

形而上学思维达到极致，为什么语言会丧失其意义指示的有效性呢？

这是因为，在极致的境地，形而上学性的存在是绝对无分节的。可以把它想象为漫无边际、浑然一体、平等无差别的纯粹空间，或者一种混沌状态。对于这样的一种存在，以分节和差别为根本属性的语言确实无从把握，完全无能为力。

语言的根本功能是意义分节，即由赋予对象特定意义而将原本混沌一团的存在切割开来，如果没有这种分节行为，语言就不能发挥其意义指示的功能。形而上学的存在，原本是绝对无差别的存在，但一旦将其命名，如命名为"真如"，那么，它就被区隔为"真如"，它原本所具有的无差别性、无限定性、整体性就立刻丧失。正因为如此，《大乘起信论》一边使用"真如"的概念，一边反复强调"真如"是假名，不可与本名相混淆，所谓"言真如亦无有相"。

以上，我们屡屡使用了"分节"一词，这是我们展开讨论时的核心概念。在佛教的术语中，原本有"分别"（梵文 vikalpa）一词，和"分节"一词意义相当，但与"分节"一词相比较，"分别"至少在现代日本语中是口语用法，且带有强烈的道德论内涵

（在现代日语中，"分别"是"歧视"之意），与本论文追求思想的纯哲学化表达的主旨不符。

"分节"，顾名思义，是"切割、分割、划分"之意，而行使划分功能的，就是语言的意义指向。换言之，"分节"就是语言的本原性的意义指向事态。在我们的实存意识的深层，储藏着无数的语言的分节单位，而在这些分节单位的背后则是意义之"业"（意义预设，在漫长的岁月中，经过历史变迁而逐渐形成的意义的蓄积）。意义之"业"具有自我实现、自我显现的本原性冲动和意向性。在这种力量的刺激下，原本光滑整齐、无一丝裂纹的本原意识的表面，出现纵横无尽、重重叠叠的分割线，这就是由语言符号所表征的无数的意义存在单位。这些意义单位的出现，就是"分节"。我们在经验世界中所值遇的一切物象，以及观察这些物象的主体自身，都不过是经由"分节"而现出的意义存在单位而已。存在的这种根源性的意义显现，我们称之为"意义分节即存在分节"。

这里所说的"分节"具体是什么样的情景？在形而上学思维的极致处（意识和存在的奇点），这一情景得到清晰地呈现。不仅仅是作为本论主题的《大乘起信论》的"真如"以及普洛丁所说的"一者"，诸种文明传统中的假名所指称终极存在，莫不在所谓"形而上学"的极致处，论及"分节"问题。如老庄哲学中的"道"就是如此。

"道"在老庄思想中指称终极真实的实在，它是绝对的

"无""无名"。"无名"是不可名状之意，亦为绝对无分节之意。庄子云："夫道，未始无封"。也就是说，"道"是纯粹的"无"，是空旷寂寥、渺渺茫茫的空域，绝对无分节的净境，是"广莫之野"。其间没有任何现象事物的存在。

在绝对空的表面，由于语言背后下意识的存在分节的冲动，无数的事物显现出来。这就是《老子》所说的从"无名"到"有名"的转换。

关于"道"这一假名所表达的绝对实在的极限境地即"无""无名"，庄子用他擅长的神话故事的形式来描述，这就是"混沌神"的故事。这里的"混沌"不是通常意义上的诸物混杂在一起的状态，而是无一物存在的非现象态、未显象的绝对无分节的空间。

庄子在故事中说，在现象世界尚未出现的太古时代，曾有一位"混沌神"。此神的面部没有眼鼻口耳，是不折不扣的妖怪。其他诸神出于好心，在其面部为其凿出了"窍"。然而，"窍"凿出来、眼鼻口耳出现之后，"混沌神"轰然倒地而亡。

庄子的"混沌神"的故事想象丰富、结构奇拔。故事的结局"混沌"之死，并不仅仅意味着死亡、不存在。实际上，这里的"死"意味着实在的次元转换，而且是一种根本性转换，即由绝对无分节状态转换到分节状态，由非现象性的存在次元转换到现象性的次元（在庄子那里，比起次元的转换的说法，次元的跌落似乎更准确）。无论如何，在语言的意义分节机能中，有着这种存在论的作用。

关于存在世界的显现过程中语言的意义分节机能的决定性作用，《奥义书》吠檀多哲学的"名色论"有非常典型的表述。"名色"即"名与色"，指语言与语言所唤起的意义形象。

在吠檀多哲学中，"形而上学之存在"被称为"梵"（Brahman）。"梵"又分为"上梵"和"下梵"。"上梵"指形而上学的终极境地中的绝对无分节，而与此相对，在现象的分节态中的"梵"称为"下梵"。

在吠檀多哲学中，以商羯罗为代表的不二一元论思想家强调，相对于绝对无分节的"上梵"，"下梵"虽然也称为"梵"，但却是"名与色"的存在次元。在这里，"名"指作为意义分节标示的语言；"形"不仅仅指事物的外形，也包括事物的属性、用途等，即某物之所以为某物的一切限定性要素。

如上所述，"分节"是区隔、分割、分别、分开之意。混沌未开的"无物"状态的空间表面，由语言而划出分割线。一旦有"名"出现，意味着各个物相借助语言意义形象的差异性，而获得自我同一性，并由此而彼此区分开来，亦即各个单位作为有意义的存在而显现出来。我们当下所生活的世界是一个由无数的"名"而显现出来的重重无尽的相互关联的组织，一张由各个意义分节单位为纽结的网状结构。这个组织和结构不是静态的，而是动态的，其间充满了复杂的力量冲突和平衡，像一个吸引一切、包摄一切的大磁场。"名色论"成为《奥义书》吠檀多的形而上学与存在论的发端。如果没有"名"即语言的介入，形而上学就不能展开为存在论。形而上学的"无"的极端形态本身，也是以"名"的排除这种否定的形式而与语言发生关联。我们在论及"真如"的假名性质时，已经对其有充分认知。

在讨论吠檀多的"名色"思想时，人们经常引用《唱赞奥义书》（*Chandogya-Upanishad*）下面一节（Ⅵ，1）来说明其特征。这段话整体上也是比喻性的文字。

> 手取一块土，将其捣碎，以此为材料做出各种器物——茶碗、器皿、钵、壶等等。这些器物都是由于"名色"的差异性而成为相互不同的器物。但这其中的任何一件器物，拿起来看都是土。茶碗、器皿、钵、壶等等，其材质都是土，这一点是共通的，区别只在于"名与色"。土，构成上述一切器物共通的实在性，而语言和语言所唤起的意义分节形象则造成器物之间的差异。（如果进一步分析下去，作为"名色"以前的实在性的土，撇开其比喻性的定位，也是基于意义分节的、"名色"的一种自我同一性。）

这段话，用通俗易懂的语言，将无分节的"梵"与其现象的分节形态之间的形而上学的、存在论的关系，做了巧妙地说明。吠檀多哲学是如何理解语言的意义分节在现象世界显现过程中的作用的，看了这个比喻，就可大体明了。

最后，我们简略地考察在伊斯兰教的背景中，语言分节的概念是如何在形而上学的体系中发挥关键作用的。众所周知，伊斯兰教是信奉唯一人格神的启示宗教，与上述的佛教与吠檀多哲学的思想传统属于完全不同的体系。以公元十三世纪为分界线，伊斯兰哲学分为前期和后期。在前期，伊斯兰哲学受到希腊哲学的支配性影响，而进入十三世纪之后，伊斯兰哲学脱离希腊哲学的影响，进入思想独创期，成为真正意义上的伊斯兰哲学。其代表性哲学家就是伊本·安拉比（IbnalArabi，1165—1240）。以下，以安拉比的"存在一性论"为中心，对伊斯兰哲学思想的"存在分节·意义分节"说略作考察。

说起伊斯兰，人们马上就想起唯一绝对的人格神——安拉。这已经成为常识，无论是不信仰伊斯兰的异教徒还是普通的伊斯兰教徒都是如此。创造、支配存在世界，或者说本身就是存在代名词之神，只有安拉。在伊斯兰教中，无论是正统的神学思想还是哲学思维，在言及存在或实在时，莫不把安拉放在存在性、实在性的终极境地。似乎所有人都将这一点视为常识，没人敢提出任何怀疑。

但同为伊斯兰教的正统派哲学，在伊本·安拉比的"存在一性论"那里，情况就变得复杂起来。在宗教和信仰中的神，在安拉比的哲学中被称为"存在"，而且，此"存在"的终极境地，如普洛丁的"一者"一样，在存在的彼岸。普洛丁所说的"实在性和思维的彼岸"，就相当于伊本·安拉比的"存在"，它既在存在的彼岸，同时也是全存在世界的终极本原。

"存在"无明无相，故无可名状，只有主语，不能有述语，甚至不能说是"神"。因为"存在"是"神"之前的"神"，而不是普通意义上的"神。在这个意义上，对伊本·安拉丁来说，所谓"存在"在终极的意义上也是一个假名、一个符号，而并非他所说的绝对实在的名称。

可见，即使在伊斯兰哲学中，"形而上学"在其终极境地也是绝对无分节，超言绝相，超越一切"名"。同时，在超言绝相的真实在（"存在"）中，又有着本原性的自我显现的指向性。这种指向性，用宗教的术语来说，即"潜隐之神"必然转化为"显现之神"。

受到本原性的自我显现指向性的刺激，无明无相的"存在"逐渐降格到吠檀多所谓的"名与色"的存在次元。其第一阶段是"安拉"的自我显现的阶段。这是无分节的"存在"离开无分节性的第一步，在这一阶段，语言已经开始介入。

我们不能忘记的一个重要事实是，"安拉"也是一个"名"。伊斯兰的正统神学将"安拉"视为神的"至大之名"。但无论是"至大"还是"至高"，"名"终归是"名"。在提到"安拉"之"名"时，意味着我们已经一脚踏入了语言的支配圈。

也就是说，"安拉"是无名无相的绝对真实的存在由于"名与色"的作用而自我分节的最初阶段。在"安拉"之后则是无数的低层次的"神名"，这些"神名"构成的意义关联构造建构了现象的存在世界。

在伊斯兰教神学中有一个重要的分支即"神名论"，其研究的对象即分析考察无数"神名"的性格以及它们之间的相互关系。

在伊斯兰神学体系中，"神名"被视为诸神的属性。而从现代哲学的立场重新解读"神名论"，那么，传统的"神名论"不过就是语言意义的分节论。在这里，值得特别瞩目的是，在伊斯兰哲学中，神的实在的自我显现过程，依赖于以"安拉"为首的无数"神名"的作用。换言之，没有语言的介入，就没有存在的分节化。这在伊斯兰哲学中是一条极端重要而又极端明了的原理。

一般认为，在崇拜人格神的启示宗教中，分节论是无缘的存在。但与一般人的认知相反，就在启示宗教的浓厚气氛中，分节论的思考以明晰的方式存在着。更具体地说，对于犹太—伊斯兰宗教特有的所谓神的世界创造说，也可以从分节论的角度进行再解读。这说明，在伊斯兰思想发展的最兴盛的时期，思维的形而上学的冲动是如何地不可抑制。

"存在一性论"的思想构造就是无名无相的终极超越者，以"安拉"等"神名"群为中介，创造出林林总总的存在者，从而以绚烂的现象世界的形式自我显现。从哲学的分节论的立场对"存在一性论"的哲学思维构造重新解读，似乎让我们触摸到了在对"生神"安拉的虔诚信仰背后存在的伊斯兰形而上学的真面目。

我们发现，无论在《奥义书》—吠檀多哲学的"名色论"中，还是在伊斯兰"存在一性论"的"神名论"中，都极端强调"名"的存在论的重要性。同样的思想以典型的形态，存在于上述老子的"无名→有名"的存在次元转换方式中。

从"无名"到"有名"，"无名"等于"无"。按照《老子》

的理解，绝对无名的存在，实际上不是任何存在者。有"名"，"无"才成为"有"。只有在这种转换中，存在者才出现。这不禁让人想起在欧洲基督教的世界里婴儿的命名仪式是一种严肃的事情。"命名"将存在者正式从存在的场域中呼唤出来。毋庸赘述，"名"就是语言的意义分节的标志。

综上，我随意举出几种思想传统，大致考察了这些思想传统中关于语言意义分节即存在分节的形而上学的种种形态。

不过，若依鄙见，语言意义分节论是东方哲学（至少是东方哲学代表性思想思潮之一）的精髓，一旦打开话匣，恐怕会收不住话头。暂且打住，重新回到本文的主题《大乘起信论》中的"真如"概念的分节论构造。

4. "真如"的二重构造

《大乘起信论》中的"真如"概念内部构造的二重性或重层性，从上述的分节论来看，当然是可以预测的。

在本论的开头部分曾提到，《大乘起信论》中的"真如"，如果不将"阿梨耶识"纳入考虑范畴，基本上就是极为简单的两层构造。也就是说，终极实在，一方面是坚守本然无分节的绝对的非现象态；另一方面，是作为无数分节单位构成的错综复杂意义关联而显现的现象态。这两种属性相反的形而上学—存在论的侧面，同时存在于"真如"之中。

如前所述，由于"真如"的两层构造，我们关于"真如"的思维之径，自然地分为正负两极。一极是超言绝相、拒绝一切有意义分节的"真如";一极则是依赖语言、容纳无限意义分节的"真如"。前者，在《大乘起信论》中称为"离言真如"，后者称为"依言真如"。

$$真如 \begin{cases} 离言真如 \\ \\ 依言真如 \end{cases}$$

只有"离言"侧面的真如不是"真如"。为了把握"真如"的真相，我们的思维必须同时把握"真如"的"离言""依言"两个侧面，将两个侧面视为非一非二的关系。

已经多次说过，"真如"自身是绝对无分节、完全离言绝相的，但同时它与语言的意义分节、存在分节的世界又不是无关系的。相反，不仅有关系，而且分节的世界完完全全就是根源性的无分节世界的自我分节态。从这个意义上说，现象世界也就是"真如"世界本身。

论及《大乘起信论》的"真如"在"无"和"有"之间摇摆的两面性，不禁想起普洛丁所说的"一者"的形而上学的两面性。普洛丁曾云（大意）："一者"是全宇宙的绝对无的极点，它作为孤独超绝的存在，超越一切存在者，隐身于忘言绝虑、寂兮寥兮的浓雾之中。同时，"一者"作为"万有之父"包摄一切存在者，巨细无遗。当它在"有"的次元开显自己的时候，就像巨大的光源向四面八方发射光芒，显现为浩瀚无际的宇宙；而当它收摄自己的时候，一切存在者又复归于它，全世界又收摄于寂兮寥兮的"无"的原点。

普洛丁所描述的"一者"和《大乘起信论》对"真如"的描

述如出一辙。也就是说，作为一切现象世界奇点的"真如"在表面上是"无"的极点，全无一物。而另一方面，它又是一切万物非现实的、不可视的本体，内藏着显现一切存在者的可能性。从这个意义上说，"真如"作为根源性的全一的存在又包摄一切万物。换言之，"真如"既是存在和意识的奇点，同时也是存在分节、意识分节（自我显现）的原点，也可以说它是世界创生的终极原点。

为了形象化地显示包含以上两个侧面的全一的"真如"，将其基础构造想象为包含上下两个半圆的圆形，如下图所示：

全一的真如

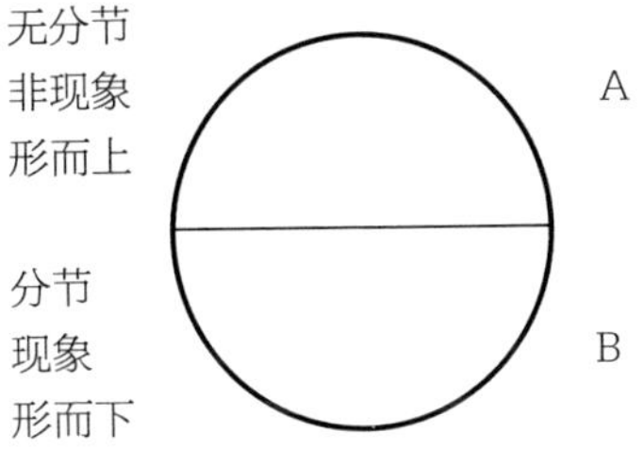

无分节
非现象
形而上
A

分节
现象
形而下
B

需要指出的是，其基础构造既可以分成上下两部分，也可以将两者分别画成独立的完整的圆形。还需要指出的是，用图示的方式将"真如"形象化的做法，并不是本人的创意。类似的做法，在明治时期的代表性佛教学者村上专精的《起信论达意》（明治二十四年刊行）中就已经出现了。

上半段的半圆（以下称为"A空间"或"A领域"）是一片空白，没有任何裂纹或条纹，属于言语不及的无分节态；下半段的半圆（以下称为"B空间"或"B领域"），是由无数有意义的存在单位组成的分节态。A 空间是绝言绝虑的非现象态的"真如"；B 空间则是显现为现象存在、低次元的"真如"。A 空间既不能用语言描述，也不能用思维去把握，《大乘起信论》称之为"离名字相，离心缘相"。这里只是出于方便，将"真如"的这种形而上学极限态用空间形象表达出来。B 空间则表示由流转生灭的事物构成的形而上学的世界，而流转生灭世界的出现则有赖于语言和意识以"阿梨耶识"为场所相互关联。

值得注意的是，B 空间在与 A 空间的关联中具有形而上学的、存在论的两重意义：一是相对于 A 空间的肯定价值，二是相对 A 空间的否定价值。这种两重意义在价值上是根本对立的。也就是说，如果我们只是关注 B 空间，相信其实性，认定只有流转生灭的现象的存在次元才是唯一实在的世界，那么，从《大乘起信论》的立场看，B 空间成为"妄念"的产物，即 B 空间在存在论上是妄想的世界，只有 A 空间才是"真如"。

相反，如果我们认为 B 空间就是 A 空间本身的自我分节态，A、B 兼具才是全一的、真实的"真如"，那么，B 空间就不再是"妄念"的产物，而是在现象的存在次元中，作为现象事物形态的"真如"本身，即在形而下的存在次元中的"形而上"的存在。"真如"在作为妄心而生灭流转的同时，它又没有丝毫失去其清净本性。

在《大乘起信论》中，"真如"的这一侧面，即虽处无常迁流的现象境地而又丝毫不失去自己的本性，被称为"如来藏"。"如来藏"（梵文 tathagata-garbha）原意为"如来的胎儿"，暗示"真如"具有无限的生出存在者，以及自我分节、自我展开的可能性。通过导入这个概念，B 空间就不再是否定性的、"妄念"发挥机能的磁场，而成为肯定性的、发生无限存在分节的场所。当然，这一概念还有广义、狭义之分，关于这一概念的内涵，后面详述。

迄今为止，我们的讨论几乎都是围绕"真如"的概念而展开。下面，我们转换一下讨论的方向，考察《大乘起信论》中另一个重要范畴——"心"。

之所以有这种转换，首先是因为《大乘起信论》文本自身原本就存在这种转换。虽然从表面上看，似乎只是增加了一个新的术语，但实际上，随着这一新的范畴的导入，《大乘起信论》的思想面貌发生巨大变化，其哲学也呈现出全新的色彩。

当然，"真如"在《大乘起信论》的思想体系中确实占据中心位置，这一点没有任何变化。只是"真如"这一假名极度抽象，其内涵接近于奇点。如果说正因为如此，它才是假名，自然也有其道理。但由于其太过抽象，这一术语几乎没有任何具体的所指。为了将哲学思想（在信仰的意义上也是如此）往前推进，需要提出更生动、更有具体内涵的术语。尽管这一术语的出现，可能导致"真如"的绝对"离言"的属性受到损害。

那么，与"真如"这一极度抽象的假名未能清楚表达的东西相对应，是否存在一个既与此在意义上契合又更具形象性的概念呢？似乎就是为了回答这一问题，《大乘起信论》提出了"心"的概念。对"真如"，我们完全不知任何有效的契机去把握它，而"心"则可以说是在具体形象的层面对"真如"的一种翻译。亡言绝虑的"真如"，只有降格到具象性的层面，才可以言说、可以思考。

"心"概念的导入意义还不限于此。如上所言，由于"心"的导入，《大乘起信论》的哲学思想的性格发生了根本变化。抽象的"真如"概念有无数意义解读的可能性。我们即使看到"真如"概念，谁也不知道从哪个方向去理解它。然而，一旦将"真如"转换为"心"，原本恍兮惚兮、无从琢磨的一团混沌，一举变得充满活力，朝着特定方向而展开。所谓特定的方向，即所谓唯心论解释的方向。

实际上，一般认为，《大乘起信论》是佛教唯心论的一部代表性的著作。

尽管《大乘起信论》作为唯心论著作已经成为一种常识，但到底何谓唯心论？如果着眼于"心"字，将"唯心论"解读为唯"心"论，那么，就必须认真思考何谓唯"心"论。这个问题解决了，我们就有理由将《大乘起信论》的核心部分作为"意识的形而上学"（如本文的标题所示）而从哲学的角度进行考察。

二、从存在论到意识论

1. 唯"心"论的存在论

以上讨论了《大乘起信论》哲学构造的第一部分，下面进入第二部分的讨论。第一部分讨论的核心概念是"真如"，第二部分则是"心"。虽然从思想构造看，两者是相通的，但由于"真如"和"心"所决定的分析视角不同，所以同样思想构造呈现出的侧面却完全不同。

在整个第一部分中，由于"真如"被置于核心概念的位置，所以本人力图从存在论的视角分析、构筑《大乘起信论》的哲学。在第二部分，随着分析的中心从"真如"转移到"心"，考察的重点自然从存在论转移到意识论。

从存在论到意识论、思想中心轴的转移——这么说，仅仅是本人个人的解读，而我们所面对的《大乘起信论》文本本身并不是按照这种轨迹展开，至少表面上看不出这种轨迹。但遵从刚才所说的主旨，为了通过对文本语言表层的解体作业、探索潜伏在语言背后的思想的深层构造，我们需要一种方法论工具来对《大乘起信论》进行解读。这种方法论工具，就是对《大乘起信论》哲学进行从存在论到意识论的重新组合。

所以，从存在论到意识论的转移只具有工具论的意义，是我们为了论述方便而做的理论设定，并不是说《大乘起信论》哲学，在文本上有从存在论到意识论的清晰转换，也不意味着只有到"心"的概念的导入，意识论的省察才进入到存在论之中。在《大乘起信论》中，事实上，意识论从一开始就是与存在论结合在一起的，虽然表面上未必明显。

从《大乘起信论》本身来看，意识论和存在论，实际上处于重叠状态。在其哲学思想的展开过程中，意识论与存在论密不可分地纠缠在一起。一方处于显在状态时，另一方潜藏在其后，并参与思想的形成。所以，特定的文本内容到底是意识论还是存在论，实际上取决于思维展开重心的微妙倾斜。

正因为如此，意识论和存在论，原则上是完全是同等的，没有高下和先后之别。另一方面，由于《大乘起信论》的根本立场是唯心论，所以在思想的具体展开过程中，理所当然地将重点放在"心"或意识的侧面。在构筑其哲学体系时，也自然地将意识论作为理论基础。

然而，《大乘起信论》的开头即云，"众生心是摩诃衍之体"。对一般读者而言，这种说法颇让人困惑，因为"众生心"

似乎可以译为"大众之心"，而"大众之心"又如何可以表达大乘佛教本体呢？那么，这一看起来有些奇怪的术语到底表达何种内涵呢？本人接下来会进行详细说明，无论如何，众生心这句话表达的是一个意识论的命题是不言自明的。而且，我们也可以把它视为《大乘起信论》关于自身思想姿态的一种宣言，即明确自己思想的终极基础是意识论。

如果说《大乘起信论》已经表明其根本立场是唯心论，那么，在这一背景下，存在论又处于什么样的思想位置呢？

如上所述，在《大乘起信论》的思想中，存在论与意识论错综复杂地交织在一起，相互激发、相互映照。关于两者这种相互重叠的关系，我们在本文第一部分所详论的分节论中可以看到其典型的形态。

《大乘起信论》形而上学的最核心的部分，就是语言的意义分节，正是这种语言分节才引起"真如"由根源性的非显现态（非现象态）向显现态（现象态）的次元转换。在这里，需要注意的是，"分节"在性质上是双面构造，即语言的意义分节既是存在分节，同时也是意识分节。

提到《大乘起信论》，大家马上浮出脑海的一句话或许就是"忽然念起"。这句话实际上就形象地说明了语言的意义分节的双面构造性质。

"忽然念起"是说，就像不知何时何处、也没有特定的理由就忽然刮起一阵风一样，在"心"的深处就陡起微澜，生起了"念"即语言的意义分节机能。间不容发之际就发生了意识的分节，间不容发之际就产生了多种多样的存在分节，产生了百花缭乱的现象世界。"念起"实际上是意识分节和存在分节的两重生起。

在本文的第一部分所引用的《大乘起信论》中说明"真如"的假名性的一文中，有"唯是一心，故名真如"一句。在《大乘起信论》作者看来，作为表达存在的究竟态的假名"真如"，与"心"是相通的。这实际上是把存在与意识内在地联系在一起。在《大乘起信论》的哲学中，存在与意识在外延上是相等的。没有"识"介入的"有"，从一开始就不可能存在。只是当"心"的范畴导入并占据"真如"的位置，存在和意识就发生重叠，《大乘起信论》哲学的唯"心"论的特质才彰显出来。实际上，在《大乘起信论》的思想构造中，存在论从一开始就是与意识论相重合的。

还应该指出的是，正因为有唯"心"论的思维倾向，《大乘起信论》的存在论才具有了独特的人间烟火气。一般意义上的存在论特别是近代以前的存在论，即使不能说全无人间的气息，也是与人间的气息相疏离的。但《大乘起信论》的存在论却与此不同。由于《大乘起信论》所说的存在与意识相重叠，即在存在概念中有意识地渗透和贯通，所以这种存在论是人间性的、主体性的、实存性的，甚至可以说是情感性的。正因为如此，从本文的第一部的主题"真如"存在论到第二部的主题"意识的形而上学"，再到第三部的主题个体实存意识的构造分析，主题的层层转换才没有任何障碍，因为它反映了思想展开的逻辑必然性。

2."意识"（心）的跨文化意义论属性

以上，我将《大乘起信论》中的"心"直接转换为现代人所熟知的"意识"一词来展开论述。一个是作为佛教核心概念之一的"心";一个则是现代思想中大家耳熟能详的概念。两者之间存在内涵上的差异是不言自明的事实。本来,"心"作为佛教传统的用语,不经翻译,原原本本地使用没有任何问题,那么,笔者为什么特意要将其转换为"意识"一词呢?实际上,笔者这么做不是随意为之,而是有自己的考虑,这就是力图探索"意识"一词的跨文化意义论属性。换言之,对于"心"与"意识"两词之间的意义差别,不是回避而是积极地利用,从而依此探索东方哲学世界存在的跨文化意义论现象。出于这种考虑,笔者在本论文中将《大乘起信论》中出现的"心"翻译成"意识",从而追踪《大乘起信论》哲学思想展开的轨迹。

首先简单考察作为"心"的同义语的"意识"概念的内涵。这个意义上的"意识"概念的构造实际上是《大乘起信论》贯穿始终的主题,所以这里难以尽述其全貌,只能就其与主题直接相关的一点,也是我认为最重要的一点略作考察。

这一重要之点就是"意识"的超个体的性格,即它不是个体的心理学属性,而是超个体的、形而上学意义上的"意识"。它类似于普洛丁流出论体系中的"奴斯",是一种纯粹睿智的觉悟之体(用略显陈旧的说法来说,或许可以称为"宇宙意识")。如果直接将其称之为"宇宙意识"或"宇宙觉体"显得空疏、陈旧,而且现代人很难相信这种无限大的超个体的意识的实在性。在这里,如果大家结合现代心理学家荣格的"集体无意识"概念来思考,或许更容易理解"意识"的内涵。"集体无意识"即群体的阿梨耶识深层蓄积的无数的语言分节单位和无数的潜在意义种子。它是超个体的存在,是普遍存在于全体中的意义联合体。如果将荣格所说的"集体无意识"的主体在时间的维度和空间的维度进一步扩大,扩展到全人类,结果将如何呢?显然,它就成为全人类(一切众生)的共同意识或共通意识,成为一切众生共同意识之场域的无限延伸和扩展。

《大乘起信论》中的"众生心"无疑就是这种超个体的、全一的、全包容的意识场域。正是在这个意义上,作为"心"的同义语的"意识"与存在完全相重叠。

接下来考察现代日语中的"意识"一词。本来,传统佛教思想中也有作为术语的"意识"一词,而且在《大乘起信论》的思想展开中发挥着重要作用。关于作为佛教术语的"意识",我们将在本文的第三部分详细考察。在这里,笔者不是从佛教术语的意义上,而是从更广的意义上,即作为现代文化的一个普遍概念的意义上使用"意识"一词。

"文化的普遍概念"是指在现代文化中,大体处于同一水准的诸民族之间超越各民族的特殊性,在几乎相同意义上使用的一般概念。如果按照这一标准来说,英语中的"consciousness"与日语中的"意识"之间没有显著的差别,在常识的意义上,两者可以通用。

也就是说,作为"文化的普遍概念"的"意识",就是生活在文化世界的知识分子在著作中或日常会话中所频繁使用的"意识"。事实上,在日常生活中,我们往往不加任何反省地、很随意地使用这一概念书写或会话。尽管如此,日常用语中的"意识"一词的内涵似乎并不明确。如果问那些随意使用"意识"一词的人,"意识"到底是何意?当事人肯定难以给出明确答案。

一般认为,"意识"是与客体性相对立的主体性,或曰人的主体性的机能原理。这种"主体性"分为两部分：一是在感觉、认知周围外在世界的基础上的知情意活动的主体；二是对自身的心理活动进行自我认识的内在主体。

这种作为文化普遍概念的"意识"与前述佛教术语的"心"在意义上不同，是显而易见的事实。不将"心"翻译为"意识"而是直接沿用"心"表达主体性当然最简单，但这种思想上的简单化处理将使我们的思想失去进化的契机，且心"的概念自身也将失去活力。

正是基于这种考虑，笔者将古老的佛教术语"心"翻译为现代的文化普遍概念"意识"，并通过这种转换力图构筑关于"意识"（心）的跨文化的普遍论述。当然，这并不意味着我们要消弭"心"与"意识"两个概念在意义上的差异。相反，通过这种翻译工作，将"心"的内涵与"意识"的内涵相接触，从而使"心"受到现代意识论的"熏习"（"熏习"是《大乘起信论》中的重要范畴，也是大乘佛教的基本概念之一。在本论文的第三部分还会详细讨论，其内涵类似俗语所说近朱者赤、近墨者黑）。考虑到两个概念之间的互动效果，将"心"的内涵嵌入"意识"的内涵之中。由此，"心"被拖曳到现代思想的背景中，成为现代思想的一环，从而重新获得活力，展示出新的思想可能性。同时，"意识"受到"心"的熏陶，其意义场域的广度和深度得到拓展，我们的现代语言意识获得了跨文化或泛文化的意义，成为"阿梨耶识"的一种。

不言而喻,这种跨文化的意义论尝试，如果仅仅限于单个词语，并不会有明显效果。但如果有朝一日这种尝试以明确的方法论在更大规模上展开的话，我们的语言"阿梨耶识"一定会带上鲜明的泛文化色彩。正如在古代中国，随着海量的佛教经典的传入使得古典汉语具有了跨文化的意义论一样。另外，如在伊斯兰文化发展的初期（阿拔斯王朝的盛期），希腊哲学典籍被大规模翻译成安拉伯文时，古典安拉伯语同样发生了跨文化的意义论转换。

这里想反复说明的一点就是，在本文中所出现的"意识"一词，都是在跨文化的意义论意义上使用的，与"心"的内涵有关联，但又有所不同。

3."心真如""心生灭"

如上所述，在《大乘起信论》的哲学体系中的存在与意识相互重合、相互渗透，在终极的意义上说，两者是完全一致的。为了更有效地分析《大乘起信论》的思想，我们对存在论和意识论做了区分，但实际上，两者不过是从不同视角考察同一个对象而已。如果承认这一前提，那么，为了分析《大乘起信论》的形而上学而从存在论转换到意识论，就意味着将在存在论部分所确认的逻辑，原原本本移植到意识论的分析中。

在本论文的第一部分，我们考察分析了"真如"的存在论构造。现在，既然思考的中心从存在论转向了意识论，我们需要做的就是将核心概念"真如"换成"心"，并从"心"这一新的视角重塑《大乘起信论》的形而上学构造。

在第一部分，为了形象再现作为存在论核心概念的"真如"的思维展开过程，我们曾用分成上下两部分的圆形图像来说明。圆形的上半部分（A 空间、A 领域）代表存在的绝对非分节态，而下半部分（B 空间、B 领域）代表同一存在的现象态、分节态。

这种形而上学构造，并没有因为文本的关键词从"真如"变为了"心"、存在论转换为意识论而发生变化，而是仍然保持不变，只是 A 领域和 B 领域的名称发生了变化而已。

也就是说，原本作为存在的无分节态、非显现态的 A 领域，随着"心"的概念的导入，随着考察的视角转向意识论，其名字也转换成了意识的无分节态、意识的非显现态。即正如我们追溯存在的极限到最后就是存在的奇点一样，当我们追溯意识的极限时，最后就是"无"意识的极限、意识的奇点。意识的奇点就是寂然不动的"原"意识、"无"意识或者说"无"的意识。

这里的"无"意识不同于一般心理学意义上的无意识。作为意识奇点的"无"意识是"无"的意识，即对于存在论中作为形而上学极限领域的"无"的意识。换言之，即将存在的奇点作为意识的奇点来把握。

对于这种"无"意识，我们不能仅仅从否定的、消极的方面去理解。也就是说，它并不意味着模糊、失神的消极状态（如醉酒、昏迷的状态），相反，它是有着无限的、向"有"意识转换可能性的"无"意识，是充满指向意识分节态的内在张力的"无"分节态。正如存在的奇点并非单纯一无所有的消极状态，而是孕育着无限存在分节可能性的紧张状态一样。正因为如此，作为意识奇点的"无"意识才可以自我分节，从而转成"有"意识。

在《大乘起信论》的意识论中，A 领域被称为"心真如"，而 B 领域被称为"心生灭"。而综合 A 和 B 领域，未分化的"意识"（心）则被称为"心"或"一心"（特殊场合）。意识论中的"一心"与存在论中作为全一存在的"真如"相当。

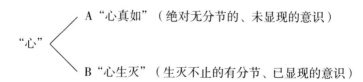

"心" ⟨
　A "心真如"（绝对无分节的、未显现的意识）

　B "心生灭"（生灭不止的有分节、已显现的意识）

与存在论中的"真如"的两重构造相似，这里的"心真如"（A领域）是本然的、绝对无分节性次元的全一意识，它超越一切变化差别，又是一切现象意识态的形而上学本体。用更具宗教色彩的术语来表达，就是"心性"（自性清净心）、"佛性"或"佛心"。《大乘起信论》云，"心真如者，即是一法界"。本然纯粹的"心"，即绝对无分节的全一态的意识。

　　与此相对，"心生灭"（形而下者、B领域）则是已显现的、分节态的、在现实中发挥各种功能的意识。它与"一法界"的绝对无分节性质相反，是千差万别、变动不居的现象界的意识。与意识论的"心生灭"相对应的是存在论的B领域，即无数存在单位重重无尽纠缠在一起的、有分节的存在世界。

　　仿照关于"真如"构造的图示，"心真如"与"心生灭"的关系也可以图示如下：

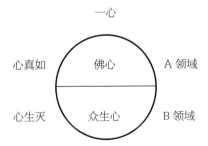

　　A（心真如）是无意识界，B（心生灭）是有意识界。A领域上部的"佛心"等于"佛性""自性清净心"，B领域下部是"众生心"。"佛心"与"众生心"特别是后者在此图中的位置，只是为了便于图示而标出，实际上，由于"众生心"内涵的浮动性，在《大乘起信论》思想体系中，其位置很微妙。

"众生心"内涵的微妙处在于其本原性的意义两面性格，即它同时具有两种看起来性质相反的内涵。正因为这种两面性的存在，《大乘起信论》哲学呈现出复杂的面貌。

　　关于"众生心"的两重内涵之一，前面已经说过，即"一切众生包摄之心"之意。亦即包摄一切有情、一切存在者、广袤无垠的全一意识（亦即心）。这个意义上的"众生心"本质上与普洛丁所说的全宇宙的觉知体"奴斯"相通。这是"众生心"的第一种内涵。

　　《大乘起信论》中的"众生心"还有另一种内涵，即凡夫众生的日常意识。它看起来与"众生心"的第一种内涵完全不同，但实际上，在《大乘起信论》的思想构造中，第一种内涵与第二种内涵以不可思议的方式相互融合、不一不二。其结构，恰如本文后面要考察的"阿梨耶识"由真妄和合而成的"和合识"。

　　本来，第二种意义上的"众生心"——从"众生心"字面意义上来说也是如此——严密地说，属于上述图示中的 B 领域，即日常经验中瞬息万变的意识领域，亦即由"无明风动"而生起的现象界中处于最底层的现象之心。如果说这种现象界的意识与第一种意义上的、超个体的、作为宇宙觉知的形而上意识（"心"）相融合，那么，关于"众生心"的表达自身就充满了矛盾，至少从表层思维的角度看是如此。而《大乘起信论》的作者显然是明知这种矛盾，仍然肯定其融合性、和合性。

　　关于"众生心"与万法的关系，《大乘起信论》云，"此心则摄一切世间法与出世间法"。"世间法"即现象界，亦即林林总总、活泼跃动的日常经验中的事物；"出世间法"则是不生不灭的、超验的形而上的世界。

上面关于"一心"的构造图中，上端是以"佛心"为中心而展开的 A 领域，下端则是以"众生心"为中心而展开的 B 领域。这种分为上下两层的构造形象地表达了"一心"的根源性样态。而《大乘起信论》关于"众生心"的表述则表明，在这一构造中的 B 领域在终极的意义上与 A 领域是融合在一起的。更极端地说，B 领域的最下端与 A 领域的最上端虽然性质完全相反，但却是自我矛盾的统一体。

实在意识的最顶端与最末端，两者之间本来有无限的距离，然而两者同时又毫无芥蒂地重合在一起。"佛心"即"众生心"，"众生心"即"佛心"。

也就是说，凡夫众生在日常生活中随起随灭的烦恼、"有"意识，与形而上的、如如不动的"无"意识，是"非一非异"的关系，在本体上是自我矛盾的统一体。在《大乘起信论》的思想体系中，无论是将"众生心"作为逻辑的起点从"下"往"上"推演，还是将"佛心"作为逻辑的起点从"上"往"下"推演，结论都是一样的。这种思考模式，不用说，与佛教倡导的"悉有佛性"的理念有着直接关系。

4. 现象显现过程中的"真如"与"心"

在进入本节最后部分"阿梨耶识"论之前，作为预备工作，首先讨论"真如"与"心"的非现象态与现象态，特别是从前者向后者的转换形态。之所以同时讨论"真如"和"心"两大关键词，是出于以下理由。

本文的第二部分的主题是"从存在论到意识论"，我们考察都是从意识论的视角出发而展开。但在这一节，由于所讨论主题的性质，我们需要再次导入存在论的视角，同时从存在论和意识论的视角出发进行考察。

如前所述，在《大乘起信论》的思想展开中，意识论和存在论完全是一种平行构造，即适用于存在论的思想构造也同样地适用于意识论。不仅如此，在许多场合，由于考察对象的因素，只有将存在论和意识论两种视角结合起来，才能更清晰、更准确地把握对象。而我们当下要讨论的对象显然就是如此。

正如在存在论中"真如"的非现象态与现象态是重要的问题一样，在意识论中，意识（心）的非现象态与现象态问题也具有决定性的理论重要性。而且，关于这一问题的意识论考察与存在论的考察密切相连、不可分割。

我们的考察首先从"众生心"开始。如上所述，"众生心"概念有诸多侧面，是一个相当暧昧的概念。要准确把握其内涵相当困难。但作为现象界的意识，"众生心"是随缘起动的"真如"或"心"。

在现象的层面，"众生心"是"妄心"，即它所显现出的一切存在者，从《大乘起信论》的立场看，都是虚假的妄想。然而，"众生心"的本体却是清净无垢的存在。换言之，意识（心）的形而上本体，即使是在生灭流转的现象态之中，仍然丝毫不失其清净性（非现象的、绝对无分节的、超越性）。用《大乘起信论》的话说，"众生自性清净心，因无明风动"，即存在世界的一切都是由于无明之风的吹动而生起的清净本体的假象而已。

绝对无分节的意识即"无"意识（A空间），与现象界的"有"意识（B空间），一个属于清净世界，一个属于杂染世界，从表面上看两者是尖锐对立的关系（事实上两者确实有对立的一面），但从本体上说，两者又是自我矛盾的统一体。

A 领域与 B 领域之间的连接，从意识论的视角看（从存在论的视角看同样是如此），是 A 转换成 B，即绝对无分节态的意识转换为分节态的意识。这说起来虽然是简单的转换过程，《大乘起信论》为了更精确地说明这种转换过程的内在机制，导入了"自性清净心"的概念。它是指绝对无分节态意识的中心轴，或者说是 A 领域的本体。

在前面的图式中，A 领域的顶点是"佛心"。此处所说的"自性清净心"是"佛心"的别名，"佛心"即"心"的根源性本体（自性）。虽然 A 转成 B，意识（心）脱离无分节、非现象态转成现象态，其本性（自性清净心）保持不变。在现象世界中，A 的形态虽然发生了巨变，但其本体却未受任何损伤。

上述情景，移植到存在论中会是怎样的呢？显然，与意识论的场合一样，形而上的 A 领域转成形而下的 B 领域。在这种转换过程中，作为形而上的绝对性的"真如"仍然保持其无分节的本性。从这一事实出发，如何表述"降格"到现象界（B 领域）的"真如"就成为一个问题，即不是"真如"本身而是现象界中的"真如"具有何种特征的问题。

为了准确表述存于现象界中的"真如"，《大乘起信论》提出了有名的"三大"概念，即"体大""相大""用大"。

"体大"之"体"指"真如"自体或"真如"本体。如上所述，"真如"即使在现象界的存在次元，也丝毫无损其根源的本性。无论现象形态如何变幻，"真如"之体都是超越时间和空间的存在，不会发生任何变化。为了说明"真如"之"体"的包容性、超越性，《大乘起信论》加一"大"的后缀，称之为"体大"。

"相大"是指"真如"的属性无限。"相"即本质的属性。

虽然"真如"之体无论在 A 领域还是在 B 领域都始终不变，但在现象界的"真如"却具有各种各样的属性，而这些属性是 A 领域的"真如"绝对不具备的。

"真如"附带诸种属性而显现，意味着"真如"的自我分节。原本绝对无分节的"真如"，在从 A 领域向 B 领域转移时，发生无限的自我分节。这种自我分节意味着"真如"形态的瞬息万变，意味着无数存在分节单位的分裂，也意味着经验世界的万事万物的出现。

如前所述，"真如"的这种存在分节，实际上是语言功能的体现。而语言又是"阿梨耶识"的根源性的功能，正是这种功能赋予千变万化的人类经验以意义。

这种意义存在分节由于广大无边、无所不包，故《大乘起信论》在"相"之后加以"大"的后缀，称之为"相大"。

这种意义存在分节，从积极的角度看，它意味着现象界中的"真如"的存在创造性。《大乘起信论》将这种存在创造性称之为"如来藏"。"如来藏"是"真如"的别名，指现象界中的"真如"有着无量无边的"功德"（显现诸种存在的力量）。

由于作为"如来藏"的"真如"显示出无限的功用，所以《大乘起信论》称之为"用大"。"用"指事物的属性（在《大乘起信论》的文脉中指"相大"）作用于外部对象，从而表现出的机能。

5. 现象世界的存在论价值

前面讨论了存在及意识的现象态提出的诸问题，而其中重要的是现象世界的存在论价值问题。

现象界，顾名思义，即充满无限多现象存在者的日常经验的世界。如上所述，《大乘起信论》通过导入"如来藏"概念，对现象次元做了积极的、肯定的评价。事实上，我们每日体验到的事实绝不是"无一物"，相反，是与"空"相对的具体存在的世界。

我在本文一开始就强调，《大乘起信论》思维的一大特征就是概念的两面性，这种两面性在描述现象世界中表现得最为明显。

原本，对现象世界的看法是肯定的或否定的，取决于对意识的意义分节的价值评价。如果将现象世界视为"如来藏"，那么，显然是肯定的立场。但在大多数的场合，《大乘起信论》对现象界持否定的立场。在这种场合，意识的语言分节机能，如前所述，就被视为"妄念"。即我们经验世界中的千差万别的事物都是"妄念"所生的虚假影像。《大乘起信论》云："三界虚妄，唯心所作。离心则无六尘境界。""一切诸法，但依妄念而有差别。若离心念，则无一切境界相。""是故一切法如镜中像，体不可得，唯心虚妄。心生则种种法生，心灭则种种法灭。""以一切法皆由心起，一切分别但分别自心。心不见心，相不可得。"

"心不见心，相不可得"一句是关键的句子，意即客观世界皆为分节意识的自我显现而已。如此一来，从外侧观察客观世界的认识主体（＝心）就是自己观察自己了。如果没有这种"心见心"的行为，那么，客观世界也就烟消云散，全无踪迹了。《大乘起信论》通过这句话，否定现象之"有"的实在性，强调现象界本质上的"无有"性。

《大乘起信论》一方面对存在世界的本质虚妄性做了深刻揭示，另一方面又从"如来藏"的角度将分节态的"有"视为"真"而加以肯定。

从分节肯定论的视点看，"心真如"作为存在世界的形而上的本体，潜藏在一切存在者的深层，同时，将一切存在者作为根源性存在可能性而包容。正如普洛丁所言，被创造者存在于创造自己的原因之中，而原因也存在于自己所创造出的一切存在者之中。而且，原因不是在存在者中作为现象而散乱地存在，而是作为这些存在者终极的源泉、终极的基础而存在于一切存在者之中。

与普洛丁所说的逻辑完全相同，在《大乘起信论》中，"心真如"也作为一切事物终极原因、作为本体而存在于一切现象界事物中。换个角度看，正由于"心真如"从存在的根基出发，发挥其意义分节意识的功能，作为存在分节单位的"有"才源源不断地呈现出来。因此，我们内外经验世界的一切现象性的"有"，毫无例外地，都是"心真如"的自我分节态。在每一个分节态之中，"心真如"的本体都俨然而在。正是在这个意义上，《大乘起信论》认为一切现象界的存在都是"真"，而非虚妄。《大乘起信论》云，"一切法悉真……一切法同如"，即一切现象界的存在者作为意义分节单位都是"真"，所有现象界的存在者在本质上是平等、无差别的。

6."空"与"不空"

正如现象界的存在者，从与实在性相关联的视角看，表现出自我矛盾的性格一样，存在的绝对未现象态，从与实在性相关联的视角看，同样表现出自我矛盾的两面性。

《大乘起信论》从存在论的视角，以"如实空""如实不空"概念，对绝对无分节、绝对未现象态中存在的自我矛盾的两面性格做了考察。

在本文的前面部分，我们考察了《大乘起信论》对"心生灭"，即经验的、现象的"有"（B领域）的立场。相对于"心真如"的世界（A领域），《大乘起信论》力图对于"有"进行价值定位。

而在这里，《大乘起信论》的主题发生了逆转，即不是由 A 到 B，而是由 B 到 A。相对于现象界的存在论样态，在与现象界的关联中，"心真如"又具有什么样的存在样态？我们从这里进入了意识的形而上学的终极之处，剩下的只是连接 A 领域与 B 领域，或者说作为两领域相互转换场所的"阿梨耶识"（下节讨论的主题）。

如前所述，"心真如"（A 领域）的形而上的极限，在意识论中被称为"自性清净心"。实际上，在广义上，整个 A 领域都可以称为"自性清净心"。作为意识与存在的奇点，"心真如"本性清净，无丝毫杂染。"心真如"这种属性，用哲学的术语来说，即超绝一切意义分节，亦即佛教所说的"空"。《大乘起信论》云："所言空者，从本已来，一切染法不相应故。谓离一切法差别之相，以无虚妄心念故。"简单地说，"空"即超绝一切意义分节的状态。

为了表达"心真如"的"空"性或彻底超绝性，《大乘起信论》用了佛教特有的双非的否定判断。即"真如自性，非有相，非无相，非非无相，非有无俱相"，其结论为"乃至总说，一切众生以有妄心，念念分别，皆不相应，故说为空。若离妄心，实无可空"。

这一结论，明白无误地揭示了《大乘起信论》是如何"空"这一概念的。凡夫众生皆有"妄心"，时时刻刻对存在进行"分别"（意义分节），从而产生无数的现象之"有"。一旦"有"，就已经背离了"真如"，与"真如"不再相应。为了消除这些与"真如"本性相背的意义分节单位，必然需要"空"这一概念。而如果我们止息了意义分节或者说停止了存在现象的显现活动，也就无"空"可空，或者说"空"本身也原本就不存在。这种状态恰恰就是"空"。

"实无可空"，多么深刻的结论！中国古代哲人庄子曾连用三个"无"子，来表达"无"的境界，即对一切本质是"无"的一切"有"进行"无"化，最后，连"无"的概念本身也要"无"化。它反映了古代哲人力图从理性层面趋近超绝一切理性的绝对者的知性冒险。

然而，在对"空"进行了深刻而明晰的解说之后，《大乘起信论》的思维很快就转向了完全相反的方向，即转向对"不空"的关注。即不仅"空"是"如实"，而且"不空"亦是"如实"。"如实不空"意味着"不空"绝对不"空"！

在东方哲学的诸传统中，倾向于对现象世界的"有"的实在性进行否定，如将形而上的终极处称为"空"或"无"等。而《大乘起信论》在"空"概念之外而又拈出"不空"概念，意味着在《大乘起信论》的思想体系中，对"有"的实在性的否定并不是形而上学最后的结论。

这也意味着我们观察"心真如"的视点，从否定性的"空""无"的侧面，转向同一"心真如"的肯定性的"有"。随着这种视点的转移，"心真如"作为现象界的形而上的根基，即一切现象存在者的终极原因的侧面就突现出来。与此相伴，原本是否定意义的存在分节机能，也转变为"心真如"自身作用的肯定性发挥。

在这种场合，映入我们眼中的现象界依然是存在分节的世界，是层层叠叠、纷繁复杂的内外分节单位的集合。但这里作为现象存在的"有"已经不是"妄念"分节的产物，而全部是"心真如"的自我分节。也就是说，一切现象的存在都是"心真如"的自我形态变化。为什么会有这种逻辑存在呢？原因在于，一切被产生者，都在一开始就存在于作为其自身源泉的生产者之中。从存在论的视角看，现象性的"有"，从一开始就以不可见的可能态潜存于作为终极原因的"心真如"中。在"心真如"中，以原型或理念的形式潜藏的存在显现出来，就是"心真如"的自我分节。

"心真如"的本性是常恒不变、不生不灭的"真心"，其间没有任何虚妄性，而"真心"特有的玲珑诸相（净法）则是无尽藏。此"净法"以自我分节的形式显现出来，就是无数的现象性存在。"心真如"的这一侧面被称为"不空"。

在这个意义上，"心真如"是无限丰富、无限充实的存在。一切现象界的事物皆以理念、存在可能性的方式被包含其中。它或许应该被称为理念的场域、语言原型的分节场域，既没有东西出乎其外，也没有东西入乎其内。在这种全包摄、全一性中，一切永恒不变、寂然不动。用《大乘起信论》话说，"如实不空。一切世间境界，皆于中现。不出不入，不灭不坏。常住一心，一切染法所不能染"。

"如实空"与"如实不空"——在这里，我们再一次值遇《大乘起信论》特有的两面性、两相对立的思维形态。"空"与"不空"这是相互对立、相互矛盾的两个方面，在《大乘起信论》中，原本是"心真如"自身同时具备的侧面，在"心真如"的深层，"空"与"不空"是自我矛盾的统一体。

7. 阿梨耶识

如上所述，"心真如"与"心生灭"的相互关系很微妙。两者之间的关系是流动的、变动的、柔软的，而非固定的、非此即彼的、截然分割的。两者之间是不断相互转换的。由于 B 领域是 A 领域的自我分节态，所以，从构造上说，A 领域受到自身现象指向性的激发，自然转向 B 领域；反过来说，B 领域自然也有着返本还源即回到 A 领域的强烈动因。按照《大乘起信论》的说法，

A 与 B 之间是"非一非异"的关系。

A 领域与 B 领域这种特异的结合、两者之间的相互转换的场所，《大乘起信论》在思想构造上称之为"阿梨耶识"。

"阿梨耶识"原文是 alaya-vijñāna，或意译为"藏识"，原本是唯识哲学的基本术语，但《大乘起信论》所说的"阿梨耶识"与唯识哲学所说的"阿梨耶识"之间有显著的差异。

其中最重要的差异是唯识哲学中的"阿梨耶识"仅仅与千姿百态的 B 领域相关联，而《大乘起信论》中的"阿梨耶识"则同时与"心真如"（A 领域）和"心生灭"（B 领域）相关联。在唯识哲学中，生灭流转的样态才是主题，而不生不灭的实在性并不在关注的范围中。

所以在唯识思想中，"阿梨耶识"是一种深层意识，如激流般瞬息万变、川流不息。如《唯识三十颂》中有名的一句话所云"恒转如暴流"。

在《大乘起信论》中，"阿梨耶识"一方面是瞬息万变的生灭心，同时又是不生不灭、永恒不变的绝对的"真心"。

换言之，《大乘起信论》中的"阿梨耶识"兼具无分节态之"心"与分节态之"心"，亦即涵盖前现象态的"心真如"与现象态的"心生灭"。A 领域与 B 领域共存于同一场所。《大乘起信论》关于"阿梨耶识"云："不生灭与生灭和合，非一非异"。也就是说，"阿梨耶识"是 A 领域和 B 领域的柔软统一体。

《大乘起信论》还将"阿梨耶识"称为"和合识"，即"真妄和合"。不言而喻，"真"代表 A 领域，而"妄"代表 B 领域。通过"阿梨耶识"，A、B 两个相互对立的存在次元相互渗透、相互关联。

与此相反，在唯识哲学中，"阿梨耶识"只是千变万化、流转不息的现象存在者的源泉，而与不生不灭的次元完全无关。换言之，从唯识的立场看，"阿梨耶识"不是"真妄和合识"，而纯粹是"妄识"。

关于"阿梨耶识"的理解，唯识哲学与《大乘起信论》之间还有另一差异，这就是是否强调深层意识。如上所述，在唯识思想中，"阿梨耶识"不是"真妄和合识"而完全是"妄识"。"妄识"在意识构造中处于最深层的意识，与无分节的"心"完全无关，更没有从 A 领域到 B 领域、从无分节态到分节态的转换问题。它被视为凡夫众生日常经验意义化的场所、存在显现的原点。唯识哲学的主题仅限于对其内部构造的追求。

而在《大乘起信论》中，由于"阿梨耶识"是"和合识"，所以其主题就是讨论"真"与"妄"如何结合与转换问题。事实上，《大乘起信论》正是将绝对无分节态的意识转向自我分节态的起动场域称为"阿梨耶识"。

《大乘起信论》中的"阿梨耶识"在意识论、存在论上具有中间场域的性格。它介于 A 领域与 B 领域之间，是连接二者的接点，相对于 A 领域、B 领域，这一场域可以称之为 M 领域。在这里，A 领域转向 B 领域，形而上的"一"转向形而下的"多"。

当然，从 A 领域到 B 领域的转换或起动是在意识的深层发生的，而非我们日常经验所能感知的事情。《大乘起信论》并没有将 M 领域视为深层意识的事态，而是将其视为连接 A 领域与 B 领域的中间场域而构想出来的概念。总之，M 领域与唯识哲学所聚焦的阿梨耶识是不同的。

基于以上论述,《大乘起信论》所构想的"阿梨耶识"可以图示如下:

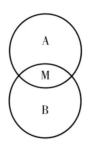

由上图可以看出,A 是"不生灭心"(无分节态"真如"),B 是"生灭心"(分节态"真如"),M 横跨 A 领域和 B 领域,是两者之间的中间场域。M 领域的这种特殊位置,形象地说明了《大乘起信论》"阿梨耶识"的"真妄和合识"的性质。

可见,M 领域是 A 向 B 移行的连锁点。A 本来具有的存在指向性,必然促使 A 向 B 的存在分节态转换,而这种转换必然通过 M 领域来展开。B 回归存在本原的 A 领域的过程,也必然通过 M 而完成。

那么,M 领域即"阿梨耶识"为什么能够发挥这种重大功能呢?对于这个问题,《大乘起信论》没有给出直接回答。但参考本文第一节的语言意义分节理论,找出答案也并不难。

根本原因在于 M 领域是"阿梨耶识"发生意义分节的场所。这种意义分节是理念性、原型式的。存在界的一切已经先验地、包括性地存在于此。意义分节单位是存在范式、存在原型,而"阿梨耶识"则是这些存在范式的网络性的、全一的网状构造。现象存在分节的根源形态,决定于这种先验的意义分节系统。现象界的"有"的世界,皆透过原型的意义分节的网眼而各自成型。

这里所考察的"阿梨耶识"与"如来藏"重新发生关联。关于"如来藏"的内涵，我们在前面已经做过考察，指在现象存在的层面中潜藏的"真如"所具有的无限创造的功能。而考察"如来藏"时，我们没有涉及"阿梨耶识"。但仔细考察，无论是"如来藏"还是作为表达存在充实性的"不空"，只有在"阿梨耶识"概念导入之后，才能得到全部阐明。

事物的真相，与介于 A 领域与 B 领域之间、连接二者的 M 领域的本原性、两面性密切联系在一起。M 领域可以视为广义的"阿梨耶识"，它可以分为"如来藏"与狭义的"阿梨耶识"。

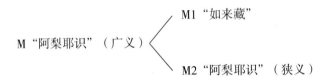

M1"如来藏"是无限丰富的存在生起的源泉，M2"阿梨耶识"（狭义）则是作为妄念的"假有"产出的源泉。两者构成同一"阿梨耶识"（狭义）的两个性质相反的侧面。

M 领域作为 M1"如来藏"，其本性是"不生灭心"，即"自性清净心"无限创造性的场所；而作为 M2"阿梨耶识"（狭义），即无限的妄想发生的场所，属于 B 领域。两者之间完全是不即不离、非一非异的关系。

从这个意义上说，"如来藏"（M1）与"阿梨耶识"（M2）所指称的是同一场域（M），只是两者的观察角度完全相反而已。也就是说，如果将 B 领域的存在分节视为 A 本体的自我展开过程，那么，M 领域就是"如来藏"，其价值定位就是积极的、正面的；相反，如果把 B 领域视为 A 本体的分裂、污染态，那么，同一的 M 领域就是走向"妄念"的存在世界的第一步，在价值定位上，自然带有否定的、负面的色彩。

这几个概念合在一起，或许就是《大乘起信论》所说的"众生心"的真相。

以上的内容，就是《大乘起信论》显在地表达或隐晦地表达出的——至少就我的理解而言是如此——"意识的形而上学"的存在论、意识论的构造分析。

以下，我们讨论的主题，由形而上学的抽象思想领域，转向个体实存意识的内在机制问题。当然，虽然说离开形而上学的抽象领域，实际上，这种考察无不以上述的形而上学的构造整合性为基础，是以上理由的另一种展开而已。

探讨以"真如"（心）形而上学为基础的个体实存的内在机制——这是本论文下面的课题，也是最后的课题。

三、实存意识机能的内在机制

以下，《大乘起信论》的思考方向发生变化，转向对个体主体性的思考。也就是说，前面是关于形而上学的意识构造的讨论，而下面则转向对个体实存意识的动态机制的考察。严格地说，本论的题目"意识的形而上学"似乎与下面要考察的主题并不完全契合。但在《大乘起信论》的哲学思想中，关于个体实存意识动态的考察，是以上述的形而上学构造理论为背景、为基础而展开，或者说，是在不同的层面上对形而上学的延伸和发展。正是从这一观点出发，我们在第一部分的存在论、第二部分的意识论之后，进入第三部分的讨论。

从形而上学意识构造论转向对个体实存意识的动态机制的考

察之际，我们首先直面的是一个新的思想事态：迄今为止，一直安静地恪守本分的"阿梨耶识"一跃而成为我们思考的中心对象。接下来，只有"阿梨耶识"独占舞台，"阿梨耶识"的场域成为《大乘起信论》思想展开的焦点所在。

在本论的第一、第二部分，"阿梨耶识"作为意识形而上学构造的三大领域之一而发挥重要作用。但在前面的思想框架中，"阿梨耶识"的意义主要是其作为 A 领域与 B 领域之间的中介者所具有的构造论上的重要性。换言之，其重要性来自于其静态的属性。

但当我们考察的视点转向个体实存意识之际，"阿梨耶识"就打破这种形而上学构造性的静谧，开始作为实存意识能动的磁场而全方位地活跃起来。

1. "觉"与"不觉"

为了具体分析"阿梨耶识"动态的内涵，《大乘起信论》导入了"觉"与"不觉"这一对新的概念，并将"觉"分为"始觉"和"本觉"两个范畴。

"觉""不觉""始觉""本觉"四个范畴既相互对立又相互融合。正是它们之间的相生相克关系所反映的动态的意识场域，构成个体实存意识的机能，而其现象表达就是"阿梨耶识"。

关于"始觉"—"本觉"，留待后面讨论。这里首先考察"觉"—"不觉"的问题。在进入正式讨论之前，有两个问题需要强调一下：第一是关于"阿梨耶识"功能的问题。我们虽然确立了"觉"—"不觉"这对新的概念，但我们的思考并没有跨出"阿梨耶识"的边界一步，相反，毋宁说我们的思考深入到了"阿梨耶识"活动圈的核心地带。因为"觉"—"不觉"本质上正是"阿梨耶识"活动的两个最重要侧面；第二是它们与形而上学的意识

（心）构造的密切联系。以"觉"—"不觉"为内涵两个侧面的"阿梨耶识"虽然是个体实存意识的功能原理，但从根源上说，它原本以前述的意识（心）形而上学构造为基础，两者具有密不可分的内在关联。具体而言，"觉"—"不觉"，是"心真如"—"心生灭"——意识形而上学构造上的区别在个体实存意识层面的反映，是以个体实存意识的形式所再现的"阿梨耶识"的功能场域。虽然表面上我们所看到的只是"阿梨耶识"，但在其背后所潜藏的则是意识（心）的形而上学。

关于"阿梨耶识"的两面性的性格，一如前述。正是因为"阿梨耶识"具有两面性，它才能够在个体实存意识的展开过程中发挥核心作用。

在意识（心）的构造图中，作为 A 领域与 B 领域中间地带（M）的"阿梨耶识"，理所当然地同时具有 A 领域与 B 领域的性质，是一种"真妄和合识"。《大乘起信论》文本中所云"此识有两种义"的"义"，就是指"真"与"妄"两个侧面。

换言之，作为"和合识"的"阿梨耶识"可以向"真"（A）和"妄"（B）两个方向展开。由 M 向 A 展开意味着"觉"；由 M 向 B 展开则意味着"不觉"。前者是向上道、还灭道；后者是生灭道、流转道。正是由于"和合识"性或意识的两面性，"阿梨耶识"才与个体的实存构造、与实存的自我形成过程密切关联起来。

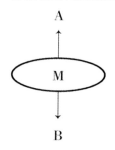

在如上的略图中，个体实存意识从 M 向 A 展开，当它沿着向上道、还灭道走到顶点，就意味着主体对"自性清净心"（佛心）的实存体验，也意味"无"的意识的形成。《大乘起信论》所云，"所言觉义者，谓心体离念，等虚空界，无所不遍，法界一相"即此意。也就是说，"阿梨耶识"的"觉"的侧面，是指心体（心的本体，即自性清净心）超绝一切语言的意义分节状态，亦即"离念"。"离念"意味着如虚空一样广袤无垠，无所限定，遍于一切处。只有到此境界，众生才能体证绝对无差别的、全一的、真正实在的世界。

也就是说，为了达到"觉"的境界，首先需要众生的个体实存意识沿着向上道、还灭道（A 方向）而行，到达道之极致，体证绝对无分节的"自性清净心"。这是"觉"的第一阶段。但到此阶段还不是完全的"觉"。体证了与"自性清净心"合一的实存意识还需要转身折回生灭道、流转道（B 方向），最终达到无差别的综观生灭道与还灭道的境地。或许更准确地说，当修行者到达向上道、还灭道的顶点之时，他同时就已经穷尽了生灭道、流转道，已经觉知了其真相。在实存的层面实现了这种意识状态，就意味着"觉"的完成。

已经多次说过，"阿梨耶识"是"真妄和合识"，其支配力横跨 A 和 B 两个领域。众生"如实知法界一相"，即"觉"的境地就是体证到 A 和 B 领域本然无差别的状态。

但这种"法界一相"的世界观并不是我们凡夫众生当下的现实态。如上文所引，"离念"即穷尽向上道、还灭道是实现"觉"的必要条件。没有向上道的修行就没有"觉"的实现。所以，对大多数的凡夫众生而言，"觉"是难以企及的目标。反过来说，绝大多数众生都处于"不觉"状态。"不觉",顾名思义,即"觉"的反面,指凡夫众生不修向上道、还灭道,而一味沉溺于生灭道、流转道,只是在现象的、经验的世界里踯躅前行。

事实上,对于凡夫众生来说,现实就是现象的世界,我们就生活在现象的"有"构成的滚滚红尘中。当然也有少数人例外(即那些跳出红尘的宗教修行者)。但从《大乘起信论》的立场看,即使这些少数例外,其大多数仍然没有脱出"不觉"的世界。如上所言,只有穷尽"离念"之道,与"自性清净心"合一的个体实存才可以说达到"觉"的境地。

《大乘起信论》所说的"觉"是对全一的"真如"的觉知,是对"法界一相"的觉知。只有穷尽向上道、还灭道,才能同时把握分节世界、现象世界的真相,从而实现对未分节世界和分节世界的同时把握。生活于现象界、只知道现象界的个体,只能处于"不觉"的境地。这样的个体并不能把握自己所生存的现象界的真相,也不能正确地定位它、评价它。

上述的事态,当我们将其作为个体的实存境况而感受时,如何脱离"不觉"而走向"觉"就成为人生紧迫的课题。"觉"与"不觉"之间存在着一种实存层面的紧张关系。这种紧张关系必须在实存的层面加以消除。这就意味着《大乘起信论》独特的伦理观出现了。换言之,随着"觉"-"不觉"概念的导入,以及伴随之而来的对"阿梨耶识"功能结构的分析,《大乘起信论》的思考,不可避免地走向个体实存的伦理学分析的领域。

在本论的第一、第二部分中,我们讨论了存在与意识的重层形而上学的全一性。问题是众生应该如何在实存的层面去体证它、实践它。

从理论上说，或者在理念的层面，一切众生皆有"自性清净心"。但在现实的滚滚红尘中，它被烦恼遮蔽而不得显现。那么，如何才能回归"清净"的本性呢？这构成《大乘起信论》宗教伦理思想的中心课题。在第三节要导入的"始觉"－"本觉"范畴将从构造论的角度对这一问题进行分析。在此之前，我们首先需要对"不觉"的本性进行考察，对"不觉"的实存样态进行分析。

2."不觉"的构造

何谓"不觉"？在第一节，我们大体了解到"不觉"就是"觉"的否定即"觉"的对立面。如果说"觉"意味着觉知存在和意识的奇点，并在实存的层面与之合一，由此而同时照见"心真如"和"心生灭"的世界，那么，作为其反面的"不觉"也就不言自明了。

不过，《大乘起信论》并没有止于对这一事态的体证，而是力图在分析的层面对其加以究明。

为此，《大乘起信论》将"不觉"的状态分为两层，即（1）根源性的、第一层次的"不觉"，（2）派生性的、第二层次的"不觉"。前者称为"根本不觉"，后者称为"枝末不觉"。

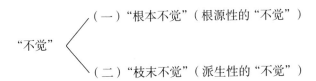

"不觉"

（一）"根本不觉"（根源性的"不觉"）

（二）"枝末不觉"（派生性的"不觉"）

根源性的、第一层次的"不觉"（"根本不觉"）正是作为"觉"的否定的"不觉"，相当于作为宗教术语的"无明"。"无明"的"明"字意味着如实照见真理的能力，所以，"无明"当然就意味着不能如实照见真理。当然，这里的"真理"不是抽象意义上的真理，而是指"真如"的实相。没有在全一的意识场域觉照"真如"的能力就是"无明""根本不觉"。

"枝末不觉"是将现象界的事象（现象的"有"的分节单位）误认为心之外的客观世界的意识样态。由于对于"真如"的根本无知，在对"真如"的觉知中混入了主客（自他）分立的意识，从而将现象界的事象误认为心的主体所认识的客体对象。换言之，在"根本不觉"的支配下，众生将"妄念"所生的外部世界视为实在的世界，其结果则是卷入无限的烦恼旋涡之中。这种实存状态就是"枝末不觉"。

概而言之，"不觉"分为两个层次，即根源性的"不觉"与派生性的"不觉"——前者是形而上学的"不觉"，后者则是实存意义上的"不觉"。"不觉"虽然分为两个层次，但在究竟的、本质的意义上讲，二者"不二无别"，是一体的。在《大乘起信论》中，关于两者的一体性有明确的说明。但另一个显而易见的事实是，两者之间又有显著的、极为重要的差异。更明确地说，形而上学意识中的"不觉"与个体实存意义上的"不觉"之间有着本质的不同。这种不同，首先表现在思想背景的不同。

在形而上学的思维框架中，形而上学意识的"不觉"具有决定性重要意义，居于支配地位。但在实存意识功能领域，根源性的"不觉"退居背景之中，而派生性的"不觉"跃居前列。由于本论第三部分的主题就是揭示个体实存意识的内在机制，所以这里的分析对象就完全集中在"枝末不觉"的部分。以下所分析的《大乘起信论》的"三细六粗"（别名"九相论"）就是关于"枝末不觉"的内容。

关于个体实存意识卷入"妄界"的过程，亦即"不觉"的形成过程，《大乘起信论》将其分为九个阶段加以说明。这九个阶段，用《大乘起信论》的术语来说就是"九相"。而"九相"的意义论内涵就是"三细六粗"。"三细"指三种微细的、几乎不为人察觉的深层意识的分别功能；"六粗"则是显著的、表层意识的分别功能。总之，"阿梨耶识"（M2）的"妄念"功能场域可以分为九个阶段。

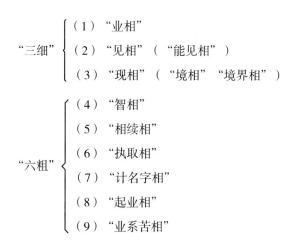

"三细"
（1）"业相"
（2）"见相"（"能见相"）
（3）"现相"（"境相""境界相"）

"六粗"
（4）"智相"
（5）"相续相"
（6）"执取相"
（7）"计名字相"
（8）"起业相"
（9）"业系苦相"

下面，对"三细六粗"分别加以说明。

（1）"业相"

"业"是"动"之意，在这里特指开始发"动"之意。在《大乘起信论》的思想脉络中，指作为现象世界出发点的意识诸功能的发动。它是现象界诸"有"的起动因。由于根本无明（不能觉知"心真如"的本原性、无分节性），"阿梨耶识"作为"妄念"而起动。"妄念"的起点即为"业相"。如《大乘起信论》云："以依不觉心故，心动说名为业"。

那么，为什么会发生"妄念"的起动呢？如果依照本论第二部分的理论假说，则可以说，构成"阿梨耶识"的语言意义在本性上具有指向存在的倾向，正是在这种倾向的刺激下才有了最初的"妄念"。用《大乘起信论》自身的说法，其原因在于根源性无明，而"根源性"就意味着它不是普通人的意识能够把握的。对凡夫众生来说，"妄念"的发动，只是一种无任何原因和理由的、自发的、偶然的事情。《大乘起信论》用"忽然念起"来表达这种事态。

"忽然念起"，是本论第二部分曾出现的一个重要说法。"妄念"不知何时何地、很唐突地从内心深处生起。由于是主体和客体尚未分化的状态，所以既没有认识者也没有认识对象。虽然属于主客未分的前认识论的状态，无由清晰地意识到"妄念"的始动，但这种始动确实发生了，确实有某物出现了。这种在"有"和"无"的中间地带摇摆的"阿梨耶识"的样态，《大乘起信论》称之为"业识"。

（2）"见相"

也称为"能见相"。作为"业相"而生起的"阿梨耶识"，在生起的同时，分裂为"见相"和"现相"并开始发挥其功能。"见相"是作为"妄念"而始动的"阿梨耶识"的主体侧面，也可以说是"自我"的成立。

按照佛教思想的通常观念，《大乘起信论》也认为自我即"阿梨耶识"主体侧面的自我凝固视为走向"不觉"的决定性一步。日本诗人有人写出"己……已……巳"的句子，意为"自己由于是自己，所以已经是蛇"，这是非常有意思的句子。将这句话用到对《大乘起信论》的解释，可以说，它形象地描述了"自我"被"自己"这一"蛇"所缠绕而不能自由活动的实存状态。

作为"见相"而起动的"阿梨耶识"被称为"转识"，以与"业识"相区别。"转识"即作为主体的心作用。

（3）"现相"

又称为"境相""境界相"。相对于作为心作用的"见相"，它是同时生起的、作为客体的对象世界。《大乘起信论》云："犹如明镜，现于色像"。即在主体性的镜面中所映现出的万事万物的样态。

"阿梨耶识"的这一侧面或功能，《大乘起信论》称为"现识"。

（4）"智相"

《大乘起信论》云："是故，一切法如镜中像，体不可得，唯心虚妄。以心生则种种法生，心灭则种种法灭故"。又云："当知一切世间境界，皆依众生无明妄心而得住持"。

即在"现识"中所映现的对象性事物，在特定的文脉中，虽然皆为"妄念"所生，仅仅是一种妄象，但凡夫众生却认为它们是心之外的实在的存在。在这一认知过程中，发生了"五蕴集合"的物象化。发挥如此功能的"阿梨耶识"称为"智识"，当它作为"不觉"的构成要素时称为"智相"。

这里之所以特意加上"在特定的文脉中"的限定语是有理由的。如本论的第一、第二部分中所说，现象诸"有"的生起，从客观的、纯存在论的立场看，它是"真如"的自我分节，其自身超越一切价值定位，既非善也非恶，既非肯定又非否定。然而，当我们从"真妄和合识"特别是其"妄"的侧面来考察这一中性事态时，存在分节作为"妄念"被视为"不觉"的决定性原因，从而被赋予否定性价值。

《大乘起信论》在分析众生走向"不觉"的实存意识的内在

机制时，自然聚焦于"阿梨耶识""妄"的侧面。正因为如此，在这种特定文脉中，《大乘起信论》断言"三界虚伪"，又云："一切法皆由心起，以由妄念而生，一切分别即分别自心。心不见心，则不可得相"。

最后一句"心不见心，则不可得相"具有决定性的重要意义。关于其含义，前面亦曾解说，但其意义论的内涵，只有结合"不觉"论的展开才能得到理论上的说明。也就是说，"业识"生起、分化为"转识"与"现识"。如果作为"转识"的心（主体）没有将作为"现识"的心（客体）视为外在的对象，那么，就绝对不可能将心镜中映现的妄象误认为客观实在。

当然，当《大乘起信论》的视点从意识的分节态转向意识的无分节态时，"三界虚伪"的存在风景就消失，画面就会变得亮丽明媚起来。但在"不觉"论中，"阿梨耶识"这一明亮的侧面完全退隐到画面之外。

（5）"相续相"

作为"智相"的"妄念"一旦生起，就会念念生起，不会断绝。"阿梨耶识"的这一侧面称为"相续相"。爱著和嫌恶等感情就是在这一阶段开始出现。

（6）"执取相"

"智相"连续生起的结果，是将虚妄的事物视为真实在之心越来越强烈，对虚妄事物的执着越来越深。"不觉"的这个阶段称为"执取相"。《大乘起信论》云："诸凡夫取著转深，我与我所，种种妄执，随事攀援，分别六尘"。

（7）"计名字相"

原本渺渺茫茫、作为非特定情绪空间的、无"名"的实存意识，由于众生的虚妄计较而被划分为种种独立的意义和情绪单位，被这种语言功能所支配的"阿梨耶识"的状态，被称为"计名字相"。

万物原本是无名无相的存在，而一旦各自获得其"名"，那么，它们就获得差异性和排他性，同时获得自我同一性。从"不觉"论的立场看，这是"妄念"的形成过程。对外物命"名"的众生的语言行为，仅仅是强化"妄念"的因素。

在"不觉"论的文脉中，作为"名"的语言具有胶着性和染着性。一旦被命"名"，现象的存在就失去其生动性和流动性，就被限定于语言所提示的固定意义形象之中。原本生机盎然、具有无限可塑性的存在被剥夺变动的自由，被固定在特定的意义框架之中，并且作为一种看起来实在之物反过来支配我们的意识。

"计名字相"所要表达的，就是"命名"行为在实存意识的主观的、情念方面展开上的否定性意义。

以"业相"为起点，经由"见相""现相""智相"而发展起来的现象界，到"相续相"这里，可以说，已经完成"不觉"的展开。"相续相"就意味着无数看起来具有客观性而实际上是虚假的世界。

从文本看，《大乘起信论》之后的叙述，以"执取相"为界，从对假"有"世界的客观侧面的关注，转向了对实存意识（皆由对现象事物的执着而生）的主观侧面的分析。"计名字相"就是这种分析的第一阶段。

在"执取相"的阶段，众生将"妄念"所产的现象假"有"视为实在，从而在实存意识的深处生起种种情念。

这种从实存意识的深处不断涌现出的情念由"计名字相"而

获得自己的名字：爱欲、憎恶、愤恨、侮蔑、嫉妒、懊恼等等。

情念由"计名字相"而成为独自的语言凝固体。在此之前，情念只是一种模糊的、不明朗的情绪，在《大乘起信论》看来，它们尚不具有可怕的力量。但它们一旦由"名字相"而固定化、特殊化，就成为无数语言凝固体。与此同时，情念就像符咒一样具有强大的力量，并开始作用于众生的实存意识。情念的这种语言凝固体，用传统佛教的术语来说，就是"烦恼"。

执拗的"烦恼"群支配的狂乱的世界——其内面就是众生实存意识的成立。这就是《大乘起信论》将"不觉"分析到终点所看到的就是情景。在这个意义上说，"计名字相"在"九相"即"不觉"论的整体构造中占有重要地位。

（8）"起业相"

"业"的梵文原语为karman，意指动作、行动、作用等。然而，如上所述，在心被"烦恼"所支配的实存主体的场合，同样的"行为"和"行动"概念，其内涵却具有了极为特殊的色彩。

佛教通常将人的行为分为身、口、意三种，无论在何种场合，尚未克服"烦恼"的主体行为必然带来相应的果报。这种果报往往是不可避的、宿命的、带有阴影的。"起业相"的"业"，指"烦恼"主体行为的浓密的蓄积。

被十重、二十重的烦恼所缠绕的众生，只要生命尚存就会不断地造身、口、意三业。这种暗淡的事态生起的开端，称为"起业相"。

（9）"业系苦相"

"业"的概念与因果报应思想结合在一起。由执着心所发出的一切行为必然带来相应的结果。由无数的"业"的累积而带来的果报，把众生拖入实存性的"苦"海，如被系缚，无可遁逃。"不觉九相"的最后阶段就是"业系苦相"。

以上，将"不觉九相"分为"三细六粗"，对其内容进行了考察。在《大乘起信论》中，关于"不觉"的生成阶段，还有另一种分类方法。这种方法就是将"九相"中的最后两相"起业相"和"业系苦相"除外，将其他"七相"分为"意"和"意识"两类。虽然分类方法不同，但关于各相的内容解说完全相同。这种分类方法图示如下：

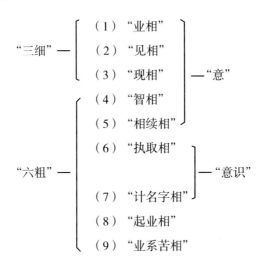

"意"是"妄念"发动的场域，由于对"真如"的根源性无知，"妄念"发动而有诸相，由于其中有"无相"，所以称为"五意"。此"五意"皆属于深层意识或下意识领域的事态，所以凡夫众生对自己意识深处不断发生的诸事态常日用而不知。在这个意义上，《大乘起信论》将"五意"称为"五细"，即难以觉知的微细心理活动。

"五意"所代表的深层"妄念"，以最后的"相续相"为界转为表层意识。"执取相"和"计名字相"就是这种表层意识，用《大乘起信论》的术语表达则是"意识"，即感觉、知觉等心的意识功能。由于"意识"是任何人都容易意识到的心理活动，所以相对于"五意"的"细"，"意识"称为"粗"。

按照《大乘起信论》的说法，随着实存的"妄执"逐步加深，主体追逐外境，分别六尘。这种状态"名为意识，又名分离识，又说名为分别事识。此识依见爱烦恼而增长"。

如"分离识"或"分别事识"等别名所示，《大乘起信论》中所说的"意识"，与笔者在本论中一开始就使用的"意识"即语言的意义分节机能，本质上是一致的。但《大乘起信论》中所说的"意识"又具有两点不同：一是它被限定于感觉、知觉的狭窄领域之内；二是它是基于"烦恼"主体性的心理作用。也就是说，上述两种"意识"的内涵有部分重叠，同时又有不同。由于两者的内涵相近，所以反而容易引起误解。为了避免造成混乱，关于作为《大乘起信论》术语的"意识"，我们不再深究，下文中出现的"意识"，仍然是语言意义分节之意。

3."始觉"与"本觉"

在第二节，我们考察了"不觉"在意识层面形成的内在机制，与此同时，我们也揭示了"不觉"的本质内涵。

按照《大乘起信论》的说法，凡夫众生大多处于"不觉"的状态。普通人陷于情念的旋涡，被数不尽的"烦恼"所缠绕，在实存的层面处于"不觉"状态是当然的事情。

"不觉"当然是"觉"的对立面。但值得特别注意的是，并不是说"不觉"一旦形成就成为一种固定不变的状态，而是处于不断变动中。"不觉"和"觉"来回摇动，保持一种流动性的关系。《大乘起信论》将两者这种实存的、动态的关系，用"始觉"和"本觉"这对新的范畴来表达。

人的"不觉"状态，如上所述，源自将"妄念"所生的妄相误认为客观的实在并加以执着。由于这种执着，自己的本性被遮蔽，从而背离自己本然的实存状态。悲剧的是，众生往往意识不到这种自己的实存状态有何错谬。身处"不觉"之中而又全然不知，这恰恰是"不觉"之所以成为"不觉"的原因所在。

然而，忽然之间，由于某种契机——根据《大乘起信论》的说法，实际上是下面要讲到的"本觉"的激发——众生又自觉到自身的"不觉"。也就是说，作为"本觉"而发挥其功能的"觉"向处于"不觉"状态的众生持续不断地发射"觉"的信号。一旦这种实存信号触动众生的心弦，众生就开始意识到自己处于"不觉"状态，已经背离了本然的实存状态，并决心回归本来的"觉"的状态。这就是所谓"始觉"。

"始觉"是众生从"不觉"走向"觉"的修行之道。这一修行之道，具体而言，就是心中充满"烦恼"染垢的众生生起修行之念，一步一步克服"不觉"，恢复心的本然清净状态的过程。这一过程由最初的"发心"开始，经由不懈的努力，最终回到"自性清净心"。"始觉"是指修行的整个过程，而不是仅仅指走向"觉"的最初一步。

从"始觉"到"觉"，在与"始觉"的特殊关系性中，"觉"被称为"本觉"。也就是说，作为"始觉"修行目标的"觉"被称为"本觉"，并不是在"觉"之外还存在一种"本觉"。"本觉"相对于"始觉"而存在，"始觉"也相对于"本觉"而存在。

在众生的修行过程中，一旦"始觉"启动，众生就受到自身追求"觉"的内在冲动的驱动，逐渐脱离"不觉"的状态。当这一过程走向终点，"不觉"被完全克服之时，"本觉"就完全开显，"始觉"与"本觉"合一。从宗教体验的视角看，这一境地就是"觉悟"。

但到达这种"觉悟"的境地绝不如说说那么简单，而是一种充满艰辛和苦涩的过程。

这首先是因为"不觉"由于是个体的实存状态，所以个体差异极大，虽然说都是"不觉"，但这种"不觉"有粗有细，各不相同。粗大的、显著的、表层的"不觉"相对容易被觉察，因而也容易被克服；而细微的、深层的"不觉"则不易察觉，因而也不容易被克服。

考虑到这一点，《大乘起信论》将从"始觉"到"本觉"的过程从粗到细分为如下四个阶段：

（一）"始觉"的初位

在前面所说的"不觉"形成过程的最后二相即"起业相"和"业系苦相"中，众生蒙受身、口、意三业招致的苦果，被"烦恼"所缠而失去本性，在苦海中沉沦。在"始觉"论的文脉中，将这种实存的状态称为"不觉"的"灭相"或"灭相"中的"不觉"。这是谁都可以觉察到的最粗大的表层"不觉"。

在此阶段展开的"始觉"修行称为"觉前念起恶"，即清醒地意识到自己过去所犯的恶业，并努力做到以后不再犯同样的恶业。

根据《大乘起信论》的说法，"始觉"是极为初步的、微弱的"觉"的状态，甚至称之为"觉"都有些勉强。也可以说仍然处于"不觉"之中（"虽复名觉，即是不觉"），只是特定的恶业止灭，而"烦恼"尚未止灭。

（二）"始觉"的第二段

即消除"我执"，从"我执"中离脱出来的修行阶段。"我执"

是对"人我"之见，即主客二分的"阿梨耶识"的主体侧面的对象化，由于将其视为真实而加以执着，从而形成"我"的意识。

主客作为自、他而对立，在这种实存状态下住着自我意识的侧面，在"始觉"修行的文脉中被命名为"阿梨耶识"的"异相"。"异相"被完全克服的状态被称为"相似觉"。在此阶段，"始觉"的智慧走向深邃。在第一阶段，虽然也称为"觉"，但只是有"觉"之名而无"觉"之实，可以说仍然处于"不觉"的领域。只有到第二阶段才可以说是"始觉"迈出的第一步。

（三）"始觉"的第三段

即消除"法执"的修行。从"不觉"论的立场看，一切诸法皆为"妄念"所生，悉无实体。然而，凡夫众生误认其为客观实在，将妄象视为主体之外的外在世界。到第三阶段，就能够克服关于存在的执着，即克服"不觉"之"住相"。其完全的状态称为"随分觉"。

（四）"始觉"的第四段

"不觉"形成的第一阶段是"业识"即"妄念"就要启动的微妙瞬间。觉知这一瞬间并舍弃之，就是"始觉"的第四阶段。这也意味着决定远离作为一切烦恼之源的"根本无明"（在其发动的瞬间）。这里远离的"业识"，在"始觉"论中称为"不觉"之"生相"。

如上所述，心（妄念）的初起，是在心的深处所发生的、"阿梨耶识"的微妙律动。对于普通人而言，别说远离这种律动，即使觉察之都近乎不可能。然而，如果"始觉"修行能够达成这种近乎不可能的目标，那么，就能够离脱纵贯"灭、异、住、生"四相的"不觉"，"始觉"就完全与"本觉"合一，并融合在本原性的觉悟之中。这种完全克服"生相"侧面的"不觉"的状态，被称为"究竟觉"。

"始觉"与"本觉"这种构造性的关联，从"本觉"的角度看又如何呢？

如前所述，"本觉"即"觉"，两者之间没有本质性的不同。既然没有不同，那又为什么在"觉"之前加"本"字而称其为"本觉"呢？其原因在于强调这里的"觉"是与"阿梨耶识"联系在一起的"觉"，即在现象"有"的次元展开的"觉"。所谓现象"有"的次元即前面说过的"心生灭"的世界。在此世界中的"觉"，无论其本性如何清净无染，一旦被投入现实的妄染现象界之中，就只能以为烦恼所染污的形象而出现。如果不与"烦恼"无尽的"不觉"发生关联或者说不以染污的形态出现，"本觉"就不能现实地发挥功能。

在这一次元中的"觉"与"不觉"，与其说相互之间密不可分，不如说两者是完全一体的存在，至少表面上两者完全难以区别开来。换言之，在现象界中，"觉"虽然性质上不同于"不觉"，但却以"不觉"的姿态而展开。《大乘起信论》将这种与"不觉"联系在一起的"本觉"称为"随染本觉"。

前面已经详述，现象的存在世界的终极起点，是语言原初的意义分节。在"随染本觉"中，如果不将"不觉"（污染本原性"觉"的清净性）的要素完全清除，那么，在这里所发的语言都属于"妄"。

"阿梨耶识"具有真、妄二重性，而根源性的语言活动可以走向"真"也可以流向"妄"。在"随染本觉"的实存境地，语言活动只有流向"妄"。作为本章主题的"始觉"修行，正是力图转此语言向意识"真"的深处的意义分节修行的过程。

如上所述，《大乘起信论》认为，众生事实上是能够通过修行而回到意识的本"真"状态的。"始觉"修行只是发挥一种净化作用，将潜藏在现象"有"背后的、层层累积意识深处的"本觉"冲洗出来。

之所以能够如此，端赖"本觉"的特性，即"本觉"即使表面上被"不觉"所遮蔽，其本有的清净性仍然完好无损地得以保持。也就是说，在现象"有"的层面活动的"本觉"并不因为被"阿梨耶识"的意象群所包围，被森罗万象所"染"而改变自己的清净本性。

为了形象地说明这一点，《大乘起信论》用了有名的"风吹波起"的譬喻。茫茫大海，大风吹起阵阵波浪。风动、波生，二者同生同灭，间不容发。或者说，两者原本就是同一"动"。

有意思的是，伊斯兰教哲学家也意识到这种"同时性"。他们用手动、手指上的戒指动之间的关系来形容之。也就是说，当我们摇动手指时，戴在手指上的戒指也在动。手"动"和戒指"动"是同时的、没有任何间隔的。或者说，两者是同一"动"。从另一个角度来说，两者之"动"不是时间上的先后关系，而是结构上的先后关系。风动与波动之间的关系，也应该作如是解。

从现象看，风"动"与波"动"同时出现，在时间上绝对不能区分先后，但从结构上或本性上看，二者却有先后之分。

对这一譬喻的内部结构，我们略作分析。

值得注意的是，风吹而波动，这一譬喻并不是描述现实中的大海的景色（因为是不言而喻的事情），而是描述象征性的符号空间。在支撑符号空间的意义象征体系中，风意味着"动"相，而水意味着"湿"相。换言之，在同一譬喻中，风譬喻动，而水譬喻湿。仅就符号系统构造而言，风的本性是"动"，而"水"的本性是"湿"。但水在"湿"相之下，还有另一层面的偶然性的样态，这就是"动"相。

当风吹起，即风呈现其本有的"动"相时，"水"的第二性的、偶然的样态"动"相与风之"动"相呼应，两者同时出现，表现为同一"动"相。两种"动"相之间没有时间先后关系，恰如手"动"与戒指"动"之间的关系。

在现象的层面，风与水通过共通的"动"相而相即不离，就"动"相而言，全无差别。

但就我们所讨论的主题——象征的符号空间而言，如上所述，"风"本质上就是"动相"本身，或者说只有"动相"，而水并非如此。"动相"只是水的非本质的、偶然的属性。所以，一旦风停息，风就归于"无"，而且风的"动相"消失同时意味着水的"动相"随之消失。恰如手停止摇动，手指上的戒指也不再动一样。但当风的"动相"消失时，虽然水的"动相"也消失，但作为其本性的"湿相"并没有消失。

在《大乘起信论》看来，在现象层面"本觉"与"不觉"之间的关系也是如此。在纷纭烦扰的现象界，在森罗万象的存在形态的染污之下，"本觉"的本性洁净无染、超然尘外。若"无明"风止息，"本觉"立刻呈现出本有的、完美的样态。

在《大乘起信论》中，完全摆脱"无明"染法支配、自性清净的觉性被称为"性净本觉"，而仍然被"烦恼"所缠绕的"本觉"则被称为"随染本觉"。

对于"性净本觉"——超脱一切现象"有"的尘垢、纯粹自性开显意义上的"本觉"，《大乘起信论》用至大无外的镜子来譬喻其特征。

光洁无尘的宇宙之镜遍照一切存在。万物纤毫毕现地映现于镜面，而镜子完全平等地映照万物，不分美丑、染净，万物既来，皆映照无遗。

然而，出人意料的是，此光洁无比的镜面上实际上未见任何一物的踪影！因为相对于"性净本觉"而言，一切存在的行迹都是绝对空无，万物皆非实在，无一物能映现出来。直言之，本来无一物！

作为"始觉"修行终点的"性净本觉"呈现出来的就是看起来自我矛盾的形态。我们在本论第二节所讨论的"如实空""如实不空"的自我矛盾的对立时，就已经看到类似的构造。存在产生分节之时，实际上并不是"某物"分节，即"分节"就是"无分节"！这种存在论的根源性状态恰恰与"性净本觉"的构造相对应。

4．"熏习"的内在机制

对于摇摆于"觉"与"不觉"之间的实存意识及其流转与还灭的内在机制，《大乘起信论》力图从构造论的立场给予理论说明。这一理论即"熏习"说。

"熏习"，顾名思义，即前面所提到的俗称"熏香"现象。在发出强烈气味的东西旁边放置另一个物品，经过一段时间，旁边的物品就会染上第一个物品的味道，而且，这种味道看起来似乎是第二个物品所本来具有的味道一般。这就是"熏习"。俗话说，"近朱者赤，近墨者黑"即是此意。古代歌人有"谁有袖香梅花染"之句，就是形容贵公子袖子里的飘香与梅花的香气相互熏染之意。

关于"熏习"，《大乘起信论》云："熏习之义，如世间衣服实无有香，若人以香熏习，则有香气。此亦如是。真如净法，实无有染，但以无明熏习故，则有染相。无明染法，实无净业，但以真如熏习故，则有净用。"

在上述引文中，《大乘起信论》仅以"真如"和"烦恼"为例来说明"熏习"现象。在这里，"真如"代表"净"，而"烦恼"代表"染"《大乘起信论》以这两个概念为例说明"熏习"现象，当然与这两个概念在《大乘起信论》中的核心地位有直接关系。但实际上，"熏习"并不限于这两者之间。我们完全可以、而且也应该从更广的视角，从理论上对"熏习"现象进行考察。

假如有两件东西，姑且称之为 A 和 B。A 和 B 在同一力量之场域中共存，相互之间一定会产生相互影响。又假如 A 是强势的一方，而 B 是弱势的一方。在两者的相互关系中，当然 A 会积极地作用于 B，即强势一方的能量流向弱势的一方。其结果，B 内部渐渐出现质的变化，即 B 的性质逐渐向 A 的性质趋近。这种现象称为"熏习"。

那么，这种现象移到语言的意义分节理论中，又会是何种情景呢？

从分节论的角度看，相互独立的 A 和 B 是彼此不同的语言分节单位，因而，A 有 A 的独特意义场域，B 有 B 的独特意义场域。

一般来说，在同一意义场域中，如果两个意义场域相连接，那么，两者之间会发生相互作用。如果一方比另一方强势，那么，受到影响的一方会无限接近另一方，有时甚至会完全被另一方所同化。即使不被同化，其意义场域也会发生种种变化。例如，构成其意义场域的某要素消失或新的要素产生，或者既有要素之间的配置发生变化等。这种发生在意义场域中的内在变化或同化现象，就是意义分节意义上的"熏习"。

以上是关于"熏习"一般意义的考察，下面我们结合《大乘起信论》的文本考察其具体内容。

如上所述，《大乘起信论》在考察"熏习"现象时，是仅就"真如"和"无明"两个概念而展开的。但我们在理解"真如"和"无明"两个概念时，有一个值得注意的问题，即无论是"真如"还是"无明"，都不是形而上学意义上的概念（如本论的第一、第二节中所出现的两个概念）。因为形而上学意义上的"真如"和"无明"之间是不存在相互影响的。

这里所说的"真如"（A）和"无明"（B）不是形而上学意义上的概念，而是现象"有"层面的、与众生个体的实存相关连的事态。换言之，A和B不是相互分离的、彼此对立的两大要素，而是共存于众生实存意识场域中的对立要素，是同一主体的"阿梨耶识"的两个侧面。A和B之间的相互"熏习"，是"阿梨耶识"的两个侧面之间的作用和反作用，正是这种作用和反作用，才使"阿梨耶识"的诸种功能的生起。

因此，虽然也称为"真如"，但这里的"真如"不是形而上学的、绝对意义上的"真如"，而是相对意义上的，即实存意识意义上的"真如"。由于这种意义上的"真如"，其"能量"在个体身上千差万别，所以相对于"无明"，有时是强势的存在，有时是弱势的存在。如果是形而上学意义上的"真如"，那么"真如"在众生中平等，不可能有个体之间的差异。

如此以来，作为"熏习"论意义上的讨论主题，严密地说，"觉"与"不觉"之间的相互关系比"真如"和"无明"更为恰当。但为了尊重《大乘起信论》的文本，本论在论述"熏习"时，仍然沿用A项"真如"和B项"无明"来展开。

值得注意的是，《大乘起信论》中的"熏习"概念有一个重要特征，即《大乘起信论》在论述"熏习"时，同时承认"反熏习"或"逆熏习"的存在，而且认为它是"熏习"构造的本质性侧面。

有"熏习"则必然有"逆熏习"。这一思想主张看起来很平常，但它却是《大乘起信论》"熏习"概念的决定性重要的特征。

现在假定 A 为"能熏"，B 为"所熏"，在唯识哲学等思想体系中，A 一直为"能熏"，绝对不可能成为"所熏"；而 B 则一直为"所熏"，也绝不可能成为"能熏"。但在《大乘起信论》中，A 和 B 皆有可能成为"能熏"和"所熏"。具体而言，"真如"并不仅限于"能熏"，也可以成为"所熏"；"无明"也并不仅限于"所熏"，也可以成为"能熏"。在唯识哲学中，这种情景是不可想象的。

在唯识哲学中，"无明"的功能只是"能熏"而不能成为"所熏"；而"真如"则与"熏习"没有任何关系，即"真如"既不是"能熏"也不是"所熏"。但在《大乘起信论》中，"真如"和"无明"都可能成为"能熏"和"所熏"。换言之，在 A 和 B 之间，"能"和"所"可以自由互换、同时成立。

通过以上的考察，我们可以看出《大乘起信论》中的"熏习"概念具有以下三个特征：

（1）《大乘起信论》所说的"熏习"并非一般意义上的、非限定的"熏习"，而是特指"真如"（即"觉"）与"无明"（即"不觉"）之间的相互"熏习"。

（2）认为"逆熏习"是"熏习"现象的本质侧面。

（3）"能熏"与"所熏"之间不是绝然对立的，而是可以自由互换的。

综合以上三点，我们就容易理解《大乘起信论》为什么会确立两种"熏习"，以及两种"熏习"的理论根据何在的问题。所谓两种"熏习"即"染法熏习"和"净法熏习"。前者即"无明"熏"真如"；后者即"真如"熏"无明"。

值得注意的是，"染法熏习"和"净法熏习"之间存在"逆熏习"的现象，而且不仅在二者之间，而且在"染法熏习"和"净法熏习"的内部也各自存在"逆熏习"的原理。

在一般意义的"熏习"论中，如 a 熏习 b，其结果则是出现 a 和 b 之外的 c 的事态，而 c 进一步产生 d，d 进一步产生 e……但在《大乘起信论》的思想构造中，c 生起的同时，反过来，又"逆熏习"其原点 a，从而形成 d，而 d 又作为"能熏"发挥其功能，从而呈现出复杂的往复循环的"熏习"过程。

以下，结合《大乘起信论》关于"染法熏习""净法熏习"的具体说明，对"熏习"的机制进行考察。

"染法熏习"

关于现象世界是如何从绝对无分节中分化、产生出来的问题，《大乘起信论》用不断的"熏习"来说明。这一"熏习"过程又分为"无明熏习""妄心熏习""妄境界熏习"。

（1）"无明熏习"

"无明"作为根源性无知，是一切存在"染"的侧面的第一因。由于"无明"强力作用于"真如"，从而形成"业识"。如上所述，"业识"是存在分节的起点。由此而有存在的意义分节，从而生起现象"有"的世界。

"无明"作用于"真如"而生出的"妄心"，又反过来作用于作为自身出生"母体"的"无明"，此即"逆熏习"。如上所述，"逆熏习"构成《大乘起信论》"熏习"概念的核心内涵。

（2）"妄心熏习"

"妄心"反作用于"无明"，使"无明"的势力增长，从而生出"妄境界"，此即"妄心熏习"。关于"妄境界"的内涵，在本论的第二节已经做了详细说明。由于以"业识"为起点的、意识的根源性的意义分节机能的作用，存在被多重分节，而众生将这种被分节的存在形象误认为是心之外的实在的对象。也就是说，由于"妄心"的"熏习"而不断增长的"无明"意识分裂为主体和客体，"阿梨耶识"开始发挥其功能。

（3）"妄境界熏习"

"妄心熏习"即"妄心"反作用于"无明"从而产生"妄境界"。而"妄境界"反过来作用于"妄心"，即通过"逆熏习"而使"妄心"增强，从而将主体拖曳到无尽的"烦恼"的旋涡之中。众生的人生也随之成为一系列"我执""法执"交织而成的悲剧。人生的现实呈现为重重无尽的"业"的实存场域。

"染法熏习"的全过程可以图示如下：

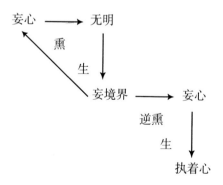

净法熏习

由于"染法熏习"，"染法"即现象的世界万物不断地显现出来，但这并不是"熏习"的终点。因为众生实存的连续剧并不是只有"向下"一个方向，还有剧情翻转而"向上"修行的方向。或者说，相对于"染法熏习"，还有"净法熏习"，即超越一切染法的清净世界的不断现起。

"净法"即"真如"，而这里，"真如"即前面所说的"本觉"。"本觉""熏习""无明"（妄心）生起净用的过程即"净法熏习"。用宗教的术语来说，这一过程即"觉悟"的过程。

"净法熏习"分为（一）本熏（内熏）和（二）新熏（外熏）。《大乘起信论》的文本总体上是讲众生的精神构造和宗教修行的路径，但从哲学的角度来解读，这一路径又可以理解为现象存在者反本还原即回归形而上学本原的过程。

本熏（内熏）

那么，"真如"如何熏习"无明"呢？

按照《大乘起信论》的说法，一切众生的"妄心"之中，皆有常恒不变的"真如"作为"本觉"而存在。"本觉"作为一种能量作用于"无明"（妄心），"妄心"的净化过程就开始了。由于"真如"的熏习作用，实存主体开始意识到生死流转之苦，并生出厌苦求乐即超越实存之苦、追求涅槃寂静。这可以说是"真如"先天净业的发现，也是"妄心"走向净化的第一步。

这一过程称为"真如"之"本熏"或"内熏"，也可以称为"妄心熏习"。前面的"染法熏习"也被称为"妄心熏习"。名称虽然相同，但其内涵却完全不同。在"染法熏习"的场合，"妄心"逆熏习"无明"，"无明"获得强化的过程称为"妄心熏习"。而在"净法熏习"的场合，众生处于"还灭门"的历程之中，虽然仍然在"染"的世界，但"妄心"已经开始受到净化，厌求心发动，修行已经在路上。这里的"妄心熏习"准确地说应该是"妄心被熏习"。

新熏（外熏）

"真如"主动熏习"无明"，众生产生厌离生死之苦、追求涅槃之乐的强烈厌求心。作为厌求心的"妄心"反过来熏习"真如"，使众生精进修行，最终消除一切"无明"。用前一节的用语来说，即"始觉"结束，与"本觉"完全合一。这一过程称为"新熏"或"外熏"。这一过程亦可以图示如下：

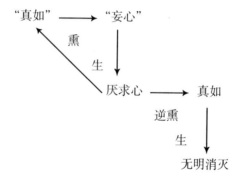

5. 伦理学的结论

在第三节，我们考察了实存意识的内在动态机制，从总体上看，其机制表现为"觉"与"不觉"之间的相互作用、相互转换、相互循环。正是二者的往复运动使得实存意识呈现出勃勃生机。趋向"本觉"的"始觉"，即众生"向上道"的修行，是这种往复运动的体现，而最后所讨论的"熏习"论是从不同的角度接近同一个主题，基本范式是一致的。

从"不觉"到"觉"。众生踏上"始觉"之路，然后回归"本觉"或者说必须回到"本觉"，这意味着众生的实存意识摆脱实存性的制约，最终达到绝对清净的心的本原。《大乘起信论》将这种境界称为"究竟觉"。"以觉心源故，名究竟觉。"用更为通俗的宗教用语来说，就是"觉悟之路"。

然而，到达"究竟觉"的修行之路漫长而又艰难。这是因为，要达成《大乘起信论》所说的"究竟觉"意义上的"觉悟"，仅仅一生的时间还不够，还需要未来无量劫的修行。因为修行者必须将数千年间累积的无数的意义分节（"业"）全部消除，才能够获得这种"觉悟"，而这显然不能够依靠当下的顿悟。

为了消除过去劫的"业"，回归清净的本原，修行者必须不断地重复从"不觉"到"觉"的过程。"觉悟"不是一次性的事情，而是无数次的"不觉"到"觉"、"觉"到"不觉"、"不觉"到"觉"……

已经醒悟到"究竟觉"这种宗教、伦理理念的修行者，其实存意识处于"不觉"与"觉"之间不断的往复运动中。这种在实存意识层面展开的往复运动就是通常所说的"轮回转生"的哲学意义所在。

"轮回"的圆环在任何时间、任何地点都没有停息。只有实存意识最终到达绝对的"觉"即作为意识本原的"自性清净心"完全现前之时，这种圆环运动才闭合。这就是形而上学意义上的"末日"的来临。

这时，绝对"觉悟者"诞生，《大乘起信论》所构想的伦理学修行之路才到达终点。

Metaphysics of Consciousness

IZUTSU Toshihiko

SUMMARY

Different from common research which is done from a literary or historical perspective, Izutsu Toshihiko 井铜俊彦 attempts to reveal, from a philosophical perspective, the universality of Eastern philosophy contained in the *Awakening of Faith in the Mahāyāna* through an analytical investigation of this text's philosophical significance and therefrom reconstruct a so-called metaphysics of consciousness. In the view of the author, in an ontological sense, the "true thusness" (*zhenru* 真如) and "according with co-dependent origination" (*suiyuan* 随缘) of the *Awakening of Faith in the Mahāyāna* is the manifestation process of the phenomenal state of "true thusness," they are also the function of language to split things into segments; in terms of consciousness, the differentiation in the dual structure of "true thusness aspect of the mind" (*xinzhenru* 心真如) and the "mind of generation and annihilation" (*xinshengmie* 心生灭) points to consciousness which has not yet manifest and that which already has. "Three subtle and six coarse aspects" (*sanxi liucu* 三细六粗), "perfumation" (*xunxi* 熏习), and "unenlightenment" (*bujue* 不觉) express the mechanisms by which phenomena are produced from and differentiated out of what is absolutely without differentiation; "initial enlightenment" (*shijue* 始觉) and "original enlightenment" (*benjue* 本觉) point to the process of cultivation and enlightenment of sentient beings. The author thinks that, through explaining and reconstructing the text of the *Awakening the Faith in the Mahāyāna*, many possibilities for modern philosophy can be found contained therein.

Key Words: *Awakening the Faith in the Mahāyāna*; Consciousness; Metaphysics; Eastern Philosophy; Izutsu Toshihiko

东方哲学共时性构造视野下的
《大乘起信论》

日本龙谷大学博士　刘婷婷

摘要： 井筒俊彦 (1914~1993) 在《意识的形而上学——〈大乘起信论〉的哲学》（中央公论社，1993）中用近代西方哲学的概念解释了《大乘起信论》的思想。井筒先生首先建立了"东方哲学共时性构造"这一方法论。然后，基于该方法论他从"存在论""意识论"和"个体的实在意识"这三个角度出发，并以"真如""心""阿梨耶识"为中心对《大乘起信论》进行分析。本文基于《意识的形而上学——〈大乘起信论〉的哲学》一文，首先图文解明井筒所分析的《大乘起信论》的哲学。其次试图探讨井筒以近代西方哲学的概念对《大乘起信论》进行解读的方法是否适用于佛教学研究。

关键词： 《大乘起信论》　井筒俊彦　东方哲学共时性构造　真如　阿梨耶识

一、引言

《大乘起信论》包含了很多教理，其教理在中国、日本、韩国都受到重视。首先将《大乘起信论》作为总摄佛教教理的无上论书而给予重视的是新罗僧元晓[①]。法藏在元晓注释的基础上从另一个角度写了《起信论义记》，并判定《大乘起信论》为如来藏缘起宗[②]。如来藏缘起的思想不仅深刻影响了中国佛教、日本佛教以及韩国佛教的发展趋势，还进一步影响到东亚思想。杨文会晚年甚至提出了中国佛教是马鸣宗的说法。自隋代第一部众经目录《法经录》（公元594年）将《大乘起信论》编入众论疑惑部至今，《大乘起信论》一直被怀疑为一部伪论。近代以来学者们更是质疑《大乘起信论》的真心本觉思想非佛教。而且根据最近日本学者的研究，基本已经能够断定《大乘起信论》为人撰述。但是，《大乘起信论》是印度撰述还是中国撰述，其思想是佛教或非佛教，本人认为这都不会对《大乘起信论》思想本身的价值及其对东亚的思想产生影响。基于此意义，日本著名学者井筒俊彦对《大乘起信论》的研究具有一定的启发意义。

1. 选题的背景、意义及目的

井筒俊彦（1914~1993）是具有国际声望的伊斯兰哲学研究专家，1914年生于东京，1937年毕业于庆应义塾大学文学部。先后任庆应义塾大学教授、加拿大马基尔大学教授、伊朗皇家哲学学院教授、国际哲学会会员。

[①] 石井公成：《華嚴思想研究》，春秋社，1996年。
[②] 吉津宜英：《華嚴一乘思想の研究》，大東出版社，1991年。

井氏 1949 年开始致力于古希腊哲学及伊斯兰哲学（主要研究伊本·安拉比的"存在单一论"哲学、苏赫拉瓦迪的照明哲学）的研究。1979 年从伊朗回国后开始着手《意识与本质》的写作。晚年致力于"东方哲学的共时性构造"研究，开始撰写"东方哲学备忘录"丛书①，首先着手写作的就是《意识的形而上学——〈大乘起信论〉的哲学》（该书于 1993 年首次出版，遗憾的是井氏也于两个月后溘然辞世）②。这样一位对东西方哲学都进行过广泛研究的学者，晚年重新思考东方哲学的时候将《大乘起信论》作为首要的研究对象，这绝非偶然。

井氏其实是出于一种深刻考虑而选择《大乘起信论》作为其"东方哲学的共时性构造"哲学框架的首要研究对象的。《意识的形而上学——〈大乘起信论〉的哲学》成书之前，围绕《大乘起信论》的成立及其思想的论争已经展开。日本学者袴谷宪昭和松本史朗猛烈批判《大乘起信论》的本觉思想或如来藏思想，指出这种思想不是佛教，与释迦牟尼本来的学说相去甚远③。袴谷和松本二氏的批判对佛教学界是一个很大的冲击，进而危及东方思想。而高崎直道也于 1990 年在《大乘起信論の真如》（《仏教学》29 号）中指出了如来藏思想与《奥义书》哲学的相似性。井氏的著作正是在这样一种背景下诞生的。

笔者认为，井氏研究的独特性就在于，他跳出了如来藏是否

① 鎌田繁：《イスラーム思想と井筒〈東洋哲学〉》，《宗教研究》87 卷别册，2014：36 — 37 页。

② 井筒俊彦：《意識の形而上学——〈大乘起信論〉の哲学》，中央公论新社，2001。

③ 石井公成：《近代アジア諸国における〈大乗起信論〉の研究動向》，《禅学研究》特别号，2005 年 7 月。

为佛说的佛教学术内部之争，而是站在建构东方哲学的立场上，将《大乘起信论》作为一部东方哲学的思想论著进行研究。他认为"言语的意义分节"①是东方哲学的普遍特征，该特征在如来藏思想、《奥义书》哲学、伊斯兰哲学、老庄思想中均有所体现②。基于此意义，《大乘起信论》在东方哲学中的重要性自然不言而喻。

近几年来越来越多的学者开始关注井氏的思想，庆应义塾大学也于2015年推出了井氏著作全集。但是学者们的研究仍然十分零散，未成体系。而对于《意识的形而上学——〈大乘起信论〉的哲学》一书的研究也只有寥寥几篇零散的介绍。井氏的学术思想、理论观点及其分析的正确性，已渐渐引起学术界学者们的关注。可惜的是，他对整个东方哲学的系统著作尚未完成便溘然辞世。那么，井氏以"东方哲学共时性构造"这一思想理论框架为前提，是如何解读《大乘起信论》的呢？进一步，以井氏的该研究方法来进行佛教学研究是否可行？这是本论所欲探讨的问题。

2. 相关研究现状简述

2.1 《大乘起信论》研究相关动态

2.1.1 最近研究

首先是关于《大乘起信论》作者的最近研究动态。《大乘起信论》曾经被归属于真谛所译，但是近几年来通过高崎直道、竹村牧男的研究，学术界已经基本取得一致意见——《大乘起信论》不仅不是真谛译，甚至不是完全意义上的译作。高崎、竹村二氏确认《大乘起信论》是仿照北朝的汉译经论而作。高崎认为

---

① 简单而言，"言语的意义分节"指言语的意义分割功能。言语的意义分节机能创出全部存在者，存在本身就是言语。

② 井简俊彦：《意識の形而上学——〈大乘起信論〉の哲学》，中央公论新社，2001年版第40-41页。

《大乘起信论》是以来华三藏法师的讲义为原型翻译编辑而成的著作①，竹村则认为《大乘起信论》是北魏菩提流支（活动于508~537，生卒年不明）周边的初期地论师（很可能是菩提流支的弟子道宠〔生卒年不明〕）的著作②。

其次是关于《大乘起信论》成书年代的最近研究动态。目前，竹村主张《大乘起信论》是真谛来华以前菩提流支周边的初期地论宗所撰，高崎也持该说法。但荒牧典俊认为《大乘起信论》是真谛来华以后（约564~570），由《大乘起信论义疏》的著者地论宗南道派的昙延（516~588）受真谛译《摄大乘论释》的影响所撰。③

第三是关于《大乘起信论》思想的最新研究动态。望月信亨曾主张《大乘起信论》的思想属于地论宗南道派。但是，近些年，竹村已充分论证了《大乘起信论》的思想属于南道派和北道派思想对立之前的初期地论宗思想。④近来大竹晋也认为《大乘起信论》的唯识说完全未受南道派及北道派的影响。⑤荒牧则主张《大乘起信论》的思想受到真谛译《摄大乘论释》的影响⑥。

2.1.2 以往研究回顾

（1）国外研究

---

① 宇井伯寿·高崎直道：《大乗起信論》岩波书店（岩波文库），1994。

② 竹村牧男：《地論宗と〈大乘起信論〉》，平川彰（编著），《如来蔵と大乗起信論》，春秋社，1990。

③ 荒牧典俊：《北朝後半期仏教思想史序説》，荒牧典俊（编著）《北朝·隋·唐中国仏教思想史》，法蔵館。

④ 竹村牧男：《地論宗と〈大乘起信論〉》，平川彰（编著）《如来蔵と大乘起信論》，春秋社，1990。

⑤ 大竹晋：《地論宗の唯識説》，金剛大学校仏教文化研究所（编）《地論思想の形成と変容》国書刊行会，2010。

⑥ 石井公成：《近代アジア諸国における〈大乘起信論〉の研究動向》，《禅学研究》特別号，2005年7月。

近代日本对《大乘起信论》的研究始于僧人原坦山（1819~1891）。他于1879年在帝国大学文科大学（东大前身）讲授《大乘起信论》。原坦山的课程是作为印度哲学讲座的一个专题在东大展开的，他是从心理学、"实践佛教学"的立场来解释《大乘起信论》的。到了1900年，铃木大拙（1870~1966）刊行了《大乘起信论》的英译本。1918年望月信亨（1869~1948）提出《大乘起信论》中国撰述说，以此为开端，学者们围绕印度撰述或中国撰述展开了激烈争论。与此同时，近代围绕《大乘起信论》思想的论争也由此展开。高桥吾良（五郎）在《佛道新论》（1880）①中批判《大乘起信论》的如来藏思想不符合佛教教理。织田得能于1891年发表论文反驳高桥吾良。1894年，木村鹰太郎发表论文批判《大乘起信论》的思想。木村鹰太郎首先从西方近代哲学的观点论争了《大乘起信论》教理的矛盾之处，进而从国家主义的立场批判《大乘起信论》的思想具有厌世主义的特征。因此他认为在与列国对立的当下，佛教对日本毫无用处。荻原云来、古河老川、大久保格道、横井多见治等随即批驳木村氏的观点为误解。木村发表论文次月，井上哲次郎发表论文②，提倡用近代学术研究方法研究佛教。三个月后，村上专精创办了日本最早的近代佛教学术杂志《佛教史林》。也就是说，日本近代佛教学研究是在围绕着《大乘起信论》的论争之中诞生的。

到了大正时代，围绕《大乘起信论》的佛教学研究逐日升温，这些研究包括关于《大乘起信论》成立的研究、《大乘起信论》及

---

① 高桥吾良：《仏道新論》，石川力山编，《曹洞宗選書》第六卷，同朋舍出版，1981年版。

② 井上哲次郎：《仏教の研究に就いて》，《仏教》85号，1894。

其注释书的研究、《大乘起信论》与地论宗摄论宗关系的研究、疑伪经的研究以及印度如来藏思想的研究等等[1]。1981年，柏木弘雄出版了《大乘起信论的研究》[2]，这是一部代表了战后日本佛教学水准的集大成式的研究。

　　20世纪80年代后半期，驹泽大学佛教学部的袴谷宪昭和松本史朗开始批判本觉思想或如来藏思想，指出这种思想不是佛教[3]。袴谷和松本二氏重视西藏中观派的学说，同时也爱好西方宗教哲学，他们站在中观派的立场上认为本觉思想或如来藏思想在提倡本质平等的同时又认可现实差别的存在，这种思想其实与释迦牟尼本来的学说相去甚远。松本甚至在印度学佛教学会上发表了题为《如来藏思想不是佛教》[4]的论文。松本在报告中指出如来藏思想就是单一实在的基体生出多元的"法"，可简称"生出一元论""根源实在论"。这种肯定"原理"同一、无差别，但是现实千差万别的构造，是以如来藏为基础思想的日本本觉思想的构造。松本认为这种思想其实是释迦牟尼批判的对象，是《奥义书》的梵论，绝非佛教。此二氏的观点对佛教学界产生了很大的冲击。1990年高崎直道发表了《大乘起信论的真如》[5]。高崎首

---

　　① 1918年望月信亨主张《大乘起信论》中国撰述说，之后羽溪了谛、村上专精、龟谷圣馨、常盘大定、松本文三郎、林屋友次郎、境野黄洋、铃木宗忠等围绕《大乘起信论》成立展开了论争。赤沼智善：《＜起信论＞の真如に就て》，《大谷学报》1号，1929。

　　② 柏木弘雄：《大乘起信論の研究》，春秋社，1981。

　　③ 袴谷宪昭：《本觉思想批判》，《＜大乘起信論＞に对する批判の觉え書》，1989。松本史朗：《缘起と空—如来藏思想批判》刊行，1989。

　　④ 1986年3月，松本史朗在日本印度学佛教学大会上发表《如来藏思想は仏教にあらず》。

　　⑤ 高崎直道：《大乘起信論の真如》，《仏教学》29号，1990。

先指出将《大乘起信论》理解为"真如缘起"是中国式解读,《大乘起信论》是"真如缘起"的说法还有待探讨。他认为如来藏一元论的思想和斐檀多哲学相似,是印度思想,不是佛教思想。高崎在论文中首先追溯了"真如"这一概念的历史和它在各经典中的发展;其次分析了"真如"的类概念。最后他指出《大乘起信论》的"真如"有如下特点:"真如"是一切法的"法性",是缘起之理。"真如"也指"如来""法身",是佛的本性、是智(般若)。如来的本性内在于众生之中,叫"如来藏",《大乘起信论》将其称为"心真如",即心性、自性清净心、如来本性。众生虽然处在不觉状态中,即"心生灭"中,但是"心真如"就在"心生灭"中。

（2）国内研究

近代中国对《大乘起信论》的研究始自杨文会（1837~1911）。《大乘起信论》的思想是杨氏思想的基础,晚年甚至提出了"马鸣宗"之说。杨氏将《大乘起信论》赠送给了基督教传教士Richard 并请他将该论翻译成英语。信奉基督教和大乘一元论的Richard 将"真如"翻译为了"God"[①]。Richard 的翻译是十分典型的将"真如"理解为实体的一种解读视角。而《大乘起信论》的"真如"是实体与否也一直是佛教思想史上的公案。

近代中国关于《大乘起信论》成立年代的最早考证始自章太炎（1869~1936）,章氏于 1908 年在《民报》发表《〈大乘起信论〉辨》。梁启超（1873~1929）于 1922 年发表《大乘起信论考证》（《东方杂志》）,在论中他不仅介绍了望月信亨等人的论

---

① 陈继东:《清末仏教の研究》,山喜房佛书林,2003。

争，还从进化论的立场提出了《大乘起信论》中国成立说。杨文会的门下，以欧阳竟无（1871~1943）、吕澂（1896~1989）等为代表的支那内学院与以太虚为代表的武昌佛学院就《大乘起信论》的真伪等问题展开了激烈论争。前者尊唯识哲学的立场批判《大乘起信论》为伪作，后者则信其为印度撰述。其中，吕澂①的中国撰述说是具有说服力的，通晓多种语言并曾留学于日本的吕氏是秉持一种批判的学术态度从思想史的角度分析了如来藏思想。吕氏在论文中首先指出《大乘起信论》与魏译本《楞伽经》的关系，然后依据梵本和刘宋译本的共通之处考究出原本《楞伽经》的主题，通过分析发现魏译本《楞伽经》的思想是一部与原本《楞伽经》思想有很大出入的作品。而《大乘起信论》对于《楞伽经》解错的地方不仅未意识到其错，反而加以引申、发挥，自成其说。吕氏认为据此可见《大乘起信论》绝不是从梵本译出，而只是依据魏译本《楞伽经》而写作的。除了思想性质的分析，吕氏还从语言学的角度指出《大乘起信论》的破句读法只有在汉语的结构中才会发生，而从虚实各字区别显著的梵语中是很难译出这种读法的。吕氏的研究在当时可谓正面回应了持印度撰述说居多的日本学术界。

此后，高振农、印顺、龚隽、杨维中、陈继东、徐文明、刘成有、张文良、周贵华等都就《大乘起信论》进行过研究。高振农先后在《法音》发表了五篇探讨《大乘起信论》的论文，而且1992年还在中华书局出版了《大乘起信论校释》。他先后从《大乘起信论》的作者与译者，《大乘起信论》的主要思想，《大

---

① 吕澂：《〈大乘起信论〉与禅》，《吕澂中国佛学论著选集》卷一，齐鲁书社，1991。

乘起信论》在佛教史上的地位与影响，《大乘起信论》真伪问题的论争等角度探讨了《大乘起信论》①。高认为《大乘起信论》应该是一本中国人撰述的著作。从宗教哲学思想来说，《大乘起信论》包含了丰富的佛教唯心主义理论。它以一心、二门、三大为脉络，围绕"真如缘起"对佛教的几个重要理论概念如真如、阿梨耶识、熏习等等，做了详尽的阐述。"真如缘起"说是《大乘起信论》立论的基础。高氏认为《大乘起信论》是中国佛教发展到一定阶段的产物，并非"外道"论，而是具有中国特色的大乘佛教的理论著作。印顺认为《大乘起信论》的文本是北方论师"综合融贯"地论与摄论思想的产物，《大乘起信论》的产生深受扶南大乘思想的影响，其思想是印度的，不能说完全是中国人的独创②。龚隽探讨了梁译《大乘起信论》的本觉论思想③，龚认为《大乘起信论》的本觉思想可能受到了儒家、道家思想的影响。杨维中、徐文明等主要从考证学角度分析了《大乘起信论》及《起信论序》的真伪④。陈继东、刘成有等则对章炳麟、印顺等关于《大乘起信论》的研

---

① 高振农：《大乘起信论》的作者与译者——《大乘起信论》简论之一．法音,1987,01:15-18 25.《大乘起信论》的主要思想——《大乘起信论》简论之二．法音,1987,02:13-16.《大乘起信论》在佛教史上的地位与影响——《大乘起信论》简论之三．《法音》[J],1987,03:46-48.《大乘起信论》真伪问题的论争——《大乘起信论》简论之四．《法音》[J],1987,04:25-28. 对《大乘起信论》的几点看法——《大乘起信论》简论之五．《法音》[J],1987,05:32-34。

② 印顺：《大乘起信论讲记》,《妙云集》之七,第3页,正闻出版社,2000年；印顺：《〈大乘起信论〉与扶南大乘》,《永光集》,第150-151页,正闻出版社,2004年。

③ 龚隽：《梁译〈大乘起信论〉的本觉论思想分析》,中山大学学报（社会科学版）,2005。

④ 杨维中：《〈大乘起信论〉真伪新考——〈大乘起信论〉翻译新考之一》,西南民族大学学报（人文社科版）,2015；《〈大乘起信论〉的翻译考辨》,藏外佛教文献,2010。

究进行了再探讨。张文良则通过研究澄观的判教以及《释摩诃衍论》间接论及了《大乘起信论》的思想[①]。周贵华认为"一心二门"是《大乘起信论》的核心学说，这与唯识思想具有很强的关联性[②]。

2.2 井筒俊彦研究相关动态

2.2.1 国外研究

井氏逝世后，越来越多的学者开始关注井氏的思想，目前对井氏思想有所研究的学者有石川泰成、气多雅子、ロペス·パソス、安藤礼二、镰田繁、竹下政孝、师茂树等。2014 年日本学术界特别召开了"井筒俊彦诞辰 100 周年纪念大会"，与会学者们就井筒的生平、业绩和思想做了报告和发言。[③]但是这次会议中并没有一篇报告专门涉及《意识的形而上学——〈大乘起信论〉的哲学》。竹下政孝在《井筒俊彦のイスラーム学における業績》[④]中总结了井氏在伊斯兰学研究中的贡献。师茂树在《井筒俊彦の"深層意識的言葉哲学"をめぐって》[⑤]中分析井氏的言语哲学。围绕井氏《意识的形而上学——〈大乘起信论〉的哲学》一书尚没有相关

---

① 张文良：《澄观与〈大乘起信论〉》.比较经学.2014(3).167-185。

② 周贵华：《〈大乘起信论〉的'一心二门'说——与唯识学相关义的一个比较》.比较经学.2014(3).211-245。

③ 澤井義次：《井筒俊彦の「東洋哲学」への宗教学的視座》、《パネルの主旨とまとめ》(東洋の宗教思想と井筒俊彦)、《井筒「東洋哲学」におけるインド宗教思想》《井筒俊彦の神秘主義論とその意味構造》。中村広治郎：《フリッチョフ·シュオンと井筒俊彦》。ファン·ホセ·ロペス·パソス：《井筒「東洋哲学」における言語とその意味》。気多雅子：《井筒「東洋哲学」の哲学的視座》。鎌田繁：《井筒のイスラーム理解と流出論》葛西賢太：《井筒俊彦の瞑想体験と東西思想の比較研究》。2014、2015、《宗教研究》87-88 卷。

④ 竹下政孝：《井筒俊彦のイスラーム学における業績》、《イスラム世界》1993 年、159-164 頁。

⑤ 師茂樹：《井筒俊彦の「深層意識的言葉哲学」をめぐって》、《特集言葉と仏教》、2013 年、128－138 頁。

的研究论文，只有寥寥几篇书评①。综合上述学者们的研究而言，井筒哲学包含三个特征：共时性构造、比较论的视野、语义学。

2.2.2 国内研究

近一两年来国内也有学者开始关注井氏。井氏的一部著作其很早就有中译本。在 1992 年今日中国出版社便出版了秦惠彬翻译的《伊斯兰思想历程》，这是一部从哲学史的角度梳理伊斯兰思想的著作。2014 年《世界哲学》第四期载了王希翻译的《伊斯兰形而上学之思的基本结构》。该论梳理了以伊斯兰苏菲思想家伊本·安拉比(1165—1240)为代表的伊斯兰思想中的"存在单一论"哲学。王煜焜在《日本百年伊斯兰研究回溯》②中简略介绍了井氏在伊斯兰学方面的研究状况。上述都是翻译或者介绍了井氏在伊斯兰学方面的研究。还难称之为对井氏思想的研究。

1991 年，中国人民大学哲学系高级进修生石川泰成于《中国人民大学学报》用中文发表了《简论井筒俊彦的哲学思想》，该论主要从"东方哲学共时性构造"角度整体分析了井氏的哲学思想，石川在论中对井氏的共时性研究给予了高度评价，指出这绝不同于简单的应用西方哲学概念来模仿西方哲学史。但是石川在做该论时，《意识的形而上学——〈大乘起信论〉的哲学》尚未发表，对于该书自然只字未提。

2010 年，张文良在《日本的〈大乘起信论〉研究》③中以近三页的篇幅介绍了井氏《意识的形而上学——〈大乘起信论〉的

---

① 先后有井氏夫人、池田晶子先后为该书写过后记，海野厚为该书写过书评。

② 王煜焜：《日本百年伊斯兰研究回溯》，世界宗教文化,2013,01:53-59.

③ 张文良：《日本的〈大乘起信论〉研究》，佛学研究,2010,00:410-423.

哲学》一书。这是国内首篇介绍该书的论文。张文良在论中首先指出井氏是站在"共时性构造"的立场上重新解读《大乘起信论》的，然后介绍了《意识的形而上学——〈大乘起信论〉的哲学》一书的思想结构：该书分三部分，即"存在论的视角""从存在论到意识论""实存意识机能的内在机制"。在这三个部分中，作者分别对《大乘起信论》的"真如""心"和"本觉"概念的哲学内涵进行了分析。张文良认为：井氏的《大乘起信论》研究别开生面，与主流的研究方法不同。这种"共时性"的哲学分析和建构，抽象掉了《大乘起信论》文本的历史细节，着眼其普遍的哲学特征，井氏力图在这一经典文本中找到东方哲学的底蕴和精神特质所在。无论其研究结论是否经得起推敲，这种方法论的追求值得肯定。

二、井筒俊彦的"东方哲学共时性构造"

1. 概念解析

井氏晚年致力于"东方哲学共时性构造"的研究，开始撰写《东方哲学备忘录》丛书。《东方哲学备忘录》丛书将依次分析唯识哲学、华严哲学、天台哲学、伊斯兰哲学、普洛提诺、老庄－儒教、真言哲学等。井氏将这些哲学作为"东方哲学共时性构造"的有机组成部分。《意识的形而上学——〈大乘起信论〉的哲学》是该丛书的第一部著作。井氏在此书的序中说："常年来我一直思考贯穿于东方哲学的共时性构造问题，《大乘起信论》一书是理解共时性构造的基础资料的一部分，此书的意图就是通过对《大乘起信论》的再解读，试图从新的立场来建构意识的形而上学。"①

---

① 井筒俊彦：《意識の形而上学——〈大乗起信論〉の哲学》，第 12 页。

概括而言，所谓"东方哲学共时性构造"是井氏研究东方哲学的方法论。他在其著作《意识和本质》（岩波文库，1991）中解释了这一方法论。井氏认为东方哲学根源深厚，历史悠久，所摄地域广泛，包含着各个民族的各种思想。在这些思想中，有的流传至今，有的已经消亡。东方哲学的确具有无论如何都不容忽视的自身价值，有些东方哲学的思想甚至一直延续至今并对今天的思想界和人类的生活产生影响。但是井氏也承认东方哲学不论是思想上还是历史上都不同于成体系的西方哲学。西方哲学以希腊文明和希伯来文明为源头，是一个有机的统一体，与此不同，东方哲学既没有这种统一性，也没有这种构造性。东方哲学是部分性的，它是错综复杂的各种哲学传统并存的复数哲学，是一个过于庞大冗杂的思想网络，包含着多个民族的不同思想，很难将其作为一个整体来研究[2]。那么对于东方哲学的研究，我们是否就此止步，无所作为呢？或者最将其一个一个进行分析，继续这种支离破碎的传统？

井氏断然开辟了另外一条更为积极的处理方式。他指出，我们不应该以一种因循守旧的态度研究东方哲学，而是应该面向未来，剖析东方哲学进一步发展的可能性[3]。因此，井氏指出为了将东方哲学的这些众多的思想潮流组织成一个有机的统一体，并且将其推向未来，有必要做一些人为的、理论上的加工。作为这种人为的、理论上的加工的一种可能形式，井氏提出了"共时性构造"。所谓"共时性构造"，简单而言，第一步，就是

---

① 井筒俊彦：《意識と本質》，岩波文库，1991，409、417 页。
② 井筒俊彦：《意識の形而上学——〈大乗起信論〉の哲学》，中央公论新社，2001 年版第 12 页。

将东方哲学的诸传统从时间轴中抽离出来，并将其按思想类型组织起来。以此为基础，将其人为性地构建成一个思想关联体。然后对这些思想关联体进行分析，我们必然能够从中找出几个思想模式。这些思想模式可能就是东方人的哲学思想的深层构造。第二步，在第一步的基础上，将分析出的东方哲学的这些思想模式主体化为自己的思想，然后在这个基础上，建立自己视角下的东方哲学，并进一步开拓这些思想的现代意义，将它们放在现代哲学的大背景中进行宏观研究。这就是井氏所谓的"东方哲学共时性构造"[①]。

2."言语的意义分节论"是东方哲学的代表性思想

基于上述"东方哲学共时性构造"的理论设想，井氏将诸东方哲学从各自所在的时间背景和空间背景中抽离出来，单刀直入，仅仅就这些哲学本身进行分析和建构。他首先指出，很多东方哲学都有一个共同的思想基调，井氏将其称之为"言语的意义分节论"[②]。

2.1 言说悖论

井氏指出："在东方哲学的传统中，形而上学都属于'前言语'的范畴。"[③]井氏所谓的"前言语"即是指超越言语，也就是尚未涉及言语之时。依井氏之意，在东方哲学中，形而上学之境是绝对超越经验界、超越言语的，它是一个完全不可言说的境地。换言之，我们人类的言语并没有表述形而上学之境的性质或者说功能，言语在表述形而上学之境时是完全失去意义的。

---

① 井筒俊彦：《意識と本質》，409、417 页。
② 井筒俊彦：《意識の形而上学——〈大乗起信論〉の哲学》，中央公论新社，2011：41 页。
③ 井筒俊彦：《意識の形而上学——〈大乗起信論〉の哲学》，中央公论新社，2011：21 页。

那么，为什么言语无法表述形而上学之境呢？井氏指出："终极意义上的'形而上者'是绝对无分节的，是无边界、无区分、无差别的纯粹的空间，是一片浩瀚无际的延伸。"①但是，言语的本质就是意义分节，也就是通过意义指示的功能分离存在，这就是所谓的言语的指称功能。于是，当我们用言语表述"形而上者"时，我们必然会对其命名并且进行描述。一旦这样做，我们便用言语分割了绝对无分节的"形而上者"。因此，我们表述中的"形而上者"自然不再是真正的"形而上者"。

但是，我们生而为人，按照井氏的话说："人类生来是言语性的存在。"②作为人，我们认识世界、解释世界的方式宿命性地离不开言语。井氏的言语是一个宽泛的概念，它绝非我们日常言语中的"语言"这一词汇，而是包含符号、图像、思维在内的一切记号世界的方式，井氏将其统称为"言语"。然而通过下面的进一步分析，我们也会逐渐发现，"言语"这一概念事实上是井氏哲学的核心。一如ロペス・パソス所说："在井筒的'东方哲学'中言语不单单是记号，而是存在本身。"③

井氏明确表示，尽管言语在表述形而上学之境时完全无能为力，但是作为言语性存在的人类却也还是要用言语来表述形而上学之境，除此之外别无他法。他在论文中批判了在触及形而上学问题时保持言说上的沉默和思想上的止息这两种做法，并表示这

① 井筒俊彦《意識の形而上学——〈大乗起信論〉の哲学》，中央公论新社，2011 年版第 28 页。

② 井筒俊彦《意識の形而上学——〈大乗起信論〉の哲学》，中央公论新社，2011 年版第 22 页。

③ ファン・ホセ・ロペス・パソス：《井筒〈東洋哲学〉における言語とその意味》，《宗教研究》88 卷。

些方式对解决哲学问题毫无益处。首先是言说上的沉默，井氏指出沉默归根结底仍然不过是言语的一种表现形式，唯有言说才有沉默，沉默并非超离言说之外，它不过是言说的否定，或言说的静止状态。因此，沉默终究未脱离言语的范畴。其次是思想上的止息，井氏以路边石子的沉默来隐喻思想上的止息，在这里，石子的沉默不再是言说的否定，因为石子并不会言说。事实上，石子的沉默是思想上的"沉默"，也就是说，在井氏看来，有些人认为只要在思想上不作为便可达到形而上学的终极境界，但是井氏批判到思想上的不作为仍然属于思想的一个形式，保持不思维本身就是一种思维。在批判了以上试图通过禁止言说和止息思想来解决形而上学问题的两种方式之后，井氏指出，尽管言语在表述形而上学之境时完全无能为力，但是我们还是要用言语来表述形而上学之境。这就是我们人类所面临的言说悖论。

2.2 以假名言说不可言说者

既然言语在表述形而上学之境时如此困难，"东方哲学"是如何用言语来表述形而上学之境的呢？井氏提出了"假名"这一概念来回答这一问题。井氏认为诸东方哲学传统都是以种种假名来把握形而上学的，譬如："绝对""真（实在）""道""空""无"等等。

那么，何谓"假名"？

"假名"，如字意所示指假借之名。一方面也许是出于对古希腊哲学文本的熟悉，更多的是想进行东西方哲学的交融和对话，用井氏自己的话说就是进行一种"泛文化语义学"①的尝试，他在解释这一问题时使用的是古希腊新柏拉图主义的代表哲学家普

---

① 井筒俊彦：《意識の形而上学——〈大乗起信論〉の哲学》，中央公论新社，2011 版第 59 页．

罗提诺（约204~270）的文本。关于"假名"，普罗提诺说：

"事实上并没有'太一'这一实体，我只是为了表达这个'有的彼岸''实在性的彼岸''思维的彼岸'，即言诠不及的绝对的终极者。不可能存在与之相匹配的名称，为了表达方便强名之为'太一'。此外，一定要说出它是什么的场合我们也可以笼统地说它是'那个东西'。但实际上严格说来，它既不是这个东西也不是那个东西，不论使用什么样的说法我们都是在它之外打转转。意识和存在在本质上是超言绝相无可名状的，只能用'太一'这一假名来表达。"[①]

形而上学之境本质上是超言绝相无可名状的，任何言语都不能如实地把握它。但是，离开言语我们无法对形而上学之境进行认识和描述。因此，要清楚的是选择了用言语来表述形而上学之境，再合适不过但是，我们始终要清楚地牢记我们使用的任何一个言语都绝非形而上学之境本身，这些言语只不过是我们所构想的形而上学之境的一个表象。事实上并没有该言语所指称的那个形而上学之境。这就是"假名"之意。

这里便出现了两个问题：第一，既然并不存在"假名"所指称的那个形而上学之境，那么该"假名"又有何意义呢？第二，既然是"假名"，那么是否意味着我们可以随意选择词语作为"假名"？换言之，"绝对""真（实在）""道""空""无"和"真如"这些词语是否可以任意互换呢？

这两个问题涉及井氏所谓"东方哲学"的核心。井氏认为，"绝对""真（实在）""道""空""无"和"真如"这些词语是

[①] 井筒俊彦：《意識の形而上学——〈大乗起信論〉の哲学》，中央公论新社，2011年版第23-24页。

凿然有别的。因为这些词语所蕴含的文化背景、历史渊源各自不同，所以它们所指向的内容也将完全不同。乍一看井氏似乎是混淆了言语和形而上学之境的界限，因为既然形而上学之境是完全超越言语的，那么形而上学之境和我们的言语世界自然是两个不同的次元。那么用任何一个词语来指称形而上学之境岂不都是无的放矢且无所谓差别吗？在《意识的形而上学——〈大乘起信论〉的哲学》中，井氏并没有直接回答上述问题（他对这一问题的回答散见于他的整部著作中）。我现在将根据自己的理解尝试代替井氏直接地回答这一问题。

正如前面已经提到的："在井筒的'东方哲学'中言语不单单是记号，而是存在本身。"这是井氏哲学的核心，也是他所谓的"东方哲学"的普遍思想特色。井氏认为，在"东方哲学"中，言语绝非仅仅是在指称事物和描述事物，事实上言语就是事物本身。具体而言，当我们给一个事物命名的时候，绝不单纯是给予某物一个名字，事物是通过命名而区别于它物，获得自己的同一性，从而作为某物而存在的。换言之，当某物未被命名时，某物是不存在的。

因此，整个世界的存在其实就是言语的存在。当我们使用"真如"等等词语来命名形而上学之境时，"真如"等词语就不再单单是一个词语，事实上，"真如"就是存在本身，就是事物之本质。这就是"真如"等语的意义所在，也是"真如"等词语为何不可互换的原因。

概括而言，所谓"言语的意义分节论"就是指言语通过行使其意义分节的功能分割完整的存在（即形而上学之境），并显现为全部经验世界（即现象世界）。分节（切割、分割、划分）是言语的本质，言语通过意义指示分割完整的存在从而指称事物。而且，言语分割意义指称事物的能力绝非被动，也就是说言语是自发地行使自己的这一功能的。井氏指出原本在我们的深层意识中就潜存着无数意义的聚集，这些意义本身就具有显现为现象界的志向性。在其自我显现的志向性的推动下，这些意义开始分割那个完整的存在，于是这些被分隔开的诸存在便各自有了自己的"名字"，成为一个个独立的言语符号。全部经验世界的万事万物以及观察这个世界的人类自身就此诞生。这就是井氏的"言语的意义分节论"。为了更加清楚地理解井氏所谓的"言语的意义分节论"，根据本人的理解将该思想表述为下图：

A 形而上学之境（"无分节"、完整、前言语、无、单纯）

言语

B 现象世界（"分节"、个别、言语、有、复杂）

图 1-1

上图所示即是井氏所谓"言语的意义分节论"的基本结构。乍一看似乎是二元对立的思想结构，其实不然。如图所示，"形而上学之境"（以下简称"A"）是"无分节"（指言语的未分节）的、完整的，它属于前言语的范畴，是一片"无"的领域，是单纯之境。与此相对立，现象世界（以下简称"B"）是"分节"（指言语的分节）的、个别的，属于言语的范畴，是丰富多彩的"有"的领域，是复杂之境。而使"无分节"的 A 领域向"分节"的 B 领域转换的正是"言语"。表面上看 A 领域和 B 领域是一种二元对立的结构，但事实上"言语的意义分节论"思想结构要比二元对立远为复杂。这是因为，"无分节"的 A 领域向"分节"的 B 领域转换的"言语"并不仅仅是以中介的形式发挥作用，事实上，该"言语"本来就潜藏在 A 领域之中。换言之，A 领域是自发地行使了"言语的意义分节"功能，从而展开为 B 领域。也就是说，现象世界其实是形而上学之境的自我展开。因此，现象世界其实就是形而上学之境，二者并没有本质上的区别。

3. 诸东方哲学中的"言语的意义分节论"

井氏认为"言语的意义分节论"是很多东方哲学共同的思想基调，譬如吠檀多哲学的"名色论"和老庄哲学的"浑沌之死"思想。不仅如此，井氏还认为在西方哲学和伊斯兰哲学中也存在"言语的意义分节论"思想构造。他认为新柏拉图主义普罗提诺的"太一"①和伊本·安拉比（伊斯兰苏菲思想家，1165—1240）的"存在单一论"②哲学就属于该思想构造。而后者也一直是井氏的研究核心。这也使我们不难理解为何井氏在晚年开始重视起《大乘起信论》，事实上井氏的伊斯兰哲学研究与东方哲学研究始终是一个连续体。

3.1 吠檀多哲学的"名色论"

井氏认为"言语的意义分节论"在吠檀多哲学的"名色论"问题中占据重要位置，而且这一问题体现在《薄伽梵歌》的一个

---

① "太一"（the One）是普罗提诺哲学中的最高本原，由它流溢出"理智""灵魂"和整个世界。"太一"是万物的开端、本原（Principle），更是万物的终极目的（End），因而也被称之为"至善"（the Good）。

② "存在单一论"为伊本·安拉比所提出，是其基本的哲学立场。其思想主要是：只有真主是真实的"存在"，真主是"存在本身"。万物是现象、是"表"、是"幻"，真主是本质、是"里"、是"真"；万物是多，真主是一。

譬喻当中：

"用土造很多器皿，如茶碗、碟子、盆、壶等等。它们均由于'名色'（根据言语分节单位获得的自我同一性）的不同而成为不同的器皿，但相同之处是它们都是土所作。"[1]

要想理解这个譬喻，首先要清楚吠檀多哲学的基本思想。吠檀多哲学将形而上者称之为"梵"，并进一步将绝对、形而上学之境的梵叫作"上梵"（或"无相梵"），将现象界中的梵叫作"下梵"（或"有相梵"）。但是"上梵"与"下梵"本质上都是"梵"。"下梵"是现象界，是"名与色"的存在次元。"名"指作为意义分节标志的言语；"色"不仅指事物的外形，也指事物的属性、用途，并使一物区别于他物。[2]例如"盘"这个词，不仅指称盘这个物，还指示盘的属性、用途，并指示盘是盘而非锅、盆等其他东西。

在上述譬喻中，土譬喻"上梵"，茶碗、碟子、盆、壶等等属于"名色"的次元，譬喻"下梵"。茶碗、碟子、盆、壶等虽然名称、形态、用途各异，但是它们都是土造的，在这一点上没有任何差别。也即是说，万事万物在"名色"上都各不相同的，都属于"下梵"的境界，是现象界。但是万事万物的本质却是一样的，没有任何差别，这就是"上梵"之境。

那么，诸器具是怎么由土变成茶碗、碟子、盆、壶的呢？即，万事万物是怎么从"上梵"成为"下梵"的呢？"上梵"和"下梵"具有什么样的关系或者逻辑架构呢？"言语的意义分节论"就是这些问题的答案。

---

① 井筒俊彦《意識の形而上学——〈大乗起信論〉の哲学》中央公論新社，2011：34 頁。

② 井筒俊彦《意識の形而上学——〈大乗起信論〉の哲学》中央公論新社，2011：33 頁。

"上梵"原本是没有任何分割的混沌态（即没有部分的整体），它是一个"无物"的空间，在那里没有任何事物存在。然而一旦当我们开始使用言语，开始对"无物"的空间命名，这个"无物"的空间就开始被划上各种言语的分割线，原本是一个整体的空间就开始被分割成多个部分。我们使用的言语越多，这个空间就被分割得越细碎。因为纷纷获得了自己的"名"，每一个"名"的意义各自不同，这些被分隔开的诸空间在相互间的差异性中获得自己的同一性，成为一个个有意义的存在单位，这些存在单位组成现象界。"上梵"就这样成为"下梵"，成为我们可感可知的现象世界。而且，"下梵"归根结底本质上就是"上梵"。万事万物都是"梵"的显现。

这就是吠檀多哲学"名色论"中的言语的意义分节机能。由上可见，言语的意义分节机能在吠檀多哲学中占据着十分重要的地位。如果没有"名"（即言语的介入），"上梵"就不可能向"下梵"展开。这就是吠檀多哲学"名色论"中的言语的意义分节论。

3.2 老庄哲学的"混沌之死"

同样，井氏认为庄子用"浑沌之死"的形象诠释了"言语的意义分节论"。"混沌之死"是庄子《应帝王》中的一则寓言：

"南海之帝为倏，北海之帝为忽，中央之帝为混沌。彼与忽时相与遇于浑沌之地，浑沌待之甚善。倏与忽谋报浑沌之德，曰：'人皆有七窍，以视听食息，此独无有。'尝试凿之。日凿一窍，七日而浑沌死。"[①]

《应帝王》是《庄子》内篇的最后一篇，"浑沌之死"的寓

---

① 郭庆藩撰、王孝鱼校：《新编诸子集成：庄子集释》，中华书局，2012：315 页。

言不仅是《应帝王》的结尾，也是整个内篇的结尾。

井氏指出，"道"是老庄哲学中最真实的存在，是绝对的"无""无名"（《老子》）。"无名"即没有名字，也就是井氏所谓的"绝对无分节"的境界。用庄子的话来说就是："夫道未始有封。"[1]老庄哲学中的形而上学之境是一个无一物的广漠之野，是一个绝对无分节的清净领域。在那里不存在任何现象界的事物。

井氏认为，在"浑沌之死"的寓言中，中央之帝浑沌就是指"道"这一假名所指称的绝对实在的"无""无名"，即终极的境界。[2]无七窍的浑沌就寓意着"绝对无分节"，它是无分节的"无物"[3]空间，是尚未产生现象界的绝对清静之地。而南海之帝和北海之帝则寓意着言语，他们帮助浑沌之神凿七窍的行为就是言语在行使其意义分节的功能。而"浑沌之死"绝非浑沌就此便不存在了，其实它寓意着《老子》所谓"无名"到"有名"的转换。"浑沌之死"是非现象态向现象态的转换，也就是井氏所谓"无分节"向"分节"的转换。而造成这种转换的正是言语的意义分节功能。换言之，如果没有言语，绝对实在的"无"是不可能向现象态的"有"转换的。这就是老庄哲学中的言语的意义分节论。

在第一章中笔者就井氏的"东方哲学的共时性构造"做了宏观的概念解析，然后就井氏所谓的"东方哲学"的代表性思想"言语的意义分节论"进行了详细的论述，最后列举了两个"东方哲学"中的"言语的意义分节论"思想。通过第一章，整体上把握了井氏

---

① 郭庆藩撰、王孝鱼校《新编诸子集成：庄子集释》，中华书局，2012：89页.

② 井筒俊彦：《意識の形而上学——〈大乗起信論〉の哲学》，中央公论新社，2011：31页。

③ 井筒俊彦：《意識の形而上学——〈大乗起信論〉の哲学》，中央公论新社，2011：31页。

的"东方哲学的共时性构造"这一方法论，下面就进入本论的核心部分，即井氏是如何以他这一方法论来解读《大乘起信论》的哲学的。

三、《大乘起信论》中的"言语的意义分节论"——以"真如"为核心

如上所述，井氏将其研究"东方哲学"的方法称之为"共时性构造"，即在研究东方哲学时一举撒开地域和历史的限制，从东方哲学的诸传统中抽离出其普遍的思想内容。基于该方法论，井氏认为很多东方哲学都有一个共同的思想基调并将其称之为"言语的意义分节论"。作为具体分析，在第一章我们讨论了吠檀多哲学和老庄哲学中的"言语的意义分节论"。那么作为"东方哲学"的重要文本之一的《大乘起信论》中的"言语的意义分节论"是怎样的呢？这是本论文的核心内容，也是本章的主题。

1. 以假名"真如"言说不可言说的"真如"

井氏认为《大乘起信论》中的"言语的意义分节论"是围绕"真如"这一概念展开的。"真如"是《大乘起信论》哲学的核心概念，亦是井氏所谓指称"形而上学之境"的一个词语，是上一章所谓的诸假名之一。《大乘起信论》中这样表述"真如"：

> 一切诸法唯依妄念而有差别，若离妄念则无一切境界之相。是故一切法，从本已来，离言说相，离名字相，离心缘相，毕竟平等，无有变异，不可破坏，唯是一心，故名真如。以一切言说假名无实，但随妄念，不可得故，言真如者亦无有相……当知，一切法不可说，不可念故，

名为真如。①②

《大乘起信论》说，"一切诸法只是由心的妄动（妄念）而呈现出各种相异的形态（相）。如果人们离开这种心的妄动（妄念），所有对象的相异形态就会消失。因此，一切法本来离言语表达之相、名称—文字指称之相、认知之相，绝对平等，没有变化，不可破坏。这些全部只是心本身（一心），因此将其命名为心的真实的存在状态（"真如"）。但是，一切言语表达只不过是出于理解的方便而立的假名，与此相对应的实体并不存在（无实），这些都只不过是随心的妄动而生起。因此，此处所说的'真如'之名也是如此，并不存在与该名所对应的实体……应知道，一切法不能以言语来表达，不能以心来思维，直接将其称作'真实本身'（"真如"）。"

以上即是《大乘起信论》关于"真如"之体的叙述。《大乘起信论》的立场是，"真如"之体本身没有任何差别之相，是绝对不可言说、不可命名、不可思维的。现在所用的"真如"一词只不过是为了理解的方便所立的假名（假借之名），实际上并不存在该名称所指称的对象。这就是《大乘起信论》所谓的"离言真如"。

井氏对"离言真如"的解释是：终极意义上的"形而上者"（即"真如"之体）是绝对无分节的，是无边界、无区分、无差别的纯粹的空间。但是言语的本质就是意义分节，就是通过意义指示的功能分离存在。因此，终极意义上的"形而上者"（即"真如"

---

① 《大正藏》卷 32，576 页上。
② 本论中《大乘起信论》的句读均参考：宇井伯寿、高崎直道，《大乘起信論》（岩波书店、2012）。

之体）是不可言说、不可命名、不可思索的，它是"真如"这一词语所指称的对象，即"真如"本身。井氏将处在绝对无分节状态中的"真如"称作"真如"的"前言语"[1]范畴。

一如笔者在上一章中已经多次强调过的那样，尽管言语在表述形而上学之境时完全无能为力，但是作为言语性存在的人类却还是要用言语来表述形而上学之境，除此之外别无他法。同样，尽管《大乘起信论》反复强调"真如"的不可言说性，但是用言语来言说"真如"终究还是《大乘起信论》的主旨。因此，为了言说"真如"之体《大乘起信论》以"真如"这一假名（假借之名）来指称"真如"本身。这就是《大乘起信论》所谓的"依言真如"。

井氏强调，只停留在"离言"侧面的"真如"其实并不是真实的"真如"。想要全面地理解"真如"，必须将"离言真如"和"依言真如"作为一个整体来考虑。于是，围绕"真如"这个核心概念，基于自己的方法论建构，井氏从"存在论"和"意识论"两个侧面进一步对《大乘起信论》的"真如"展开了分析。

2. "存在论"与"意识论"的双重视角

井氏在著作中将《大乘起信论》的哲学二分为"存在论"和"意识论"[2]，并且指出《大乘起信论》哲学的"存在论"维度是通过"真如"这一概念来诠释的；而"意识论"维度是通过"心"这一概念来诠释的。他认为可以从这两个角度来分析《大乘起信论》的哲学。但是井氏反复强调，《大乘起信论》文本本身并没有所谓的"存在论"和"意识论"的二分式建构，这是他根据自己的理解在解读《大乘

---

① 井简俊彦：《意識の形而上学——〈大乘起信論〉の哲学》，中央公论新社，2011 年版第 42 页。

② 井简俊彦：《意識の形而上学——〈大乘起信論〉の哲学》，中央公论新社，2011 年版第 53 页。

起信论》的哲学，是他自己组建的《大乘起信论》的哲学。也就是说，《大乘起信论》文本本身并没有"真如"与"心"这两个概念的对立，此二者在《大乘起信论》中通常是紧密相连，不分先后的。井氏强调事实上在《大乘起信论》的哲学中"存在论"就是"意识论"[①]。

对于"存在论"和"意识论"这两个概念，井氏并未做进一步的解释。那么，井氏语境中的"存在论"和"意识论"到底是什么意思？井氏认为，如文所示，"存在论"当然是关于存在的学说，同样"意识论"是关于意识的学说。井氏并未直接对其所谓的"存在"做更多的解释，因此理解井氏的"存在"是一个比较棘手的问题。本人也一直无法解释井氏的这一哲学概念，但是我认为，井氏所谓的"存在"和现代西方哲学语境中的"存在"并不是完全对等的。然而，井氏对"意识"给出了自己的解释。井氏认为所谓"意识"就是"相对于客体的主体，是人的主体性机能。'意识'指的是主体感受、意欲和思考外在于自身的事物，并且自我觉知自己的这些心理活动[②]"。显然，井氏语境中的"意识"是一个比较宽泛的概念，其意义基本上与我们日常生活中所用"意识"的意义相一致。

3. "存在论"维度中"真如"的双重构造

井氏指出："'真如'首先在存在论上是双重的。它既是'无'的、'空'的本质的非显现；又是'有'的、现象的自我显现。"[③]"真如"一方面是保持本然性质的绝对未现象态，井氏称之为"无分节态"；

---

① 井筒俊彦：《意識の形而上学——〈大乗起信論〉の哲学》，中央公论新社，2011 年版第 57 页。

② 井筒俊彦：《意識の形而上学——〈大乗起信論〉の哲学》，中央公论新社，2011 年版第 62 页。

③ 井筒俊彦：《意識の形而上学——〈大乗起信論〉の哲学》，中央公论新社，2011 年版第 16 页。

另一方面是无数的现象态，井氏称之为"分节态"。换言之，"真如"既是本无又是万有。井氏用图 2-1[①]表达这种双重性：

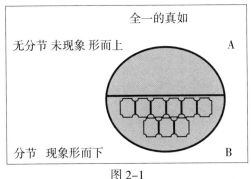

图 2-1

上半圆（A 空间）是一片毫无分割的完整空间，表示的是超越言语的"无分节态"，是离言绝虑的未现象态的"真如"。下半圆（B 空间）是割裂成无数块的空间，表示的是言语的"分节态"，是展现为现象界的"真如"。

不过，"真如"的双重性却远远没有如上所述那么简单，这也正体现了《大乘起信论》文本的复杂性。虽然"真如"具有无分节 - 分节、未现象态 - 现象态这种鲜明的双重性，但是"真如"绝非单纯的二元对立，这一点十分重要，井氏在论文中一再提醒读者："那些初看上去是与'真如'正好相反的，或者说是'无明'（妄念）的事物形态，其实在存在论上无非就是'真如'本身。"[②]一方面，作为万物本原的"真如"没有任何表现形式，可称之为"无"；

① 他指出这种方式并不是自己的首创，早在明治年间村上专精就提出了。见井筒俊彦：《意識の形而上学——〈大乗起信論〉の哲学》，中央公论新社，2011 年版第 44 页。

② 井筒俊彦：《意識の形而上学——〈大乗起信論〉の哲学》、16-17 页。

另一方面，它又包藏万物，是万物非现实的、不可视的本体。"真如"不仅是"无"，它也是世界显现的原点。换言之，在形而上学中，下半圆（B空间）无非是上半圆（A空间）的自我显现。因此，A、B两个空间合起来才构成完整的"真如"。井氏特别指出："如果用宗教性的言语来表达这种存在论的事实的话即是'烦恼即菩提'。在哲学上也就是'色即是空，空即是色'。"①

在以自己的哲学语言解释了"真如"的辩证性后，井氏回到《大乘起信论》文本本身。他以《大乘起信论》中的"妄念"和"如来藏"这一对术语来解释"真如"在存在论维度中的辩证性。《大乘起信论》说：

> 是故，三界虚伪？唯心所作，离心则无六尘境界。此义云何。以一切法皆从心起，妄念而生，一切分别即分别自心，心不见心，无相可得。当知，世间一切境界皆依众生无明妄心而得住持。是故，一切法如镜中像无体可得，唯心虚妄，以心生则种种法生，心灭则种种法灭故。②

《大乘起信论》说："所以，三界的一切都是虚妄不实的，只是心自身的显现而已。若离开心，色、声、香、味、触、法等六种对象是不存在的。这是什么意思呢？一切现象（一切法）都是由心的妄动而生起的，所以一切判断（认识、分别）不过是自己的心对自己的心的认识。如果自己的心停止看自己的心（心不见心），便不会再得到任何相。因此，应该得知，世间一切认识

---

① 井简俊彦：《意识の形而上学——〈大乘起信論〉の哲学》，17页。
②《大正藏》卷32，577页中。

对象都是基于众生根本无明的妄念之心而得以存在和持续的。所以，一切现象如同镜中显现的影像，没有任何实在性（自性），只是心的显现，是虚妄的。心生，则种种现象也就随之而生；心灭，则种种现象也就随之而灭。"

一方面，《大乘起信论》明确指出经验世界中的事物事象都是由心的妄动而产生的虚象，一切认识分别都是起于众生的无明之心。在这个层面上，《大乘起信论》绝对否定现象世界（B空间）的价值，认为现象世界的一切都是虚妄不实的，并没有其自身的本性，是"妄念"。但是另一方面，《大乘起信论》又以"如来藏"肯定这一切虚妄的现象世界为"真"。《大乘起信论》说：

> 此真如体无有可遣，以一切法悉皆真故，亦无可立，
> 以一切法皆同如故。①

《大乘起信论》："此'真如'一语所指称的本体是没有什么可以否定的。因为一切事物（染净诸法）都与'真如'无二无别，所以也不能在一切法之外去别立'真如'。因为一切事物都是平等如实的。"

《大乘起信论》说一切法（即现象世界、B空间）其实都与"真如"没有任何差别，是平等真实的。因此，《大乘起信论》肯定现象世界的价值，认为现象世界是真实的。那么，为何现象世界既可以是虚妄的又可以是真实的呢？换言之，为何现象世界既可以是"妄念"又可以是"如来藏"？

---

①《大正藏》卷32，576页上。

井氏认为对于现象世界的该分别取决于我们如何评定"言语的意义分节"。也就是说，当我们否定"言语的意义分节"时，现象世界便是"妄念"；当我们肯定"言语的意义分节"时，现象世界便是"如来藏"。如果将现象世界看作只不过是分节意义的自我显现，全部只是心的妄动所产的虚象，那么现象世界便是"妄念"。但是另一方面，当我们肯定"言语的意义分节"时，认识到这千差万别的现象世界其实毫无例外都不过是"真如"的自我分节态，是"真如"的自我显现态的话，那么现象世界便是"如来藏"。"真如"的本体潜存在现象世界中的每一个事物之中。

井氏指出："在〈大乘起信论〉的形而上学中，'心真如'作为一切事物的终极原因存在于一切事物当中……在这个意义上，存在于我们全部经验世界中的现象的'有'毫无例外都是'心真如'的自我分节态。在每一个现象的'有'中都存在着其终极原因，即'心真如'的本体。因此全现象界都为'真'而非虚妄。"[1]

通过井氏的分析如下事态已经十分明了：既然现象界就是"真如"的自我显现，那么现象界的本质就是"真如"。这就是宗教实践上"众生悉有佛性"的形而上学基础。

4. "意识论"维度中"心"的双重构造

通过上一章对"真如"概念的集中考察，笔者详细解读了井氏所谓的"'真如'的二重构造"。但是井氏认为尽管"真如"是《大乘起信论》哲学的核心，这毋庸置疑，但是《大乘起信论》哲学的真正着力点却是"心"这一重要概念。井氏说："原则上讲意识论和存在论完全同等，并没有高下、先后之分。但是另一方面，本质

---

① 井筒俊彦：《意识の形而上学——〈大乘起信論〉の哲学》、83-84 頁。

上以唯心论为主旨的〈大乘起信论〉在展开具体的思想内容时还是侧重于'心',即意识的侧面。〈大乘起信论〉整体上是以此为基础来建构哲学的。"①《大乘起信论》的哲学是偏重于意识论的,即其哲学的基调是唯心论的。然而,"心"并非是不同于"真如"的另一概念,它其实是"真如"的另一种表述。《大乘起信论》说"唯是一心故名真如"②。这就是说假名"真如"所表述的真实存在与"心"是同一的。这即是井氏所谓"存在"与"意识"的同一性。

井氏认为,《大乘起信论》哲学从"存在论"向"意识论"的转换是通过导入"心"这一概念来完成的。表面看来只是增加了一个新的词语,但事实上随着"心"的导入,《大乘起信论》的哲学也由此开始了其"意识论"的转向。那么,"心"这一概念在《大乘起信论》哲学中占据什么位置?"心"的哲学含义又是什么?

井氏认为,《大乘起信论》哲学是通过由"真如"向"心"的转换来限定(或者说明确)其哲学指向的。具体而言即是,由"真如"这一概念建立起来的哲学体系是一个比较宽泛的思想结构,在该哲学架构下,当不违反其基本原理的时候,我们可以对"真如"做多重解读。例如,我们可以将其理解为一个实体,一如基督教哲学的 God;我们也可以将其理解成老庄所说的"道"等等。但是,随着"心"这一概念的导入,就划定了《大乘起信论》哲学的界限,"心"这一总括人类意识的词语明确了《大乘起信论》哲学的"唯心论"方向。众所周知,《大乘起信论》哲学也的确是大乘佛教唯心论的代表论书。

另外,《大乘起信论》哲学也正是通过"心"的导入,使得

---

① 井筒俊彦:《意識の形而上学——〈大乘起信論〉の哲学》55 页。
②《大正藏》卷 32,576 页上。

其哲学内容得到更具体的表达。假名"真如"终究是一个十分抽象的指称符号，仅仅通过对"真如"做一番论述和分析，远不能使我们这些作为经验世界的存在物的"人类"更加实在地把握"真如"这一概念所隐藏的内涵。换言之，这样由概念直接演绎的论述很难使人信服。《大乘起信论》作为一部宗教性质的论书，自然旨在令人信服其思想并且按照其方法进行修行。因此，为了思想上以及信仰上的推进，论述不能仅仅停留在形而上学的层面，还需要一个更加具有实在性的概念，使其哲学进入经验界领域，使离言绝虑的"真如"成为可言可思的实在。这就是《大乘起信论》哲学中"心"这一概念的意义所在。

就《大乘起信论》哲学的"心"而言，井氏以现代哲学通常用语"意识"这一概念来诠释（或翻译）[1]。因为对我们这些生活在现代的人而言，"意识"比"心"更容易使我们理解。井氏认为："它（"意识"）不是我们每个人的心理机制，而是超个人的、形而上的意识。它类似于普洛丁流溢学说的'努斯'，也有人将其叫作宇宙意识。"[2]井氏将其称作"'意识'的超个体性"。他还用荣格[3]心理学集体无意识中的"意识"概念来类比《大乘起信论》的"意识"。也就是说，井氏认为《大乘起信论》的"意识"不是我们每个人的个人意识，而是一种超越个体之上的全人类（即《大乘起信论》所谓的"一切众生"）的共通意识，是一个泛时空的意识场。

4.1 "心真如"-"心生灭"

---

① 井简俊彦：《意識の形而上学——〈大乗起信論〉の哲学》、58 页。
② 井简俊彦：《意識の形而上学——〈大乗起信論〉の哲学》、60 页。
③ 卡尔·古斯塔夫·荣格（Carl Gustav Jung, 1875-1961 年)，瑞士心理学家、精神科医师，分析心理学的创始者。

井氏以《大乘起信论》中的"心真如"–"心生灭"和"如实空"–"如实不空"这两对术语来解释"真如"（"心"）在"意识论"维度中的两面性。井氏认为《大乘起信论》是以这一对概念为核心来表达其唯心论哲学的。

在上一章中，井氏用图 2-1 表达"真如"的双重性。在图 2-1 中，A 领域表示"真如"的绝对未现象态，井氏称之为"无分节态"；B 领域表示"真如"的无数现象显现态，井氏称之为"分节态"。如上所述，井氏指出，"存在论"和"意识论"是同一个事态，因此适用于"存在论"的思想构造也同样适用于"意识论"。因此，在"意识论"维度，《大乘起信论》将 A 领域称为"心真如"，B 领域称为"心生灭"。

井氏认为，"心真如"是绝对无分节的全一，超越一切变化差别，是前意识界，是"无"意识。佛教中通常表述为"心性"（即"自性清净心"）、"佛性"或者"佛心"。正如《大乘起信论》文本所说："心真如者，即是一法界。"[1]与此相对立的"心生灭"是在现象界的分节现实次元活动的意识，是一瞬也不停息的千差万别的现象的意识，是错综复杂的现象的意识世界。《大乘起信论》中的表述就是"众生心"。井氏用图 2-2[2]表示这一构造：

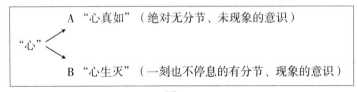

A "心真如"（绝对无分节、未现象的意识）

"心"

B "心生灭"（一刻也不停息的有分节、现象的意识）

图 2-2

① 《大正藏》卷 32，页 576 上。
② 井筒俊彦：《意識の形而上学——〈大乘起信論〉の哲学》、69 页。

井氏特别就他所谓的"'无'意识"做了一番解释。井氏首先明确表示这里的"无"意识绝非普通心理学意义上的"无意识"，也绝非日常意义上的没有意识，即昏迷不醒人事的状态。此处的"无"意识是与之前形而上学极限领域的"无"相对应的。"无"意识绝非什么意识都没有，而是具有无限可能态的意识，它蕴含着全部现象界的意识。换言之，"无"意识是指尚未分节的意识，该意识本身就蕴含着自我显现的志向性，由它分节出现象界的意识，从而组成错综复杂的现象的意识世界。这即是井氏所谓的"'无'意识"。

正如"真如"一样，"意识"（即"心"）也不是简单的二元对立。换言之，"心真如"和"心生灭"并非完全没有关系。"心真如"不仅是绝对无分节的前意识，超越一切变化差别；它同时也是一切现象界意识态（即"心生灭"）的形而上的本体。在这个意义上，"心真如"就是"心生灭"。井氏用图 2-3[①]表达这一双重性：

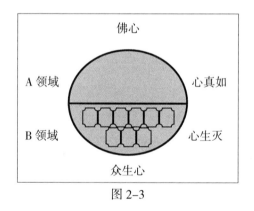

图 2-3

如图所示，A 领域表示"心真如"，是无意识界；B 领域表示"心

① 井筒俊彦：《意識の形而上学——〈大乗起信論〉の哲学》70 页。

生灭"，是有意识界。以"佛心"为中心轴的 A 领域和以"众生心"为中心轴的 B 领域共同展现了"一心"的构造。在解释 A、B 两领域的关系之前，《大乘起信论》首先指出 B 领域归根结底是与 A 领域相一致的。"心真如"即是"心生灭"，"心生灭"即是"心真如"。换言之，"众生心"与"佛心"是一个矛盾的统一体。"佛心"即"众生心"，"众生心"即"佛心"。[①]井氏也进一步指出，这种观点与"悉有佛性"的思想直接相关。众所周知，《大乘起信论》的确是一部与"如来藏"思想关系密切的论书。处于"无意识界"的"佛心"和处于"有意识界"的"众生心"，二者分明是相对立的两极，为何却又有"佛心"即"众生心"、"众生心"即"佛心"这样的结构呢？事实上《大乘起信论》是用"众生心"这一概念本身所具有的双重性来回答这一问题的。《大乘起信论》：

> 所言法者谓众生心。是心则摄一切世间法出世间法，依于此心，显示摩诃衍义。[②]

《大乘起信论》："这里所说的法，具体而言就是指众生心。此众生心包摄一切世俗世界的现象和一切出离世俗世界的现象。正是依于这个众生心，显示了大乘佛法的一切含义。"

该句概括了《大乘起信论》中"众生心"的全部含义。如文所示，"世间法"指千变万化的经验世界；"出世间法"指不生不灭、超经验、形而上的世界。也即是说前者指"有意识界"，后者指"无意识界"。"众生心"（广义）这一概念事实上蕴含着两层意思，

---

① 井筒俊彦：《意識の形而上学——〈大乘起信論〉の哲学》73 页。
②《大正藏》卷 32，575 页下。

它不仅包含着"众生心"（每一个人的心）（狭义）也包含着"佛心"，二者事实上是一个统一体。

"众生心"着光是指我们平凡人的极其普通的日常意识，即指我们每一个人的意识，这个意义上的"众生心"是一个复数名词。"众生心"的第二个层面即上述所谓"意识"的意思。是指"包射一切众生的心"①，它是一个超个人的、形而上的"心"、即普洛提诺所谓的"努斯"。这即是"佛心"，这个意义上的"众生心"是一个单数名词。"众生心"和"佛心"之间相距无限却又分毫不离。事实上，"众生心"等同于佛心"。

4.2 "如实空"——"如实不空"

井氏首先探讨了《大乘起信论》中的"空"。《大乘起信论》曰：

> 所言空者，从本已来，一切染法不相应故，谓离一切法差别之相，以无虚妄心念故。当知真如自性非有相，非无相，非非有相，非非无相，非有无俱相，非一相，非异相，非非一相，非非异相，非一异俱相，乃至，总说，依一切众生以有妄心，念念分别，皆不相应故，说为空。若离妄心，实无可空故。②

《大乘起信论》："此处所谓'空'，是指（心的真实状态）本来是与世间一切虚妄污染的现象（'染法'）不相应的。即，（心的真实状态）是远离一切世间差别之相的。因为在那里没有任何虚妄的心的活动。应当认识到，真如的本性，既不是有相，

---

① 井筒俊彦：《意識の形而上学——〈大乘起信論〉の哲学》，71 页。
②《大正藏》卷 32，576 页上。

也不是无相，既不是非有相，也不是非无相，又不是亦有亦无相。既不是一相，也不是异相。既不是非一相，也不是非异相，又不是亦一亦异相。总而言之，众生都是由于虚妄心动才生起瞬息分别之心，这些均与真如本体是不相应的，所以说之为'空'。如果远离虚妄心念，实际上是没有什么可空的。"

井氏认为，这是我们理解《大乘起信论》"空"的关键句。《大乘起信论》文中的"如实空"指"真如"（即"心"）的"自性清净心"。井氏将《大乘起信论》的"空"理解为超脱一切意义分节的无分别状态，是意识和存在的原点，毫无妄染。他说："人人都以'妄心'分别'存在'，不断造出现象的'有'。这些'有'俱非'空'。"①也就是说"空"本来是一个毫无分别的全一，但是人们因为"妄心"的生起，将这个无分别的全一分节为现象界的万事万物。

井氏对"空"的理解与竹村牧男的解释十分相似。竹村认为《大乘起信论》的"所言空者，从本已来一切染法不相应故，谓离一切法差别之相，以无虚妄心念故"主语应该为"真如"，"空"就是指与一切染法不相应的"真如"，而所谓"一切染法不相应"就是脱离一切法的差别之相。②这也正是井氏所谓的"超脱一切意义分节"之意。就"如实不空"而言，《大乘起信论》：

> "谓如实不空，一切世间境界悉于中现，不出不入，不失不坏，常住一心，以一切法即真实性故。又一切染法所不能染，智体不动，具足无漏，熏众生故。③"

---

① 井筒俊彦：《意識の形而上学——〈大乗起信論〉の哲学》，87 页。
② 竹村牧男：《大乗起信論読釈》，山喜房佛书林，1985 年，157 页。
③《大正藏》卷 32，576 页下。

《大乘起信论》说："指如实不空。即在这本来清净的心中原封不动地显现映现着世间的万事万物，既不出也不进，既不失去也不损坏。真实恒常住于一心当中，因为一切现象即是真如本性的显现。又（该清净心虽然显现一切染法），但是其自体又不为染法所污染。该清净心的本性是智慧，不动且不为烦恼所染，具备全部功德，从内引导众生走向觉悟。"

即是说，现象界的万事万物的存在从一开始就潜存在"心真如"中。换言之，"心真如"是现象世界的原因。全部现象界不过是"心真如"的自我分节、自我显现。"心真如"存在于现象界的每一个事物当中。由于"心真如"的本性是常恒不变、不生不灭、毫无虚妄性，因此，其本性也存在于由其自我分节的千变万化的现象界的存在者当中。"心真如"的这一侧面就是"不空"。

如上所述，"空"是指毫无分别的全一，那么"不空"就是指分别的一切事物。正如"空"是"从本已来一切染法不相应"，是清净、"如实"的；"不空"也是"一切染法所不能染"，是无漏、"如实"的。

在井氏看来，"真如"一方面是超越一切意义分节的"空"，但同时它也是一切分节的"有"。"真如"是现象界形而上的根基，是一切现象存在者的终极原因。在这个意义上，全部现象态的"有"不再是"妄念"的所产，而是"真如"的自我分节。他说："于是，我们再次认识到了《大乘起信论》思维的背反性：'如实空'–'如实不空'。'空'和'不空'本质上只不过是'心真如'自相矛盾的两个侧面。"[1]

---

① 井简俊彦：《意識の形而上学——〈大乘起信論〉の哲学》，91 页。

上述我们围绕"心"这一概念分析了《大乘起信论》哲学的唯心论特色，也就是从意识论的角度解读了"真如"这一假名。井氏认为，正是因为《大乘起信论》哲学的这种唯心论倾向，使得《大乘起信论》的哲学具有一种人间的实在性[①]。我认为可以这样理解井氏的意思：井氏认为《大乘起信论》是以"心"（即井氏所谓的"意识"）这一概念来进一步解读"真如"这一抽象的概念的，正因将可以多重解释的"真如"解读为"心"这一代表人类主体能动性的词语，使得《大乘起信论》的哲学着眼点落在人本身。说通俗点就是，使自己成为觉悟之人的不是外在于自身的意志，而是自己的意志。

5. 作为转换机制的"阿梨耶识"

以上围绕"心真如"—"心生灭"、"如实空"—"如实不空"这两对概念分析了《大乘起信论》的"心"（即井氏所谓"意识"）这一概念。用井氏的话说就是我们从"意识论"的维度探讨了《大乘起信论》哲学的唯心论特质。在分析了"心真如"—"心生灭"、"如实空"—"如实不空"这一对概念后，我们了解到它们二者既矛盾又统一的关系。因此，"心真如"和"心生灭"之间的相互转化便成为不可回避的问题。也就是"心真如"是如何成为"心生灭"的，"心生灭"又如何回归于"心真如"，或者说"佛心"是如何转落为"众生心"的，"众生心"又是如何向"佛心"回归的？《大乘起信论》以"阿梨耶识"概念来回答这一问题。

梵语 ālaya-vijñāna——音译为"阿梨耶识"或意译为"藏识"。《大乘起信论》说

---

① 井筒俊彦：《意識の形而上学——〈大乘起信論〉の哲学》，58 页。

所谓、不生不灭与生灭和合、非一非异。名为阿梨

耶识。①

《大乘起信论》说："也就是说，不生不灭的（如来藏、清净心）
与有生有灭的（杂染心）和合在一起，二者既非完全相同也非完
全不同。这便称为阿梨耶识。"

井氏认为，该"阿梨耶识"是连接"真如"的未现象态与现
象态（形而上与形而下、心真如与心生灭、A 空间与 B 空间）的
交叉带。"阿梨耶识"是"真如"从未现象、"无"的维度向现
象、"有"的维度转换的必经环节。与此相反，从现象态的"有"
向本原的未现象态的"无"的复归，也必定要通过这个交叉带。
井氏用图 2-4②表达了"阿梨耶识"与"真如"的关系：

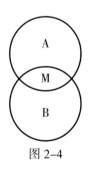

图 2-4

A 领域表示"不生灭心"（即无分节态的"真如"），B 领
域表示"生灭心"（即分节态的"真如"），M 领域（即"阿梨
耶识"）是 A 领域与 B 领域的交叉地带。井氏指出这一横跨 A、

①《大正藏》卷 32，576 页上。
① 井筒俊彦：《意識の形而上学——〈大乗起信論〉の哲学》，96 页。

B两领域的"阿梨耶识"当然具有双重性质。笔者认为"阿梨耶识"的双重性可以从形而上学和宗教实践两个方面来予以分析。

5.1 形而上学的维度

井氏认为,《大乘起信论》是用"如来藏"和"阿梨耶识"(狭义)这一对概念来解释"阿梨耶识"(广义)在形而上学中的双重性。他用图2-5[①]表达了这一思想:

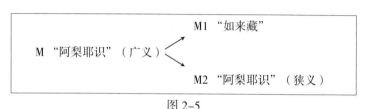

图 2-5

M1("如来藏")是无限"真如"自身开显的起点,是无限丰饶的存在的源泉,其本性是"不生灭心",即"自性清净心";M2(狭义"阿梨耶识")是无限妄象显现的源泉,是无限"假有"产生的源泉。M1("如来藏")和M2(狭义"阿梨耶识")一方面是完全对立的,但另一方面二者其实非一非异,都是M(广义"阿梨耶识")。如果把图2-4中的B领域(现象界)的存在分节态看作是A领域(未现象界)自身展开的分节态,那么M领域就是具有正面价值的"如来藏"。相反,如果把B领域(现象界)看作是被染污和分裂的A领域(未现象界),那么M领域就沦为狭义的"阿梨耶识"(染识),成为生产"妄念"的源泉。

在井氏看来,广义的"阿梨耶识"既是"如来藏"又是"染识"。换言之,在"阿梨耶识"中既潜存"真如"又隐含"妄念"。法藏(643—

---

① 井简俊彦:《意識の形而上学——〈大乘起信論〉の哲学》,98 页。

712）也是这样解读"阿梨耶识"的："名阿梨耶识……又能藏自体于诸法中。又能藏诸法于自体内。故论云能藏所藏我爱执藏。"[1]

5.2 宗教实践的维度

除了"阿梨耶识"在形而上学层面的双重性以外，井氏也分析了《大乘起信论》"阿梨耶识"思想构造在宗教实践意义上的双重性。井氏认为《大乘起信论》用"觉"与"不觉"这一对概念表述了这一双重性。正是"觉"与"不觉"的引入使"阿梨耶识"的双重性具有了浓重的宗教实践意义。

井氏在此特别强调：虽然导入了"觉"与"不觉"两个新概念，但二者其实是"阿梨耶识"内部的思想问题；也是形而上学层面的"心真如"与"心生灭"在实践层面的写照。他用图 2-6[2]表达了"阿梨耶识"思想构造在宗教实践意义上的双重性：

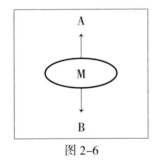

图 2-6

如图所示，当个人意识 M 领域（即"阿梨耶识"）向 A 领域（即无分节态的"真如"）的方向的前进时，便是"觉"的方向。当个人意识 M 领域向 B 领域（即分节态的"真如"）前进时，便是"不觉"的方向。《大乘起信论》：

---

① 《大正藏》卷 44，页 255 下。
② 井筒俊彦：《意識の形而上学——〈大乘起信論〉の哲学》，107 页。

此识有二种义，能摄一切法，生一切法。云何为二。一者觉义，二者不觉义。①

《大乘起信论》："这个阿梨耶识既能包摄一切染净诸法（诸现象界），也能生出一切染净诸法，它有两种含义。一是觉的含义，另一个是不觉的含义。"

这居于 A、B 两领域交叉地带的"阿梨耶识"当然同时带有 A、B 两领域的性质。也就是 M 领域既可以向 A 方向前进，也可以向 B 方向前进。当 M 向 A 前进时，便走上向上、还灭的道路，到达此路的终点后便可实际体验到与"自性清净心"（＝"佛心"）的合一。《大乘起信论》：

所言觉义者谓心体离念。离念相者等虚空界，无所不遍，法界一相，即是如来平等法身。②

《大乘起信论》："所谓'觉'是指心的本性（心的真实状态）离开分别、思维。离开分别、思维后的状态就如同虚空界一样渗透一切境界，这时一切境界完全平等如一，也就是如来平等法身。"

因此，"觉"即是指心体脱离一切言语意义分节的状态，如虚空那样超越一切限定。在此处的人能看到绝对无区别全一的真实世界。换言之，为了达到"觉"，首先，M 必须向 A 前进，达到 A 的终点，体验与"自性清净心"的合一，到达"离念"的境

---

① 《大正藏》卷 32，576 页上。
② 《大正藏》卷 32，576 页上。

地。但这还不是最终的"觉"。"觉"的第二步是体验到了与"自性清净心"合一的意识再反转回来，向 B 的方向前进，达到毫无差别彻底纵观 A、B 两领域的境地。这才是"觉"。

所谓"不觉"，是"觉"的否定，它是我们大多数人的存在状态。《大乘起信论》：

> 所言不觉义者谓不如实知真如法一故，不觉心起，
> 而有其念，念无自相，不离本觉。[1]

《大乘起信论》："所谓'不觉'是指由于没有如实认识到对于一切众生而言（心）的真实状态是同一的，所以不觉心起动而产生种种妄念。这些妄念并没有其自性，它们并非离本觉而独立存在。"

所谓"不觉"，即 M 向 B 走，走向生灭、流转的道路。处于"不觉"中的人，只能认识到现象世界，并且认现象世界为实在、为"有"。

这便是"阿梨耶识"在宗教实践层面的辩证性。在井氏看来《大乘起信论》正是由此进一步讨论了"阿梨耶识"是如何在"觉"与"不觉"之间转换的，从而引出了"始觉""本觉""熏习"等概念。井氏根据自己的解读对这一部分做了十分清楚的阐释。那么，井氏对"觉"与"不觉"之间关系的解释是否准确呢？《大乘起信论》中说："复次，觉与不觉有二种相。云何为二？一者，同相，二者，异相。同相者，譬如种种瓦器皆同微尘性相，如是无漏无明种种

---

[1]《大正藏》卷 32，页 576 下。

业幻皆同真如性相……异相者，如种种瓦器各各不同，如是无漏无明随染幻差别，性染幻差别故。"①依《大乘起信论》，"觉"与"不觉"之间的关系既同又异。井氏似乎只指出了两者"异"的一面，并未深入分析二者"同"的一面。

综上所述，在第一章我主要就井氏所谓的"东方哲学共时性构造"进行了基本的概念解析，并具体分析了其哲学架构，然后举例解释了几个东方哲学传统中的共时性构造。简单而言，井氏认为"言语的意义分节论"是东方哲学的代表性思想。第二章分析了《大乘起信论》哲学中的言语的意义分节论，主要围绕"真如"这一概念从井氏所谓"存在论"的角度探讨了"真如"的双重性，从井氏所谓"意识论"的角度探讨了"心"的双重性。井氏就"真如"双重性的思考，在《大乘起信论》研究中别成一家。他将"妄念"、"如来藏"、"心真如"、"心生灭"、"如实空"、"如实不空"全部统摄于"真如"中。在他看来，"真如"是一个具有双重性最高概念。在论文中，他也再三将《大乘起信论》的"真如"、普罗提诺的"太一"、伊本·安拉比的"存在单一论"相提并论。在他看来，这三者在思想上具有一种同构性，该同构性就是井氏所谓的"言语的意义分节论"思想构造。井氏也正是基于此思想构造找出了东西哲学的连续性。

四、对井筒俊彦"东方哲学共时性构造"的评价

在一、二章中，基于井氏的《意识的形而上学——〈大乘起

---

① 《大正藏》卷32，577页上。

信论〉的哲学》一书，我以自己的理解首先解释了井氏的"东方哲学共时性构造"这一方法论，然后进一步分析了井氏是如何以该方法论为前提对《大乘起信论》进行解读的。那么，井氏以建构的方法论来解读《大乘起信论》对我们研究《大乘起信论》而言具有什么意义呢？对于该问题的回答便成为本论所不可避免的课题，在本章我将尝试回答以上问题。

1. 方法论意义

井氏研究东方哲学及《大乘起信论》的方法，一言以蔽之即是井氏所谓的"东方哲学共时性构造"，关于这一概念的解释我在第一章有详细论述，此处不赘述。井氏认为，在研究东方哲学时有三点要注意：一、我们现在所作的研究不是面向过去，而是面向未来；二、不可用西方哲学的概念并通过简单地模仿西方哲学史来进行东方哲学的研究；三、也不可完全排斥西方哲学的概念，我们现在的研究必须要使用西方哲学的概念。

井氏在《意识的形而上学——〈大乘起信论〉的哲学》序言中说：

> 贯穿于东方哲学的共时性构造，对于生活在现代的我们来说有什么意义呢？对于这一点，二十年来念兹在兹思考良多。重要的是古书新读或者说创造性的再阐释。

> 传统思想的文本对我们而言是贵重的文化遗产，我们不是把文本作为过去的东西供奉在神坛上，而是从现在的视角出发积极地对其进行重新解读，切实地适应现代思想的要求，将古文本蕴含的哲学思想展开的可能性

加以创造性的诠释。①

这段话表明了井氏哲学的基本精神，即"面向未来"。也即是说，在井氏看来，文本所具有的意义（或蕴含的哲学价值）绝非仅仅停留于过去，对过去产生影响。因此我们的视野自然也不能仅仅停留在回顾过去，努力还原或解释文本本身。因此，研究东方哲学的时候不能仅仅停留于阅读和解释，而是要主动性地去重新解读，并创造性地诠释。要通过自己的建构发掘出文本中蕴含的哲学思想，并进一步将其融入现代哲学的语境中，探寻其思想的现代价值及其进一步展开的可能性。井氏不仅是这样主张的，他在具体做研究时也是这样应用的。譬如在本论所主要讨论的著作《意识的形而上学——〈大乘起信论〉的哲学》一书中，井氏在处理《大乘起信论》中"心"这一概念时，就是基于"面向未来"这一基本精神对这一概念做了重新解读和再创造。井氏说：

> "我把《大乘起信论》的"心"转换为"意识"。
> 一个是佛教术语，一个是现代哲学的普遍概念，两者当
> 然差别很大。如果直接使用"心"则没有任何问题，那
> 么为什么要特意将其翻译成"意识"呢？我主要是出于
> 一种文化语义学上的考虑。②"

井氏在处理"心"这一概念时并没有因循佛教语境的传统，而是将其重新解读为"意识"。他表示自己这样做并非是要消除

---

① 井筒俊彦：《意識の形而上学——〈大乗起信論〉の哲学》，13 页。
② 井筒俊彦：《意識の形而上学——〈大乗起信論〉の哲学》，59 页。

"心"和"意识"的差异性，而是想以这种方式使"心"和"意识"这两个概念相互作用、相互影响。一方面发掘"心"这一概念的现代意义；另一方面，扩展"意识"这一概念的广度和深度。由此可见，井氏在处理这些佛教哲学概念的时候，并不是一味地因循守旧，而是进行了积极的解读，他始终在努力给这些概念寻找适合我们现代人理解的语境。

其次，井氏拒绝在研究东方哲学时用西方哲学的概念简单地模仿西方哲学史。用西方语境研究东方学问，这恐怕是所有东方学研究者都不可避免的研究方法。井氏指出，为了避免这种简单模仿，必须要求研究者首先使东方哲学成为自身思想的重要组成部分（或者说全部）。通俗点讲，就是要求研究者对东方哲学的理解不能仅仅停留在文本上，而是要使其成为自己内在的思想素养，或者说思想背景。换言之，要使自己本身的思维方式转化为东方哲学式。唯有这样，才能够深刻地理解东方哲学。在此基础上，再应用西方哲学的概念来解释东方哲学便不会仅仅漂浮在思想表面，做出既非东方哲学也非西方哲学的杂拌。

最后，井氏也承认我们现在的研究必须要使用西方哲学的概念。井氏终究是一个具有国际视野的学者，他拒绝一切形式的因循守旧，始终强调要与现代对话，并积极地将东方哲学与西方哲学作为一个统一体来考虑。井氏认为，首先，当今西方文化是建立在科学基础上的，自文艺复兴至今，全球化趋势日益加强，东方国家的教育体制也是以西方式教育为基础的。西方文化实际上已经不再是西方所独有的，它早已发展成为了一个普遍的全球文化。尽管在小的方面各个文化具有一定的差异性，但是就整体而言，西方文化实际上是人类共通的财产。换言之，我们都是生活在西方语境之下的思考者。因此，特意地忽视西方，只孤立地讨论东方是没有意义的。其次，井氏认为自己是日本人，作为明治维新之后的日本人，他自然深受日本西化思想的影响，是从小生活在西方语境之下的日本人。因此，自己在做哲学思考时自然离不开使用西方哲学概念。

经过观察不难发现，井氏在做哲学研究时，既没有排斥西方也没有执着于东方，他的态度是开放式的。

2. 方法论困境

井氏对这一套研究东方哲学的方法思考良久并且亲自将其付诸实践，遗憾的是他对东方哲学的大部头著述尚未全程开始，人便溘然辞世了，这也使得该研究方法最终未成体系。就我们现在对井氏研究方法的解读来看，该方法论仍然存在各种问题。

井氏的研究方法首要的困境是很难找到适合该研究方法的学者。井氏的研究方法不仅需要研究者具有一定的文献学功底，更需要学者具备纯熟的哲学素养，特别是西方哲学、尤其是近代西方哲学的素养；另外该方法还需要学者掌握多种言语。正如张文良所感慨的："这种研究方法对研究者的研究素质有很高的要求，研究者除了传统的文献学的训练之外，还必须有很高的哲学素养，特别是现代哲学的素养。在现代的学术分科越来越细的时代，能够具有合理的知识结构和多种素养似乎成为一种奢侈。"[1]

而且，井氏的研究方法既要求研究者对东方哲学有切身体会，又要求其精于西方哲学，这恐怕也是我们难以跨越的高度。因为在井氏看来，当我们在尚未深切体会东方哲学时就以西方哲学的

---

① 张文良：《日本当代佛教》，宗教文化出版社，2015年版，第269页。

概念来解释它，我们只能做出些浅薄的东西。按照井氏的意思，似乎是说最好还是由东方人自己来研究东方哲学。井氏在《意识与本质》的后记中这样说：

> "我曾经也一度尝试过东西比较哲学，但事实上根本无须特意比较。其实对于现代日本人而言，只要将东方哲学放在当下日本人的意识中来思考，就是在体验东西方思想的碰撞了。这就是东西比较哲学。[1]"

也即是说，在井氏看来，当下日本人的思维中已经具备了西方哲学的素养，只要我们一开始思考东方哲学，东西方哲学的碰撞就已经在自身内部展开了。但是池田晶子在《意识的形而上学——〈大乘起信论〉的哲学》一书的后记中指出，这种思考的体验恐怕只有井氏自己才能做到。换言之，对我们而言，是很难在东西方哲学两个领域都有深切体验并进行研究的。

3. 方法论展望

尽管井氏的方法论尚未成体系，但是，井氏以自己的学养和精神开辟的这条"东方哲学共时性构造"方法论对我们而言还是有一定启发意义的。当我们普遍在西方哲学的语境下研究东方哲学时，该方法论可谓为我们开辟了一条更加积极的道路。况且井氏并未止步于理论，而是将其方法论付诸实践。因此，《意识的形而上学——〈大乘起信论〉的哲学》一书成为我们进一步理解其方法论的代表性著作。

---

[1] 井筒俊彦：《意識と本質》，岩波文库，1991，414 页。

井氏的这一方法论在世界范围内已经得到不少人的赞同。2004 年九月法国佛教学 *Frédéric* 刊行了《大乘起信论》的法语译本，并附有《意识的形而上学——〈大乘起信论〉的哲学》（中央公论社，1993）的法译本[①]。为了纪念井氏，庆应义塾大学出版学会也于 2015 年出版了 12 卷《井筒俊彦著作集》。井氏哲学的影响正在慢慢扩大。张文良这样肯定井氏的研究方法："这种'共时性'的哲学分析和建构，抽象掉了《大乘起信论》文本的历史细节，着眼其普遍的哲学特征，力图在这一经典文本找到东洋哲学的底蕴和精神特质所在。不论其研究结论是否经得起推敲，这种方法论的追求值得肯定。"[②]

尽管井氏的方法论具有一定的创建性和可贵价值，也在影响一些学者，但是使该方法论实行起来绝非易事，因此，在短期的将来该方法论恐怕还是很难产生更为普遍的影响。事实上，井氏自己对此也心知肚明。他在《意识的形而上学——〈大乘起信论〉的哲学》一书中也多次暗示自己也并不清楚研究能取得什么结果，并坦言能期望该研究能取得多大影响。

五、结语

在第一章中，基于井氏的《意识的形而上学——〈大乘起信论〉的哲学》一书，我以自己的理解首先解释了井氏的"东方哲学共时性构造"这一方法论。所谓"共时性构造"，第一步，就是将

---

① 石井公成:《近代アジア諸国における〈大乗起信論〉の研究動向》,《禅学研究》特別号, 2005 年 7 月。

② 张文良:《日本当代佛教》, 宗教文化出版社, 2015 年版第 269 页。

东方哲学的诸传统从时间轴中抽离出来，并将其按思想类型组织起来，从而以此为基础，将其人为性地构建成一个思想关联体。然后对这些思想关联体进行分析，我们必然能够从中找出几个思想模式。这些思想模式可能就是东方人的哲学思想的深层构造。第二步，将分析出的东方哲学的这些思想模式主体化为自己的思想，然后在这个基础上，建立自己视角下的东方哲学，并进一步开拓这些思想的现代意义，将它们放在现代哲学的大背景中进行宏观研究。然后，基于该方法论，井氏指出"言语的意义分节论"是东方哲学的代表性思想。概括而言，所谓"言语的意义分节论"就是指言语通过行使其意义分节的功能分割完整的存在（即形而上学之境），并显现为全部经验世界（即现象世界）。我根据自己的理解将其概括为"形而上学之境—现象世界"这样一种思想模式。最后，通过分析吠檀多哲学的"名色论"和老庄哲学的"浑沌之死"进一步解释了井氏所谓"言语的意义分节论"。

在第二章中，笔者分析了《大乘起信论》哲学中的"言语的意义分节论"。主要围绕"真如"这一概念从井氏所谓"存在论"的角度探讨了"真如"的双重性，从井氏所谓"意识论"的角度探讨了"心"的双重性。并从形而上学与宗教实践两个维度进一步分析了作为连接"真如"现象态与非现象态的"阿梨耶识"。井氏就"真如"双重性的思考，在《大乘起信论》研究中别成一家。他将"妄念""如来藏""心真如""心生灭""如实空""如实不空"全部统摄于"真如"中。在他看来，"真如"是一个具有双重性的最高概念。

在第三章中，分析了井氏以"东方哲学共时性构造"这一方法论解释《大乘起信论》的这一解读方法的意义，以及该方法所面临的困境。

概括而言，认为，井氏基于自己的哲学立场对《大乘起信论》的解读其实是一种主动性的思想创造，是一种具有强烈构建性色彩的诠释性解读。初看井氏似乎是将文本作为研究对象对其进行分析解读，但是仔细分析后，发现事实并非如此。井氏其实是在利用古文本建构自己的哲学，而非完全解读古文本的本来意义。因此，井氏并不是站在佛教学研究的立场上对《大乘起信论》进行解读的，而是以《大乘起信论》文本为素材，在建构自己的哲学体系。

笔者认为，井氏对《大乘起信论》的解读方式就哲学研究而言颇有启发性意义。尤其在当下这个以西方语境为主导的学术研究形势下，井氏对东方哲学的研究方式，也许的确可以将东方哲学的思想转换为适合西方语境的哲学，使其获得更大的思想活力。该方法对东西方哲学的交流、相互理解、相互启发和融合方面或许颇有益处。在此意义上，井氏的哲学研究方法是值得肯定的。

但是就佛教学研究而言该方法恐怕很难为学者们所接受。譬如井氏在对《大乘起信论》的解读中，基于"形而上学之境—现象世界"这样一种思想模式，他再三将《大乘起信论》的"真如"、普罗提诺的"太一"、伊本·安拉比的"存在单一论"相提并论。在他看来，这三者在思想上具有一种同构性。这就难免使"真如"带上强烈的实体性色彩。但是众所周知，《大乘起信论》文本颇为复杂，"真如"是否为实体一直以来都难以定论。因此，认为，该方法论在佛教学研究中恐怕仍需继续探讨。

Awakening of Faith in the Mahāyāna in the Perspective of the Structure of Eastern Philosophical Synchronicity

LIU Tingting

SUMMARY

In his book, On the Metaphysics of Consciousness – the Philosophy of "*Awakening of Faith in the Mahāyāna*" 意识的形而上学 ——《大乘起信论》的哲学, Izutsu Toshihiko 井筒俊彦 (1914–1993) interpreted the thought of the Awakening of Faith in the Mahāyāna 大乘起信论 by utilizing Western philosophical concepts. Izutsu first established the method of 'the structure of Eastern philosophical synchronicity.' He then did research based on this method into the concepts of "*Tathāgata*" (*zhenru* 真如), "mind" (*xin* 心) and "*ālaya-vijñāna*" (*aliyeshi* 阿梨耶识) in the *Awakening of Faith in the Mahāyāna* from the three perspectives of "ontology," "consciousness theory," and the "existential awareness of the particular." In this essay, I want to first clarify Izutsu's understanding of the philosophy of *Awakening of Faith in the Mahāyāna* in his *On the Metaphysics of Consciousness – the Philosophy of "Awakening of Faith in the Mahāyāna.* Next, I want to consider whether or not the interpretative method utilizing Western philosophical concepts established by Izutsu to understand the *Awakening of Faith in the Mahāyāna* is suitable for modern Buddhism studies.

Key Words: *Awakening of Faith in the Mahāyāna*; Izutsu Toshihiko; the structure of Eastern philosophical synchronicity; *Tathāgata*; *ālaya-vijñāna*

昙延与《起信论义疏》研究

中央民族大学哲学与宗教学学院硕士　　王志松

摘要：《大乘起信论》研究在过去的一个世纪以来受到了国内外学者的广泛关注。无论是其著作年代的历史考证还是义理的对比分析，都有许多知名学者和大师进行了深入地研究。本文旨在从《大乘起信论》"三家注"之前的昙延所著《起信论义疏》以及昙延本人入手，通过对昙延本人及其周边僧众活动的历史分析和考察，重新梳理《大乘起信论》在周隋之际面世之佛教历史背景。并且将《大乘起信论》和昙延《起信论义疏》放入"如来藏"思想体系中与其他"如来藏"经论进行了简要的对比分析。昙延作为周隋之际盛名帝宇的高僧，其活动的时间与《大乘起信论》出世及早期传播时间在同一历史时期。即便昙延曾编著了《起信论义疏》，但在学界《大乘起信论》研究中昙延并未得到直接的关注和考察，因而笔者以昙延及其《大乘起信论义疏》为切入点，希望昙延研究能够引起学界在《大乘起信论》研究中足够的关注。

关键词：昙延　涅槃宗　《大乘起信论》　《续高僧传》如来藏

一、绪言

1. 研究缘起

有关《大乘起信论》的研究由来已久，从古至今，由中及西。所涉及的研究内容从《大乘起信论》著作作者及年代考证再到义理探究，无不涉及，可谓深微极致。学问无止境，即便是如此，我们仍可以借鉴先贤前辈研究的成果，通过梳理一些文献资料从中寻出一些新的线索和发现。

对于古代文献资料的研究，无论是年代考证，还是思想分析，无不从其根源处寻找。亦即研究与其年代最接近的著作，分析与其年代最接近的思想，从而给该文本一个应有的历史定位，以便于后来者更加容易地了解和研究。本文从目前学界确认的与《大乘起信论》年代最为接近的昙延《大乘起信论义疏》入手，旨在为了对昙延本人及与《大乘起信论》相关的当时佛教思想进行考述分析。

由于直接资料的缺乏，目前学界对于昙延的研究关注甚少。昙延仅存的一部著作《大乘起信论义疏》成为通常大部分学者了解昙延的起因和唯一途径。但是，通过著作了解一位历史人物本来就有其局限性，更何况这本著作还是一本注疏性著作，而非自身思想理论的总结，这无疑对于昙延本人的研究增加了难度。

收于《卍续藏》之中的昙延所撰之《大乘起信论义疏》，在过去很长一段时间里被认为是关于《大乘起信论》最早的义疏。但是该义疏相比于学界公认的三家注疏、义记（即净影寺慧远的《大乘起信论义疏》，法藏的《大乘起信论义记》和《大乘起信论别记》，新罗元晓的《大乘起信论疏》和《大乘起信论别记》），没有在《大乘起信论》研究的思潮中引起学界足够的重视。笔者分析原因有以下几点：一者，《起信论义疏》在当时的佛经目录中未予以记载；二者，对于直接记载昙延的史料《续高僧传》中亦未有关昙延著《起信论义疏》的记载，只是记述其"著涅槃义疏十五卷、宝性胜鬘仁王等疏"；三者，由于目前昙延其他著述皆已佚失，因此昙延的语言习惯、行文构思无法与《起信论义疏》做出文本比较分析，亦无法确定该义疏是否为昙延所作；最后，由于历史的原因，在过去一个世纪中诸多大家对于《大乘起信论》相关问题的细微入致的研究，使得当代许多学者望而生畏。

由于诸种原因，昙延及其著作思想的研究由于资料的缺乏也就变得十分困难了。但是，任何一位历史人物都不可能脱离于他所存在的时代以及他的社会交流网络。因此，与昙延相关的师友弟子与昙延间的关系梳理就成为笔者研究参考的重点对象。笔者通过长时间的积累，掌握了大量资料，通过对比联系，以昙延为主线，对其时代背景和身边人物的活动分析推断来填补其年代资料的空缺。

虽然昙延没有留下其他著述，但是根据道宣《续高僧传》中的记载，昙延听过《华严》《大论》《十地》《地持》《佛性》《宝性》等经论，而且对这些经论有很深的研究，又著《涅槃》《宝性》《胜鬘》《仁王》等疏。根据这些记述，便可以对昙延《起信论义疏》与《宝性》《胜鬘》等经论中的主要思想做对比性研究。由此来做出昙延著《起信义疏》的相关性分析，以及以昙延为代表的当时北方涅槃师与地论师和《大乘起信论》本身在当时佛教界中影响的进一步探究。

总之，本论文研究主题有两个：一个人（昙延），一本疏（《大乘起信论义疏》）。而疏又涉及一本论（《大乘起信论》）。对人之研究多为考据，对疏之研究多为哲学或思想史分析，历史与哲学融之于一体。从历史的角度，我们可以对高僧昙延有一个更加清晰的认识；从哲学的角度，我们可以对《大乘起信论》有一番更加深入的探讨。由此可以看出本文的撰写是在隋代前后的历史背景或着说佛教史的梳理的基础之上，再进行佛教义理的文本比对分析的尝试。

2. 研究背景概述

本文的研究是基于过去一个世纪以来国内外学者对于《大乘起信论》的研究而缘起的。在卷帙浩繁的佛教三藏经典中，《大乘起信论》因其包含了大乘佛教中观、唯识、如来藏等诸多学说，并在其简洁精要的行文结构中将诸多学说融于一体并深刻影响到了后来佛教各宗派的发展。

正是这样一部论著，在 20 世纪初的日本出现了两次关于《大乘起信论》真伪问题的论战，分别持"中国撰述说"和"印度撰述说"的两派展开了激烈的争论（参见龚隽著《〈大乘起信论〉与佛学中国化》，附录一：《〈大乘起信论〉研究述评》）。第一次论战相关人物有舟桥一哉、望月信亨、村上专精等。第二次论战松本文三郎针对望月和村上的观点提出反对意见，认为《大乘起信论》虽疑不伪，依然坚持为印度撰述。与此同时，这两次激烈的争论也引起了中国佛学界的极大兴趣，从而掀起了当代中国佛学研究的首次高潮。在当时参与到争论当中的中国佛学研究者主要有梁启超、欧阳渐、章太炎、太虚、王恩洋、印顺、吕澂等。《大乘起信论》所引起的佛学界的关注是极为广泛的。这次高潮不论是对真伪问题讨论，还是内在义理的分析，都有了极为深入的研究，后来其牵涉之广甚至涉及《大乘起信论》思想与印、中佛学发展史的关系，判教理论以及佛学研究方法等领域。由此即可得知，《大乘起信论》研究在世界佛学研究中的重要地位。

不能忽视的是，就在东亚形成这场佛学研究高潮的同时，《大乘起信论》英译本也开始出现，最早的一本是 1894 年由李提摩太（Timothy Richard）根据梁译本译出的，题名：The Awakening of Faith in the Mahayana Doctrine:the New Buddhism。其后又有铃木大拙、Yoshito S. Hakeda 等人的译本，其中 Yoshito S. Hakeda 的译本最为流行，在其译本中译者"导言"，对《大乘起信论》的文本史以及哲学义理研究方法等问题做了较为深入的阐发。此外，更有欧美学者 Whalen lai 等发表的专门研究《大乘起信论》的论文。对此的详细介绍可见于中山大学龚隽的《近代世界与中国语境中的〈大乘起信论〉》（载于《禅学研究》第六辑，2006 年）。

此外，梁启超的《大乘起信论考证》，主要介绍了近代日本关于《大乘起信论》论辩开始的一些情况及讨论结果，该文收于台湾张曼涛于 70 年代末主编《现代佛学丛刊》第三十五卷《大乘起信论与楞严经考辨》当中（该卷中还收录了早期王恩洋的《大乘起信论料简》、陈维东的《料简起信论料简》、印顺的《起信评议》、吕澂的"起信与禅——对大乘起信论来历的探讨"等重要文章，这些文章在后来学者的论文或专著中都有过详细的介绍和评述，不再赘述）。与此同时，高振农所编著的《大乘起信论校释》的序言部分也对 20 世纪的《大乘起信论》研究状况做了较好的总结概括。印顺的《大乘起信论讲记》纲目组织清晰明确，对于《大乘起信论》思想的介绍不但做到了文内的呼应，而且还旁引其他佛典经论，将文内与文外的异同依次道来，借助自身对于经论的熟悉，对《大乘起信论》进行了深入细微的全面介绍。黄夏年的《〈大乘起信论〉研究百年之路》则与高振农《校释》序言类似，不过因为其发表的时间，除了对之前的研究状况重新梳理之外，还对 90 年代后期的研究状况进行了补充。近几十年来，对于《大乘起信论》研究用力最深的除了印顺、高振农外，还有杜继文、龚隽等学者。杜继文有《大乘起信论全译》，而且在另一部专著《中国佛教与中国文化》中有"《大乘起信论》述评"一章，在其述评中对于《大乘起信论》真伪之争进行了详细的介绍，另又从当时的历史背景出发阐述了梁译本的产生及其影响传播以及唐译本的特点及出现原因。龚隽则是以《大乘起信论与佛学中国化》作为其博士论文将《大乘起信论》研究进一步深入，作为后来者，更是大量吸收了国外学者尤其是欧美学者的研究成果，在其文章"近代世界与中国语境中的《大乘起信论》"就详细介绍了欧美的几位学者的研究，其研究问题大致与其博士论文相类似，皆为"起信论与佛教中国化"的问题。

相比于国内研究状况，国外对于《大乘起信论》的研究也取得了一定的深度。如龚隽所提到的 Whalen lai 于 1975 年出版的博士论文 The Awakening of Faith In Mahayana:A Study of The Unfolding of Sinitic Mahayana Motifs，该论文着重从佛学义理中国化的视角来考察《大乘起信论》对于中国佛学发展所具有的意义，并且表明《大乘起信论》是佛学中国化的桥梁，其思想也是佛学中国化的产物。

另一位国外学者李华德于 1958 年发表的 New Light of The Mahayana-Sraddhotpada Sastra 则主要讨论了《大乘起信论》的作者问题。李氏的论文对于笔者本篇论文的写作具有相当重要的作用。根据龚隽的概括，该文有价值的意见有以下几点：（一）提出《大乘起信论》应有三种古本。一是由昙遵传之昙迁，并由迁添加"真谛译"的本子；二是昙延作疏的本子，由于没有提到译者是真谛，所以在时间上可能比昙迁的本子早；三是由天台慧文传给慧思的本子，此本为最古本。而且李氏还做了天台与《大乘起信论》思想之间关系的相关比较。（二）从用语前后不一致以及译文混乱来看，认为《大乘起信论》经过了多次修改，其用语也没有真谛译文迹象。另通过比较《大乘起信论》中佛三身的用语与佛陀扇多、真谛所译《摄论》的语言来看，前者语言风格更接近《大乘起信论》。（三）菩提流支的译经对于《大乘起信论》有深入的影响。（四）《大乘起信论》原本应在 6 世纪上半叶所编撰，后又经过多次改编，其原本作者是北派地论师的道宠，而后昙迁把真谛的译名加上去。

　　《大乘起信论》真伪问题的争论与研究即是围绕"印度撰述"与"中国撰述"两者之间的选择。随着《大乘起信论》研究的深度和时间的加深与推移，从目前学界研究的角度来看，这种真伪的争论早已失去了起初的那种激烈程度而逐渐被淡化。更多的学者逐渐开始关注《大乘起信论》本身存在的价值。尤其是佛教学术界人士，从义理思想上对其进行了诸多角度的分析与探讨，这些探讨在某种角度可以说是超越了简单的真伪评判而上升到一种价值存在影响分析。这种分析使《大乘起信论》产生的时间、环境及其传播影响对于"中国撰述说"的成立有了天时、地利、人和的条件。例如田养民著、杨白衣译的《大乘起信论如来藏缘起之研究》，何国铨《起信论与天台教义之相关研究》，尤惠贞《依"一心开二门"之思想架构看天台宗"一念无明法性心"之特殊含义》，程恭让《牟宗三〈大乘起信论〉"一心开二门"说辩证》，赖贤宗《法藏〈大乘起信论义记〉及元晓与见登的相关述记关于一心开二门的阐释》，龚隽《梁译〈大乘起信论〉本觉论思想分析》，杨维中《本体之性与主体之心如何可能合一：〈大乘起信论〉心性思想论析》，徐文明《〈大乘起信论〉唐译本序研究》，圣凯《"一心二门"思维模式与宋代理学》，罗时宪《"一心二门"有如太极生两仪的含义》，释印顺《〈大乘起信论〉与附南佛教》，释恒清《大乘起信论的心性论》等。

随着研究的深入，有学者提出了《大乘起信论》可能为昙延所造，这也许是对以上所述诸多材料总结梳理的结果。昙延，俗姓王，名聘，蒲州桑泉人，"年十六因游寺，听妙法师讲涅槃探悟其旨，遂舍俗服膺幽讨深致"。对于昙延所造《大乘起信论》的问题，国内学者有杜继文的《〈大乘起信论〉述评》和韩镜清的《唯识学的两次译传——〈大乘起信论〉为昙延所造》两文。稍有不同的是，杜文只是怀疑是昙延所造，做出了可能性大概论证，而韩文则以昙延的《大乘起信论义疏》与《大乘起信论》原文的比照，发现从"《起信论义疏》的语言结构看，它比《大乘起信论》更为系统，解释的问题更多更为鲜明，不但把《大乘起信论》文段的科分搞得一清二楚，只表文思本来一致而已"。所以他断定《大乘起信论》的伪造者就是昙延。除此以外，两人都提到《昙延传》中"马鸣梦授"的故事则成为《大乘起信论》伪托马鸣的最佳解释。对于古代文献中对于昙延的直接记述则以唐道宣《续高僧传》中《昙延传》为最早，后来亦有《佛祖统纪》中的引证，但大多以道宣《续高僧传》为参考。因此，有关昙延的直接记载资料并不多，这也是到目前为止，研究昙延的学者寥寥无几的原因。笔者在《大乘起信论》研究材料的梳理过程中发现，昙延的确是在《大乘起信论》研究中的一个尚未引起学界足够重视的重点，故而试述之，还望能够在今后的《大乘起信论》研究中尽些许绵薄之力。

二、昙延的生平

1.涅槃师昙延

1.1 师于僧妙

昙延，北魏熙平元年（公元 516 年）出生于蒲州桑泉（今山西运城市临猗县），俗姓王，名聃。世家豪族，官历齐周。昙延在十六岁时（即公元 531 年），游于仁寿寺（原蒲乡常念寺），听僧妙法师讲《涅槃经》，感悟颇深。随后便出家，跟随僧妙法师研习《涅槃经》，并经常与其探讨很深的佛理。

僧妙，又名道妙。遍览佛家经典而尤善讲论。聚徒集业以弘法树功。声响周齐，名望甚高，就连周太祖宇文泰（507—556）也对其特别尊敬。大统年间（535—550），西域献佛舍利。太祖以僧妙之弘赞著绩，将舍利送令供养。僧妙供养了舍利一年后，突然有一天供奉舍利的塔中放出神光，并且光照到四方很远的地方。当时有见者谓寺院失火，遂来救火，却观神光由存放舍利的金瓶而出，皆叹未曾有也。僧妙"仰瞻灵相，涕泗交横"，于是烧香跪而启曰："法界众生已观圣迹，伏愿韬秘灵景，反寂归空[①]。"

---

① 唐·道宣撰《续高僧传》卷八《周蒲州仁寿寺释僧妙传》，《大正藏》第 50 册，第 486 页中。

事实上，舍利放光之神迹常见于佛教史传之中，其喻国之昌盛繁荣，因而广受帝王之喜爱。所供奉舍利之僧众与寺院也因此而多受皇家恩惠。（案：舍利在仁寿寺第一次放光时，昙延很有可能也在仁寿寺中，并睹其圣迹。因而才会有后来"涅槃卷轴"与"塔中舍利"同放神光之事，故而后人谓之"师资通感"也。）僧妙在仁寿寺中以讲解《涅槃经》为恒业，"叙略纲致，久学者深会其源；分剖文句，皆临机约截，遍遍皆异[1]"，为当世英杰所赞，"化行河表，重敬莫高，延及之乡，酒肉皆绝。现生葱韭，以土掩覆，并非由教令，而下民自徙其恶矣[2]"。但是僧妙的弟子却很少有人能成就的，《僧妙传》中唯记昙延一人"承著宗本，更广其致"。

《昙延传》中又载，昙延在弱冠之年，也就是二十岁时便能讲说经论，并常云："佛性妙理为涅槃宗极，足为心神之游玩也[3]。"在他受具足戒以后，感觉虽然大致浏览了佛家精深的典籍，但又怕理解深度不够，于是又听习了《华严经》《大智度论》《十地经论》《地持经》《佛性论》《宝性论》等经论。凡是昙延所听习之经典，其理解深度都超过了讲习之人。但是，研了诸多经论之后，昙延却越发觉得漂泊，并且感觉很久都没有真正的归处，便欲携道潜形以便于精思要旨。随后便隐于南部太行山中朝山（即今之中条山）百梯寺中。（案：一般受具足戒，也就是比丘戒后，需戒满五年之后方可离开依止师父，

---

① 唐·道宣撰《续高僧传》卷八《周蒲州仁寿寺释僧妙传》，《大正藏》第50册，第486页中。

② 唐·道宣撰《续高僧传》卷八《周蒲州仁寿寺释僧妙传》，《大正藏》第50册，第486页中。

③ 唐·道宣撰《续高僧传》卷八《隋京师延兴寺释昙延传》，《大正藏》第50册，第488页上。

也就是说昙延在隐居中条山百梯寺时概二十五岁，即540年）

　　据日本学者镰田茂雄的分析，昙延撰写《起信论义疏》的时间当为昙延第一次入太行山期间，应该是在与出使北周的陈使周弘正辩论之前，辩论时间大概为北周建德年间（572—577）[①]。毫无疑问，昙延第一次隐居太行山之前已经遍读研习了许多当时盛行讲习的经论。也许正是因为他对于这些经论的理解与诸多法师所讲有所不同，或者因为在研习了诸多经论之后越发觉得迷茫而无所归，所以才决定"携道潜行"以"精思要旨"。在这样的背景之下，昙延是极有可能撰写《起信论义疏》的。但是《昙延传》中却未曾记载其《起信论义疏》的撰写时间。但据道宣所述，在昙延第一次隐居期间，"幽居静志"欲著"涅槃大疏"，并且最后深思所得"归命如来藏，不可思议法等"。由此，昙延在此期间著《涅槃义疏》十五卷应当属事实，并且从《涅槃经》与《大乘起信论》两者的义理发展脉络来看，昙延概应先著《涅槃义疏》，后著《起信论义疏》。

　　在昙延所研习的诸多经论中，其中《华严经》《十地经论》为当时地论宗的代表经论；《地持经》又称《菩萨地经》，为《瑜伽师地论》本地分中，第十五菩萨地之异译；《大智度论》为三论宗代表经论；《涅槃经》《佛性论》《宝性论》以及后来并为其注疏的《胜鬘经》皆为"如来藏"系的经典。可以看出，昙延对当时流行的诸多学派皆有研究，并且尤其以"如来藏"系的经典研究最深，所著此系论疏也最多（"所著《涅槃义疏》十五卷，《宝性》《胜鬘》《仁王》等疏各有差"），可惜如今仅留下一

────────────

[①] ［日］镰田茂雄著，周净仪译《中国佛教通史》第四卷，高雄：佛光文化事业有限公司，2011年，第98页。

卷《起信论义疏》。

昙延在中条山百梯寺隐居时，山中有一位薛居士，闻延之名，夙悟超伦，便以偈语"方、圆、动、静"，来让昙延体悟。昙延应曰："方如方等城，圆如智慧日，动则识波浪，静类涅槃室"。薛居士随而惊异叹绝，谓"由来所未见，希世挺生，即斯人也"。昙延言"方等"者，梵语毗佛略，又译"方广"，即为一切大乘经的总称。印顺法师言："方是正而不偏邪；广是广大义，等是普遍义。大乘经文富义广，中正而离边邪，所以名为方广①。"

《大般涅槃经》②中云：

> 何等名为毗佛略经，所谓大乘方等经典，其义广大犹如虚空，是名毗佛略经。
>
> 九部经中无方等经，是故不说有佛性耳。经虽不说，当知实有。若作是说，当知是人真我弟子。
>
> 若有说言如来为欲度众生，故说方等经，当知是人真我弟子。若有不受方等经者，当知是人非我弟子。

在应偈语之时，昙延首先由"方"而想到了"方等"，又以"城"为缀，指喻大乘之佛国。同时又以"圆"字联系"智慧日"。由此不难看出昙延推崇方等大乘经典，以此大乘佛法利益一切众生之意，这也正是《大般涅槃经》所主张的"一切众生悉有佛性"的映照。

1.2 "马鸣授梦"与《涅槃义疏》

在中条山中幽居的昙延欲撰《涅槃义疏》，但又恐有滞于凡

---

① 印顺著《胜鬘经讲记》，中华书局，2011年，第11页。
② 以上皆引自北凉·昙无谶译《大般涅槃经》，《大正藏》第二十册。

情，因而日日夜夜诚心祈祷。一日夜梦有人"披于白服，乘于白马，鬃尾拂地而谈授经旨"。昙延手执马鬃与之辩论。梦醒后便说："此必马鸣大士，授我义端。"遂后述疏偈曰："归命如来藏，不可思议法。"这便是有关昙延的"马鸣授梦"之事。近代有学者韩镜清、杜继文等认为《大乘起信论》为昙延所造，"马鸣授梦"的故事便是他们推断论证过程中最有力的证据。

学者韩镜清在其文《唯识学的两次传译——〈大乘起信论〉为昙延所造》[①]中通过大段引用《昙延传》并分析指出：首先，昙延欲造《涅槃大疏》，虽然《昙延传》中亦有提及昙延留有《涅槃义疏》十五卷，可后世并未有任何昙延的《涅槃义疏》传世，因此，昙延是否真的为《涅槃经》注疏，是值得商榷的；其次，"涅槃"实际即"佛性"问题，同时"涅槃"也不一定专指某一经典，而所谓"大疏"不过是主要意旨；再次，昙延具备了造《大乘起信论》的理论基础，但因其思想上的独创性，乃不自署名，假托"马鸣"，以区别于当时一般所讲的龙树、无著等所传之思想。最后分析，因伪托做贼心虚，加以"卷轴放光"以及"舍利又放神光"与之相应。事实上，韩镜清先生的推断存在着很大程度上的主观性，对于《大乘起信论》本身的考证，也有些许失误的地方。如言："七真如中虽有'唯识真如'，但'心真如'一词亦《大乘起信论》所独创[②]。"事实上，在《大般若波罗蜜多经》[③]中就有云：

---

① 韩镜清撰《唯识学的两次译传——〈大乘起信论〉为昙延所造》，载于《佛学研究》第 03 期，1994 年，第 59-69 页。

② 韩镜清撰《唯识学的两次译传——〈大乘起信论〉为昙延所造》，载于《佛学研究》第 03 期，1994 年，第 63 页。

③ 唐·玄奘译《大般若波罗蜜多经》，《大正藏》第 7 册，第 273 页中。

佛告善现："于意云何？心住为如心真如不？"善现对曰："如是！世尊！如心真如，心如是住。"佛告善现："于意云何？若心住如真如，是心为如真如，实际性常住不？"善现对曰："不也！世尊！是心非如真如，实际其性常住。"佛告善现："于意云何？诸法真如极甚深不？"善现对曰："如是！世尊！诸法真如极为甚深。"

元魏菩提流支所译《佛说文疏师利巡行经》①亦有云：

真如无念，亦无所念。真如不退，真如无相。复次，大德舍利弗！过去真如不可得，未来真如不可得，现在真如不可得，乃至心真如不可得，如是等，应知。

此外，杜继文先生在其《〈大乘起信论〉述评》②中提到：昙延之偈语，"归命如来藏，不可思议法"，以及醒后所思，"此必马鸣大士，授我义端"直接指明，昙延解释的《涅槃》义理，倡导"如来藏"，不是他个人的见解，而是马鸣梦授。以马鸣名义作疏，而且思想又如此接近《大乘起信论》，因此让人很容易怀疑昙延就是《大乘起信论》的真正作者。此外，杜继文先生还推断出：以昙延当时在北齐、北周、隋三朝中诸多论师的地位，以及昙延所著文疏"标举宏纲，通镜长鹜"的能力，让人相信很

---

① 元魏·菩提流支译《佛说文疏师利巡行经》，《大正藏》第 14 册，第 510 页中。

② 收于杜继文著《〈大乘起信论〉全译》，巴蜀书社，1992 年。

有可能费长房在《历代三宝记》中所记载的真谛译《大乘起信论》并撰疏二卷，其中这两卷疏实际上是昙延《起信论疏》二卷的误植。

事实上，《大乘起信论》究竟是否为昙延所造暂且先不定论，两位学者的怀疑和推断让学界大部分人不能完全信服的原因也是显而易见的。道宣作为"南山律宗"代表性人物，其所撰《续高僧传》中出现神迹，舍利感应放光等事件屡见不鲜（此外，道宣还专门撰辑了《神州三宝感通录》三卷，以及《感通记》一卷）。神迹的显现正如佛经中的各种神通神迹一样，只是一种方便法门，为了吸引众生，引导众生服膺于佛所说之法。并且道宣在《昙延传》后文明确记载，昙延所著《涅槃义疏》十五卷。以昙延在涅槃义学上的成就，此言应该不假，我们不能因为这十五卷的《涅槃义疏》没有流传下来而误认为昙延欲著之"涅槃大疏"即为《大乘起信论》。

"马鸣授梦"之事虽不能证明作为昙延著《大乘起信论》的直接证据，但至少可以证明昙延著《大乘起信论义疏》应属事实。另外加上他对《涅槃经》《胜鬘经》《宝性论》《佛性论》等"如来藏"系经论的精深研究，及其所说"归命如来藏，不可思议法"之偈语，还有他所处的蒲州一带及其附近地区的佛教思想背景都可以成为他著《大乘起信论义疏》的有力证据。杜继文先生所认为昙延之偈语，"方如方等城，圆如智慧日，动则识波浪，静类涅槃室"四句话中，"智慧"为"本觉"，"识波浪"相当于"不觉"，"涅槃"为"不觉"经"始觉"向"本觉"的回归，实际上这四句与《大乘起信论》的思想和结构大致相当。这一点虽不能直接证明昙延直接撰写了《大乘起信论》，但至少可以肯定地证明昙延在与中条山薛居士对偈之时，极有可能已经对《大乘起信论》有了很深的研习。

1.3 周隋之际涅槃宗发展状况

涅槃宗以研究《大般涅槃经》为主，兼涉其他种类"涅槃经"。从《涅槃经》的翻译到"佛性"学说的兴盛，为南北朝时涅槃宗的产生提供了极为有利的环境。而隋唐时的涅槃宗实际上已经属于整个涅槃宗历史分期的最后阶段①，但却仍能表现出涅槃宗思想在当时佛教思想中的重要地位和深远影响。

在蓝吉富先生所著的《隋代佛教史述论》中，依据《续高僧传》所载的隋代一百三十七家名僧，分析了隋代佛学界最流行的佛书。其中《大般涅槃经》有五十五家弘扬；《摄大乘论》三十一家；《大智度论》二十四家；《十地经论》二十三家等②。另有颜尚文所著的《隋唐佛教宗派研究》，在其所列出的七百二十九位"隋唐宗派人物总表"中，就有一百零八位与涅槃宗有关③。又据汤用彤先生所述，关于《涅槃》之学"北魏孝文帝以后，学者大盛。魏末隋初，北方以此显者更多。计自魏中叶至隋初，习此者有昙准、昙无最、慧光、圆通、道凭、道慎、宝篆、灵询、僧妙、道安、法上、昙延、慧藏、灵裕、慧海、融智、慧远、静嵩等"④。涅槃宗在由隋入唐的阶段其影响虽相对有所衰落，但是可以肯定的是在隋代以及隋代以前其影响人数在所有宗派中占据了绝对优

① ［日］布施皓月著《涅槃宗之研究》，他将涅槃宗的发展历史划分为三个阶段：初期，开宗期（东晋义熙十四年—刘宋元嘉末年）；盛期，组织期（刘宋后期—陈初、周武破佛）；末期，衰颓期（陈后期—隋—唐初、玄奘归朝前后）。
② 蓝吉富著《隋代佛教史述论》，台湾商务印书馆，1974年，第130页。
③ 颜尚文著《隋唐佛教宗派研究》，新文丰出版社，1978年，第197页。
④ 汤用彤著《汉魏两晋南北朝佛教史》，北京大学出版社，2011年，第460页。

势。

另外据汤用彤先生总结：北朝末年，以《涅槃》知名者以昙延为最，其弟子善《涅槃》者亦甚多①。与此同时，净影寺慧远亦以此学名之于世。如道宣所言，昙延所著文疏"用比远公所制，远乃文句惬当，世实罕加。而标举宏纲，通镜长鹜，则延过之久矣"②。汤用彤先生又在《隋唐佛教史稿》中提到："隋初昙延最精涅槃，尤集数百年来之英华，结为兹果③。"事实上，当时北方除了兴盛涅槃学、地论学之外，尚有初传的摄论学，并且大部分地论学者都同时兼善涅槃学。

《大般涅槃经》传入以后，心性问题开始成为中国佛学的重点问题。而在其之后的《大乘起信论》又是阐明心性论思想的典型代表论著。学者杨维中总结道：

> 尽管心性问题并不是南北朝佛学的唯一热点，但是，这一问题无疑是当时最有理论深度的佛学课题。作为中国佛学巅峰的隋唐佛教诸宗，特别是天台、法相唯识、华严宗和禅宗，心性思想成为其立宗的根基所在。④

昙延虽以涅槃师著称，但他所研习的经论却不仅限于《涅槃经》，正如当时大部分高僧法师一样，他们通常是以研习讲诵《胜

① 汤用彤著《汉魏两晋南北朝佛教史》，北京大学出版社，2011 年，第461 页。
② 唐·道宣撰《续高僧传》卷十八《隋京师延兴寺释昙延传》，《大正藏》第50 册，第488 页中。
③ 汤用彤著《隋唐佛教史稿》，北京大学出版社，2010 年，绪言第 1 页。
④ 杨维中著《如来藏经典与中国佛教》，江苏人民出版社，2012 年，第 4 页。

鬘经》《宝性论》《十地经论》等各家经论而闻名于世。而以昙延为代表的以研究《涅槃经》为重点并旁涉其他经论的一批名僧也自然成为了后来中国化佛教宗派的代表性人物。唐初以后，涅槃宗虽然逐渐衰落，但涅槃佛性思想却深深地扎根于后来兴盛的佛教各个宗派之中。由此观之，我们亦可以说涅槃宗的衰落无疑是一种更广泛、更深刻层面的重生。

2. 昙延与周边僧众

2.1 昙延与慧远

净影寺慧远（523—592），姓李氏，敦煌人。法上之弟子，在其受具足戒之时，慧光十大弟子为其证戒。法上师事于慧光，并且法上在魏齐两代任昭玄统将近四十年，另外僧统等僧官皆为法上同门，因而地论宗在北齐几乎占据着统治地位[①]。地论师在当时主要以《十地经论》为主要研究经论。但是，绝大部分地论师兼善很多其他经论，诸如《华严经》《涅槃经》《胜鬘经》等。

一般学者多认为净影寺慧远为地论师，但蓝吉富先生在分析慧远时说："慧远一生所最致力及最为当世人所推崇的，实在是涅槃经学。所以就学统而言，固然可以称他为地论师，然而就其用力所在而言，我们更可以称他为涅槃师[②]。"并且慧远"本住清化，祖习涅槃"，在《续高僧传》中所载慧远之弟子在慧远门下所学多以涅槃义理为主。北朝末年至隋唐时期虽已经是涅槃宗发展末期，但是涅槃学的影响力仍然很深。当时佛教界至少有一半以上的法师都研习过《涅槃经》。慧远以地论师著称，实则对《涅槃经》

① 刘元琪撰《净影寺慧远〈大乘义章〉佛学思想研究》，《法藏文库》－中国佛教学术论典，佛光山文教基金会印行，2001 年，第 10 页。
② 蓝吉富著《隋代佛教史述论》，台湾商务印书馆，1974 年，第 202 页。

研究用力最深，昙延则在一开始便师从于涅槃师僧妙，并曾著《涅槃义疏》十五卷。

同时，道宣亦在后来其他僧传中记载：

> （玄会）自落发之后，即预讲席，专志"涅槃"……造"涅槃义章"四卷……自（昙）延、（慧）远辍斤之后，作者祖述前言，惟会一人独称孤拔①。

> 沙门慧远，齐余开士，隋运高僧。首达帝城，即陈讲议，服勤请益七百余人，道化天下三分其二……其中尤最，沙门昙延，复是高杰，至如坐镇御床口敷声教。致令万乘顶足，其德弘矣②。

此外，在北齐灭亡之前，慧远一直在北齐邺城师从法上，"绵笃七年"。此时昙延则在北周经过与陈使周弘正辩论后，声名大振，随后不久又被授为国统。两人分别在北周北齐弘扬佛法。值周武灭齐之后，武帝欲在北齐继续灭佛，与慧远辩论于朝堂之上。在《慧远传》中有很长一段篇幅记述了武帝在平齐之后准备毁佛之时（公元578年），慧远勇敢与之辩论，使其无语、大怒。慧远如此而未受罚，可见周武帝对其重视。身为北周国统的昙延对于周武帝在北周废佛之时（574年），谏之不从，随而潜隐。由此可以推知，慧远与昙延此前应该没有相识之机缘，但可以确定的是二人应该都与北周武帝

---

① 唐·道宣撰《续高僧传》卷十五《唐京师弘福寺释玄会传》，《大正藏》第50册，第542页下。

② 唐·道宣撰《续高僧传》卷十五《唐京师慈恩寺释义褒传》，《大正藏》第50册，第549页上。

关系甚深。概开皇元年之时，慧远被敕授为洛州沙门都，掌管洛州沙门事务。此时昙延继任隋国昭玄统，掌管全国沙门事务。由此即可推知昙延与慧远应在开皇初年便已相识。在开皇七年，文帝又敕诏"六大德"，慧远到达长安住于大兴善寺，后文帝又"选天门之南大街之右[①]"为其立净影寺。昙延此时已七十二岁，亦住于长安延兴寺，以昙延当时之身份，慧远到长安后，应当常与其相见，共研佛法义理。

如今我们可以看到的是，昙延与慧远同时都留下了关于《大乘起信论》的义疏。昙延与慧远在当时皆以研习讲诵涅槃义学而著称。遗憾的是，慧远有《涅槃疏》十卷，如今存世；昙延《涅槃义疏》十五卷未能流传下来。但是关于两人在涅槃学上的各自的特点，上文已述，如道宣所讲：

> （昙延）所著文疏详之于世时诸英达签议，用比远公所制。远乃文句当，世实罕加。而标举宏纲，通镜长鹜，则延过之久矣[②]。

2.2 昙延与昙迁

昙迁（542—607），俗姓王氏，博陵饶阳人。"初投饶阳曲李寺沙门慧荣"，二十一岁时，又从定州贾和昙静律师出家，受具足戒。后又从昙遵"禀求佛法纲要"，精心研习了《华严经》《十地》《维摩》《楞伽》《地持》《起信》等经论。后来在北周武帝在北齐灭

---

① 唐·道宣撰《续高僧传》卷八《隋京师静影寺释慧远传》，《大正藏》第50册，第491页上。

② 唐·道宣撰《续高僧传》卷八《隋京师延兴寺释昙延传》，《大正藏》第50册，第488页中。

法时，避难至扬州，"因至桂州刺史蒋君之宅，获《摄大乘论》"。但到了彭城之后，昙迁才"始弘摄论，又讲《楞伽》《起信》《如实》等论。相继不绝。《摄论》北土创开，自此为始也"。并且自迁弘《摄论》"传灯不觉，于今多矣"。①印顺对于昙迁的评价是：他对《摄论》，"全无师承"，"是本于《地论》的思想来说《摄论》，可说《摄论》为表而《地论》为底里的学者。"②隋代开皇初年，昙迁应文帝杨坚之请，到长安弘扬《摄论》，受到了以净影寺慧远为代表的地论师的欢迎。陈末隋初，因为昙迁弘扬《摄论》的缘故，除了南方的建业、九江以外，北方的彭城、长安也成为了《摄论》重地③。

对于昙延与昙迁的之间联系，根据《续高僧传》的记载，主要通过昙延的弟子玄琬的活动来实现的。在《续高僧传》中，玄琬以律师著称，但实际上，玄琬早年师于涅槃师昙延，其后又拜律师洪遵学习《四分律》，之后"乃旋踵本师（昙延），涅槃真体。捃掇新异，妙写幽微。又欲钦佩唯识，包举理性，于昙迁禅师禀学《摄论》，并寻阅众锋，穷其心计。"④

由此可见，玄琬之所以跟随昙迁学习《摄论》必定受到昙延的影响，并且昙延与昙迁的关系也定非一般，这才使得玄琬后来又师从昙迁，别且身兼多学。事实上，昙延弟子中由昙迁处学习《摄论》的，除了玄琬之外，还有慧海、慧诞等。镰田茂雄总结，

---

① 唐·道宣撰《续高僧传》卷十八《隋西京禅定道场释昙迁传》，《大正藏》第 50 册，第 572 页。以上几处引文，皆出自《昙迁传》。

② 印顺著《以佛法研究佛法》，中华书局，2010 年，第 184 页。

③ 参见汤用彤著《汉魏两晋南北朝佛教史》，北京大学出版社，2011 年，第 481 页。

④ 唐·道宣撰《续高僧传》卷二十二《唐京师普光寺释玄琬传》，《大正藏》第 50 册，第 616 页上。

跟随昙迁学习《摄论》者，实有三个系统：

> "第一，师事当时大学问家昙延学涅槃学，后从昙迁学《摄论》者有慧海、道逊、玄琬、法常等。第二，先向当时地论宗南道派大学问家净影寺慧远学地论学后，再受业于昙迁《摄论》的学者有净业、净辩、净藏、辨相等。第三，直接向昙迁学习的有道哲、道英、道琳、静凝、明驭等。"①

由此可见，在当时的长安，《摄论》初兴之时，各派学者都曾学习过，其中昙延和慧远的弟子最为突出。同时，这也反映出了当时佛教各个宗派间的交融祥和的气氛。值得注意的是，无论是跟随昙延的弟子还是跟随慧远的弟子，大都是先学涅槃学，而后学《摄论》。

除了慧远、昙迁者，可与昙延齐名并称者还有道安，《静蔼传》记载："沙门昙延、道安者，世号玄门二杰。"可惜没有其他资料发现，因此昙延与道安之间具体之间的联系暂时也无从可考。

2.3 昙延之弟子

昙延弟子"沙门童真、洪义、通幽、觉朗、道逊、玄琬、法常等"，除洪义外，皆被列入道宣《续高僧传》之中，除《昙延传》中所述几位外，还有道洪、道生、道谦、慧海、慧诞，以及在传承应属于昙延之法孙的童真弟子普明和道逊弟子海顺。本节通过对于昙延几位弟子生卒年月、活动范围的考述，来分析昙延之影响。

玄琬（562—636），志在学年便出家，事沙门昙延法师（概在玄琬二十岁之前，即581年前）。玄琬除师于昙延以外，亦从洪遵律师学习《四分律》，后又回到昙延门下。随后，玄琬又于昙迁处学习《摄论》，《续高僧传》中云：

---

① ［日］镰田茂雄著，周净仪译《中国佛教通史》第四卷，高雄：佛光文化事业有限公司，2011年，第460页。

又欲钦佩唯识，包举理性，于昙迁禅师禀学《摄论》，并寻阅众锋，穷其心计。《法华》《大集》《楞伽》《胜鬘》《地论》《中》《百》等，并资承茂实，研核新闻，环循弥讨。其际搜会，攉其玄理。[①]

一僧可多兼涅槃、摄论等众学，与此同时也在一定程度上反映了当时各论师之间的交流开放程度。玄琬虽师学于众师，但却始终以昙延为本师，并且与昙延关系甚深。昙延入寂后，玄琬为其"造丈六释迦"，"金像之大有未过也"。贞观初年，敕召玄琬"为皇太子及诸王等受菩萨戒，故储公以下师礼崇焉。有令造普光寺，召而居之"。由此，玄琬在唐代的地位可见一斑。《续高僧传》中还记有：

"纲领贞明自琬始也。昔育王再集于周时，今琬定宗于唐世。彼此诚异，厥致齐焉。然其匠训于世，三藏含之。偏以苦节自修德，以律仪驰誉。言为世范，缁素收归。华夷诸国僧尼从受具戒者三千余人，王公僚佐爰及皂隶，从受归戒者二十余万。[②]"

童真（543—613），姓李氏，远祖陇西，寓居河东之蒲坂，少厌生死，希心常住。投昙延法师，为其师范。通明大小，尤善

---

① 唐·道宣撰《续高僧传》卷二十二《唐京师普光寺释玄琬传》，《大正藏》第50册，第616页上。

② 唐·道宣撰《续高僧传》卷二十二《唐京师普光寺释玄琬传》，《大正藏》第50册，第616页中。

涅槃。开皇十二年（592），敕召于大兴善对翻梵本。十六年（596），别诏以为涅槃众主，披解文义，允惬众心。大业九年（613），因疾卒于寺住。童真在昙延弟子当中亦属于非常有名的一位，通明大、小乘佛教，并且对于《涅槃经》的研究极为深刻，"披解文义，允惬众心"，开皇十六年，诏为涅槃众主。大业元年，诏为大禅定道场主。由此可见昙延弟子在当时的声望，是极高的。

法常（567—645），年十九时（585），便投隋京师延兴寺昙延门下。学不逾岁，即开讲涅槃。昙延曾以法常所观涉，语言其将来必定住持正法。法常和玄琬一样，在隋末唐初"盛名帝宇"，享有很高的地位。隋时"登预法座，敷陈至理，词义弘远，罕得其门"。唐时，奉旨先后入大禅定寺、普光寺。并且还曾执掌佛经翻译；为皇储受菩萨戒；贞观九年（635），入为皇后戒师。[①]

此外，以《广弘明集》中薛道衡所撰昙延法师吊文：

> 师杖锡挈瓶凤承训导，升堂入室具体而微。在三之情，理百恒恻。往矣奈何，无常奈何，疾碍不获展慰。但深悲结，谨遣白书，惨怆不次。弟子薛道衡和南。

从"弟子薛道衡和南"可以看出，内史薛道衡与昙延关系甚深，亦或者存在某种师徒关系。昙延其他的弟子可见文后附录二，昙延弟子汇编。

3. 昙延与历代帝王

昙延生于北魏，经北齐、北周，卒于隋初。自天保元年 (550)

---

① 参见唐·道宣撰《续高僧传》卷十五《唐京师普光寺释法常传》，《大正藏》第 50 册，第 541 页上。

开始，昙延就在北齐(550—577)、北周(557—581)以及杨隋三朝诸帝施行佛教教化过程中扮演了重要的角色。《昙延传》中记载，在昙延"马鸣授梦"后，于是持经及疏下山，将其陈于州治舍利塔前，"舍利塔中又放神光"，昙延以此向朝廷上表，"帝（案：疑为西魏文帝元宝炬）大悦，敕延就讲，既感既征瑞，便长弘演，所著文疏详之于世时诸英达佥议。"①北周太祖宇文泰（507—556）对昙延"素揖道声，尤相钦敬"，"以百梯太远，咨省路艰，遂于中朝西岭，形胜之所，为之立寺，名曰云居。国俸给之通于听众"。②又据记载，宇文泰于大统七年（541年）颁布了六条诏令：

---

　　① 唐·道宣撰《续高僧传》卷八《隋京师延兴寺释昙延传》，《大正藏》第50册，第488页中。

　　② 唐·道宣撰《续高僧传》卷八《隋京师延兴寺释昙延传》，《大正藏》第50册，第488页中。据《昙延传》，"云居寺"于开皇四年（584）改名为"栖岩寺"。据《大隋河东郡首山栖岩道场舍利塔之碑》："……更垂甘露，化方东渐道向南，流星精辩于劫灰，日光通于神梦，尔乃像教郁兴，支报竟起，大乘妙典踰天山而远度，高行名僧望帝京而遥集栖岩道场者，魏永熙之季，大隋太祖武元皇帝之所建立。"可见，栖岩寺是由隋太祖杨忠于北魏永熙之季（公元532—534年，即永熙元年至三年）建立。并且，栖岩道场（云居寺）在北魏永熙年间就已高僧云集。但是，以杨忠当时在北魏末期所处的环境以及本身个人能力影响力，如《周书·卷一九·杨忠传》云"以东魏之逼，与信奔梁，梁武帝深奇之，以为大德主帅、关外侯。大统三年（537年），与信俱归阙"，本身为北魏俘房，约大统元年（535年），与独孤信在荆州战败奔梁，大统三年又返西魏。由此可见立寺之事实际上是不可能的。据《昙延传》，昙延于普泰元年（531年）年十六时游寺，听妙法师说法，随后遍读经论，又恐理在肤寸，遂隐于太行山百梯寺。并在"马鸣授梦"、仁寿寺"塔中舍利又放神光"事迹之后，周太祖宇文泰，"素揖道声，尤相钦敬。躬事讲主，亲听清言"，又因昙延"性好恬虚，罔干时政"，太祖遂以"百梯太远咨省路艰"为由，于"中朝西岭形胜之所，为之立寺，名曰云居"。宇文泰于永安三年（530年）随贺拔岳平定关陇，永熙三年（534年），贺拔岳被杀后，宇文泰率其军众东进长安，535年建立西魏，改元大统。那么周太祖宇文泰最早为昙延立栖岩寺也应在永熙三年之后，或者说是西魏初年，大统年间，这也是宇文泰在西魏真正掌权的时间，无论是他在西魏的影响力和控制力都有足够的条件为昙延立寺。

"先治心，敦教化，尽地利，擢贤良，恤狱讼，均赋役。"这与其之所以尊奉昙延，鼓励佛教发展是完全一致的，因此可以推断出宇文泰为昙延立云居寺应在大统七年前后。

宋代志磬所撰《佛祖统纪》记载：

> "北齐（都邺）
>
> 文宣（高洋受东魏禅）
>
> 天保元年，诏高僧法常入内讲《涅槃经》，拜为国师（国师始此）。法师昙延，长九尺六寸。帝每召入问道。会周使周弘正来聘，大臣举师接伴。弘正恃才任气，及见延悠然意消。求师画象所著经疏以归。帝益加重，进位昭玄上统①。"

北齐文宣帝，于天保元年（550年），诏高僧法常入内讲《涅槃经》，拜为国师（案：非昙延弟子，为北齐另一高僧。道宣《续高僧传》卷十六《后梁荆州覆船山释法常传》记："释法常，高齐时人，领徒讲律，有声漳邺。后讲涅槃并授禅数，齐主崇为国师。以处众嚣杂，枯折由生，无俱利功，捐而至楚。"②）。昙延与周弘正辩论后，"帝益加重，进位昭玄上统"。事实上，周弘正实非周使而乃陈氏，出使之国亦非北齐而是北周，昙延在北周任国统，而非在北齐任昭玄上统，不知《佛祖统纪》以何据而作如此颠倒。又据《佛祖统纪》记载：

---

① 宋·志磬撰《佛祖统纪》，《大正藏》第49册，第356页下。
② 唐·道宣撰《续高僧传》卷十六《后梁荆州覆船山释法常传》，《大正藏》第50册，第556页中。

（天保二年）诏置昭玄上统，以沙门法上为大统，令史员置五十余人，所部僧尼四百余万，四万余寺。咸禀风教，帝筑坛具礼，尊为国师。布发于地，令上统践之升座，后妃重臣皆受菩萨戒。①

另《续高僧传》中亦有记载慧远之师法上为齐国大统之事，法上于天保二年（551）任齐国大统，齐国国师直到北齐灭亡。不过法常是否真有其人，在法上之前（天宝元年）曾被授为齐国国师，或者说法常为法上之误，还有待进一步考证。

周弘正②生于齐明帝建武三年（496），仕宦梁、陈两代八位皇帝。在当时是一位有名的学者，"博考经籍、辩逸悬河"③。据史书记载，周弘正"特善玄言，兼明释典，虽硕学名僧，莫不请质疑滞"，并且留有很多著作如："《周易讲疏》十六卷，《论语疏》十一卷，《庄子疏》八卷，《老子疏》五卷，《孝经疏》两卷，《集》二十卷，行于世。④"

陈宣帝太建五年（573）九月出使北周⑤，与北周朝臣高僧辩论，众人无以对，最后唯昙延使周弘正深深折服。周弘正因而对昙延"顶拜伏膺，慨知归之晚"，并说："弟子三国履历，访可师之师，

---

① 宋·志磐撰《佛祖统纪》,《大正藏》第 49 册，第 357 页上。

② 《陈书》卷二十四列传第十八《周弘正传》。

③ 唐·道宣撰《续高僧传》卷八《隋京师延兴寺释昙延传》,《大正藏》第 50 册，第 488 页中。

④ 《陈书》卷二十四列传第十八《周弘正传》。

⑤ 昙延 573 年与周弘正辩论，详见陈志平撰《庾信别周弘正诗系年考误》,载《嘉应学院学报》2007 年第 1 期，第 69 页。

不言今日乃遇于此矣。"遂即便请奉受戒，昼夜咨问，永用宗之。

等到周弘正回国时，他将昙延的仪貌及所有著述悉皆抄录带回陈国，同时他向昙延请示一言以缄诸胸臆，昙延应曰："为宾设席宾不坐，离人极远热如火，规矩之用皮中裹。"[①]周弘正回国后，每日向北礼拜，言昙延为之菩萨。周武帝以昙延"悟发天真，五众倾侧"[②]，便遂而授之为国统，即统领全国僧教事务的僧官。但是昙延担任国统不久，武帝便开始了长达七年的毁佛运动。

郭朋先生根据唐法琳《辩正论》的记载分析，周武帝一开始对佛教还是颇感兴趣的。他曾经"造锦释迦像高一丈六尺，并菩萨、圣僧、金刚狮子、周回宝塔、二百二十躯"，并"于京下，造国、会昌、永宁等"寺。但是，"后遇张宾，始为不善"。由此可见，张宾可能是周武反佛的煽动者之一[③]。事实上，武帝宇文邕在反佛之前，召开了多次御前辩论大会，反复讨论了佛教是否应废的问题。因此，先有道士张宾诋毁佛教，另有蜀郡卫元嵩者，借儒而驳佛、道二家：

> 有道士张宾，谲诈罔上，私达其党。以黑释为国忌，以黄老为国祥。帝纳其言，信道轻佛，亲受符录躬服衣冠。有前僧卫元嵩，与宾唇齿相扇，惑动帝情云："僧多怠惰，贪逐财食不足钦尚。"[④]

---

① 唐·道宣撰《续高僧传》卷八《隋京师延兴寺释昙延传》，《大正藏》第50册，第488页下。

② 唐·道宣撰《续高僧传》卷八《隋京师延兴寺释昙延传》，《大正藏》第50册，第488页下。

③ 参见郭朋著《中国佛教思想史》上卷，社会科学文献出版社，2012年，第616页。

④ 唐·道宣撰《广弘明集》卷八《周灭佛法集道俗议事》，《大正藏》第52册，第136页上。

隋文帝与昙延的关系除了以佛教维护社会稳定之外，亦与其自身从小的生长环境有关。

隋文帝由于从小笃信佛教，并在寺院长大。因而对当时北方涅槃师昙延尊敬也就不言而喻了。后来，昙延成为文帝师，文帝杨坚从昙延受菩萨戒。王邵撰《隋祖起居注》[①]云：

> 帝信重佛宗，情注无已。每日登殿，坐列七僧转经问法。乃至大渐，至于道观羁縻而已。崇建功德佛门隆盛，时既非遥故略其叙。于时昙延法师，是称僧杰，升于正殿而授帝菩萨戒焉。

北周大定元年（581 年）正月，年仅二十五岁的《法经录》的作者彦琮与昙延一同上奏，获准出家。开皇初年，应昙延之请，度千余僧众。隋朝迁都龙首后，文帝于广恩坊地立延法师中，开皇四年，又改其为延兴寺，面对通衢。并将京城东西二门取名延兴门、延平门[②]。道宣称昙延之所受之待遇为"钦承若此，终古罕类"[①]。与此同时，隋朝沿用北周僧制，昙延继任为隋朝的第

---

① 转引自《集古今佛道论衡》，《大正藏》第 52 册，第 379 页中。

② 关于文帝杨坚为昙延立寺及将东西两城门取名延兴门、延平门之事。笔者认为除了文帝尊崇昙延之外，还有一个重要原因，即文帝杨坚小名为"那罗延"，据《北史卷十一·隋本纪上第十一》："隋高祖文皇帝姓杨氏，讳坚，小名那罗延。"由此，文帝亦可能因此而借用为东西城门之名。事实上，延平门与延兴门只是隋大兴城东西共六门中的两个，据辛德勇撰《隋大兴城坊考稿》："外郭城，东西十八里一百一十五步……南面三门，北曰通化门，门外国城东北七里，有风师坛；中曰春明门，门外有朝日坛；道北去宫八里，有青帝坛；南曰延兴门，门外国城东南七里，有灵星坛。西面三门，北曰开远门，门外有夕月坛，道南去宫八里，有白帝坛；中曰金光门，门外国城西南八里，有雨师坛；南曰延平门。"

一任昭玄统。据《历代三宝纪》记载，开皇初年，有新经送至京城，安置于大兴善寺，开皇二年冬开始翻译：

> 沙门僧璨、明芬，给事李道宝，学士昙皮等，僧俗四人，更递度语。京城大德昭玄统沙门昙延，昭玄都大兴善寺主沙门灵藏等，二十余德，监掌始末，至五年十月勘校讫了。[2]

佛教兴盛之时代，帝王为高僧立寺者常见，但以高僧之名为都城之城门之名者少有。由此可见，昙延在隋代开皇之初所受之待遇，甚至在整个中国佛教史中都少有能及者。开皇六年，国家有了旱灾，文帝请三百僧于正殿祈雨，累日无应。于是向昙延请教，昙延曰："事由一二。"文帝不解，再次请教，昙延答曰："陛下万机之主，群臣毗赞之官，并通治术，俱恶玄化。故雨与不雨，事由一二耳。"帝遂躬事祈雨，并请昙延在大兴殿登御座南面授法。帝及朝臣，五品以上都席地而坐，北面而受八戒。刚刚受戒，天有片云须臾遍布便降甘雨。此外，《昙延传》还记载，文帝后又命"密戚懿亲"在昙延处"咸受归戒"。在昙延吃饭睡觉之时，文帝也是亲奉饮食，手御衣裳，用敦弟子之仪，加敬情不能已。

后来，隋文帝又于开皇六年至开皇七年间，拜昙延为平第沙门。开皇八年八月十三日，昙延终于延兴寺，文帝闻之哀痛，敕王公以下，并往临吊，并罢朝三日，赐物五百段，设千僧斋。

---

① 唐·道宣撰《续高僧传》卷八《隋京师延兴寺释昙延传》，《大正藏》第50册，第489页上。

② 唐·费长房撰《历代三宝纪》，《大正藏》第49册，第102页下。

文帝与昙延之关系由此而愈显。不过，除昙延以外，文帝广交僧侣的史迹也十分突出，诸如高僧灵裕、法论、智舜、昙迁、灵藏等①。

三、《大乘起信论》的传播

由于昙延所留著述唯有一卷《起信论义疏》，因而对于《大乘起信论》产生背景及其思想的传播亦是昙延《起信论义疏》研究的基础，也唯有对《大乘起信论》本身有一定程度的了解，方能更加全面地了解昙延及其《起信论义疏》。

1. 真谛来华与《大乘起信论》出世

真谛（499—569），西印度优禅尼婆罗门族，原名拘那罗陀。《摄大乘论》序言真谛："学穷三藏，贯练五部，研究大乘，备尽深极。"②中大同元年（546），四十八岁的真谛到达南海（广州），即往京邑（南京）。沿路所经，乃停两载。于太清二年（548年）才到达建业。梁武帝躬申顶礼，于宝云殿供养。欲翻经论，乃因侯景叛乱，不果宣述。乃步入东土。太清四年（550年），富春令陆元哲招沙门宝琼等二十余人请三藏，在其宅翻《十七地论》，只得五卷而辍③。有关《大乘起信论》在隋唐经录当中出现时间的考证问题，已有诸多学者经过详细的考证。简而言之，隋代费长房《历代三宝纪》记④：

---

① 参见郭朋著《中国佛教思想史》中卷，社会科学文献出版社，2012 年，第 16-17 页。

② 无著菩萨造，梁·真谛译《摄大乘论》，《大正藏》第 31 册，第 112 页下。

③ 参见汤用彤著《汉魏两晋南北朝佛教史》，北京大学出版社，2011 年，第 474 页。

④ 隋·费长房撰《历代三宝纪》，《大正藏》第 49 册，第 99 页上。

《十七地论》五卷，太清四年于富春陆元哲宅为沙
门宝琼等二十余名德译

《大乘起信论》一卷，同四年在陆元哲宅出

《起信论疏》二卷，太清四年出

　　但唐道宣在《大唐内典录》中又云，《大乘起信论》于大同
四年（538）出。此时真谛尚未来华，多数学者认为脱胎于《历
代三宝纪》的《大唐内典录》对于此相异之处为传抄之误。但是
由此却引起了后代对于《大乘起信论》究竟是否为真谛所译的怀
疑，兹不赘述。

　　近代学者对于《大乘起信论》的出现时间也多有考察。据吕
澂先生考证，《大乘起信论》面世时间最上限不能早于魏译《楞
伽经》译出时间 513 年，最下线定于慧远去世时间 592 年。杜继
文在其《〈大乘起信论〉述评》中强调，根据卒于 588 年的昙延
撰《起信论疏》，以及真谛来梁入都在太清二年（548 年），死
于陈太建元年（569 年）。由此《大乘起信论》面世时间只能在
548 年到 588 年的四十年间。

　　牟宗三先生根据对地论宗前后期思想之分析，以"自性清净
心"为切入点，推断认为：

　　　　北道之地论师，以及摄论师，其最后成熟之归宿当
　　为《大乘起信论》。故《大乘起信论》标为马鸣造，真
　　谛译，实即真谛之所作也。亦有谓为梁陈间地论师所作
　　者，此地论师亦是北道地论师也。以吾观之，既标为真

谛译，则当是摄论师与北道地论师合作而成者。标真谛者，
以真谛为梵僧也。说译而不说造者，造归马鸣以增信也。[①]"

无论如何，《大乘起信论》的出现都有其内在的历史必然性。
方立天先生在《中国佛教哲学要义》中讲道："南北朝时涅槃师
宣扬佛性说，地论师主张如来藏说，摄论师提倡阿梨耶识（藏识）
说，此外还有楞伽师根据《楞伽经》主张会通如来藏和藏识两说
的对立。"[②]面对诸多学说，佛教义理无法统一，亦影响到了佛
教思想传播与发展。而《大乘起信论》的出现正是为了调和地论
师与摄论师之间的矛盾，解决"如来藏"和"藏识"的异同问题。

2.《续高僧传》中的《大乘起信论》

《大乘起信论》出世不久就得到了广泛的传播。从周隋两大
高僧昙延、慧远皆为其注疏即可以看出，其影响范围之广、程度
之深。其中在道宣《续高僧传》中就对于《大乘起信论》多次提及，
经笔者统计，共有八次之多。按僧传中出现的先后顺序记载如下：

玄奘（600—664），广开异论，包藏胸亿，致使梵
侣倾心不匮其法。又以《起信》一论文出马鸣，彼土诸
僧思承其本。奘乃译唐为梵，通布五天。斯则法化之缘
东西互举。[③]

灵润（582—656），河东虞乡人。依止灵粲（即灵璨）
法师住兴善寺。年十三，初听涅槃，妙通文旨。前后所

---

① 牟宗三著《佛性与般若》，学生书局，1977 年，第 280 页。
② 方立天著《中国佛教哲学要义》，中国人民大学出版社，2012 年，第
240 页。
③ 唐·道宣撰《续高僧传》卷四《京大慈恩寺释玄奘传》，《大正藏》第 50 册，
第 458 页中。

讲《涅槃》七十余遍，《摄大乘论》三十余遍。并各造义疏一十三卷，玄章三卷；自余《维摩》《胜鬘》《大乘起信论》等，随缘便讲，各有疏部[1]。

昙迁（542—607），窜形林虑山黄花谷中净国寺。蔬素覃思，委身以道。有来请问，乍为弘宣。研精《华严》《十地》《维摩》《楞伽》《地持》《起信》等，咸究其深赜……遂目所住为慕圣寺，始弘《摄论》，又讲《楞伽》《起信》《如实》等论，相继不绝……所撰《摄论疏》十卷，年别再敷。每举法轮，诸讲停务，皆倾渴奔注，有若不足也。又撰《楞伽》《起信》《唯识》《如实》等疏，《九识》《四月》等章，《华严·明难品·玄解》总二十余卷。[2]

静琳（565—640），七岁既投僧出家，遭周武灭法而且附俗缘。会隋氏启运，既投昙猛法师，师事五年后辞别本师。后又先后听觉法师讲《十地》；于炬法师採听《华严》《楞伽》；寻师至蒲晋时，道逊留其讲《十地》；后又入关中，与昙迁禅师讲《摄论》，一闻如旧，慧不新闻……会隋末雍闭，唐运开弘，皂白归依，光隆是庆。乃削繁就简，惟敷《中论》为宗，余则《维摩》《起信》，权机屡展。夜则勖以念慧，每事徵研，并使解出自心不从他授。[3]

---

① 唐·道宣撰《续高僧传》卷十五《唐京师弘福寺释灵润传》，《大正藏》第50册，第545页中。

② 唐·道宣撰《续高僧传》卷十八《隋西京禅定道场释昙迁传》，《大正藏》第50册，第572页，第574页中。

③ 唐·道宣撰《续高僧传》卷二十《唐京师弘法寺释静琳传》，《大正藏》第50册，第590页上。

志超（571—641），时遭严敕度者极刑，而曾无介怀，如常刬落。致陆海慕义，避世逸僧，凭若大山，依而修道。时讲《摄论》《维摩》《起信》等，并详而后说，深致适机。①

　　普明（543—628），十八讲《胜鬘》《起信》，凤闻听之，知成大器。进具已后，专师《涅槃》《四分》《摄论》。年二十四讲《涅槃》，三十解《摄论》。②

　　道亮（569—654），有员秀才者，居幽综习儒教有功。从亮学于《起信》，遂为披折开发慧悟，抱信不移。③

　　道英（560—646），一日说《大乘起信论》，至真实门，奄然不语，怪往观之，气绝身冷，众知灭想即而任之，经于累宿方从定起。④

　　在道宣所提到的以上八位僧人中，玄奘概应《大乘起信论》流传已经相当广泛，无具体线索可考外，其他七位大致可以分为四个线索：

　　一者，河东虞乡灵润，概"依止灵璨法师"⑤而接触《大乘

---

　　① 唐·道宣撰《续高僧传》卷二十《唐汾州光严寺释志超传》，《大正藏》第50册，第592页下。

　　② 唐·道宣撰《续高僧传》卷二十五《蒲州仁寿寺释普明传》，《大正藏》第50册，第598页下。

　　③ 唐·道宣撰《续高僧传》卷二十二《唐并州义兴寺释道亮传》，《大正藏》第50册，第619页中。

　　④ 唐·道宣撰《续高僧传》卷二十五《唐蒲州普济寺释道英传》，《大正藏》第50册，第654页中。

　　⑤ 唐·道宣撰《续高僧传》卷十五《唐京师弘福寺释灵润传》，《大正藏》第50册，第545页中。

起信论》，灵璨（549—618）为慧远弟子，"随远入关，十数之一也"①。

二者，昙迁接触《大乘起信论》很可能是师从昙遵法师之缘故。不过，亦有可能是在林虑山净国寺所接触。《昙迁传》中云：

> 后归邺下历诸讲肆，弃小专大不以经句涉怀。偏就昙遵法师，禀求佛法纲要。当有齐之盛释教大兴，至于宫观法祀，皆锋芒驰骛。迁性不预涉，高谢世利，众咸推焉。密谓人曰："学为知法，法为修行，岂以荣利即名为道。"秦世道恒，削迹岩薮，诚有由矣。遂窜形林虑山黄花谷中净国寺。蔬素覃思，委身以道，有来请问，乍为弘宣。研精《华严》《十地》《维摩》《楞伽》《地持》《起信》等，咸究其深赜……逮周武平齐，佛法颓毁，将欲保道存戒，逃迹金陵。②

但是两种可能性相比较来看，似乎前者从师昙遵接触《大乘起信论》更有可能，以昙遵又师从慧光（469—538），故而"披析义理，挺超时匠"③。不过，可以肯定的是在周武平齐（577年）之前，昙迁已精通《大乘起信论》。今有学者徐文明先生即认为《大乘起信论》为地论宗南道派慧光所造，详见于其书④。

① 唐·道宣撰《续高僧传》卷十《隋西京大禅定道场释灵璨传》，《大正藏》第50册，第506页中。

② 唐·道宣撰《续高僧传》卷十八《隋西京禅定道场释昙迁传》，《大正藏》第50册，第572页上。

③ 唐·道宣撰《续高僧传》卷八《齐邺中释昙遵传》，《大正藏》第50册，第484页上。

④ 徐文明著，《中土前期禅学思想史》[M]，北京师范大学出版社，2004年，第98-124页。

三者，道宣《续高僧传》中静琳、普明、道英三人皆有讲习《大乘起信论》之记载，并且三人皆与道逊或师或友，并且普明于道逊后又师事童真。由此推断三人有可能皆从道逊处接触《大乘起信论》，道逊、童真又同为昙延弟子，这又极大地增加了此种联系的可能性。道宣《续高僧传》中记：

> （静琳）展转周听，博遍东川。蓄解寻师，又至蒲晋。有沙门道逊、道顺者，声名大德也，留讲《十地》留讲，经于凉燠。虽复听徒欣泰而志逾烦梗。下坐处房，抚膺审曰："法本治病，而今慢法更增，且道贵虚通，而今耽着弥固，此不可也。"即舍讲业专习禅门。①
>
> （普明）蒲州安邑人。十三出家，事外兄道逊为师，逊道会晋川，备如别传。又以明付延兴寺沙门童真为弟子②。
>
> （道英）蒲州猗氏人也，年十八，叔休律师引令出家……时河东道逊，高世名僧，祖习心道，素同学也。初在初在解县，领徒盛讲。及逊舍命，去英百五十里，未及相报，终夕便知告其众曰："逊公已逝，相与送乎。"人问其故，答曰："此乃俗事，心转即是。"及行中路乃逢告使，其知微通感类皆如此。③

---

① 唐·道宣撰《续高僧传》卷二十《唐京师弘法寺释静琳传》，《大正藏》第50册，第590页上。

② 唐·道宣撰《续高僧传》卷二十五《蒲州仁寿寺释普明传》，《大正藏》第50册，第598页下。

③ 唐·道宣撰《续高僧传》卷二十五《唐蒲州普济寺释道英传》，《大正藏》第50册，第654页中。

值得注意的是，静琳亦曾学律于玄琬，并且与昙延的另一弟子法常有多次交往。而道英除了通过道逊接触《大乘起信论》外，据《道英传》记载，还有另外两条途径亦可接触《大乘起信论》：一是开皇十九年，入"解县太行山柏梯寺，修行止观"，此为昙延曾经所住之寺；二是"后在京师住胜光寺，从昙迁禅师听采《摄论》"之时。

四者，志超、道亮两人皆投师于慧瓒（536—607），其师承无从可考，《慧瓒传》云："周武诛剪，避地南陈；流听群师，咸加芟改。"[①]另外，《灵润传》中载："沙门志超，抗节禅府，闻风造展，遂等宿交，相师念定，欣从语默。"[②]由此可见，以志超与灵润之深交，志超亦有可能从灵润处接触《大乘起信论》。

从诸法师活动的地理位置来看，其中有三人灵润、普明和道英生于蒲州及附近地区；志超在同州，离蒲州亦相去不远；昙迁精研《大乘起信论》的黄花谷净国寺所在之林虑山与昙延幽居之中条山同属太行山南麓；静琳亦曾寻师至蒲晋。颜尚文之《隋唐佛教宗派研究》中提到：蒲州作为长安、洛阳两地高僧往来之中间地，所以经常会有各种宗派的活动。禅宗的智封、真慧、道积、道傃；唯识宗的智封；涅槃宗的普明、道逊、道积、道傃；毗昙宗的道傃、神素（572—643）、海顺（579—618）等[③]。因此蒲州及其附近地区在整个当时佛教界中的重要地位也显而易见了。

---

① 唐·道宣撰《续高僧传》卷十八《隋西京禅定道场释慧瓒传》，《大正藏》第 50 册，第 575 页上。

② 唐·道宣撰《续高僧传》卷十五《唐京师弘福寺释灵润传》，《大正藏》第 50 册，第 546 页上。

③ 参见颜尚文著《隋唐佛教宗派研究》，台北：新文丰出版公司，1980 年，第 319 页。

另《续高僧传》中在蒲州栖岩寺或称河东栖岩道场的高僧除以上提及之外，还有真慧、智通、神素、道杰以及僧昙等，这些人跟昙延的具体关系还有待进一步考察。在杨维中所编《中国唯识宗通史》中提到，据《大唐大慈恩寺三藏法师传》①卷六记载，"贞观十九年 (645) 征召的二十三名僧人中，证义大德中有蒲州普救寺沙门神泰，缀文大德九人中有蒲州普救寺沙门行友和栖岩寺沙门道卓"②（神泰为神素之高徒）。

从上文所述《续高僧传》中所提明确与《大乘起信论》有关的八位高僧来看，《大乘起信论》的讲习经常与《维摩》《楞伽》《胜鬘》等经论一起出现，由此可以从义理比较的角度对其间关系进行进一步的考述。并且也可以得知，隋代前后有关"如来藏"系的经典如重要的三经一论，"《如来藏经》《不增不减经》《胜鬘经》及《宝性论》"等经论在当时广为传播，受到了大部分僧人的欢迎。此外，在宋赞宁的《宋高僧传》中亦有许多唐代及以后有关《大乘起信论》的记载，亦可作为对道宣《续高僧传》考证的拓展和延伸。又因道宣所提八位高僧中，普明讲习《大乘起信论》时间可能最早，但关于普明生卒年存有诸家异说，因而需要一定的考察之后，方能得出结论。

3.蒲州仁寿寺释普明生卒考

普明（约543—628），"事外兄道逊师"，"又以明付延兴寺沙门童真为弟子"，"十八讲《胜鬘》《起信》，凤素听

---

① 唐·慧立撰，彦悰笺《大唐大慈恩寺三藏法师传》，《大正藏》第 50 册，第 253 页下。

② 转引自杨维中著《中国唯识宗通史》，凤凰出版传媒集团，凤凰出版社，2008 年，第 606 页。

之，知成大器。进具已后，专师《涅槃》《四分》《摄论》。年二十四讲《涅槃》，三十解《摄论》"①。道宣对于普明之所述全文如下：

姓卫氏，蒲州安邑人。十三出家，事外兄道逊法师，逊道会晋川，备如别传。又以明付延兴寺沙门童真为弟子。明抗志主持，以大法为己任。性聪敏，解冠侪流。讲听相仍，无法不学。周游肆席，曾无住房。固使勤而有功，经论满抱。十八讲《胜鬘》《起信》，凤素听之，知成大器。进具已后，专师《涅槃》《四分》《摄论》。年二十四讲《涅槃》，三十解《摄论》。凡所造言，宾主兼善。使夫妙义积散，出言传旨，声流远近。大业六年（610），召入大禅定道场。止十八夏，名预上班，学功所位，四事既备，不阙二严。武德元年（618），桑梓倾音，欣其道洽。以事闻上，有旨令住蒲州仁寿寺。镇长弘道，无憩寒暄。昼谈夜坐，语默依教。心神爽迅，应对云雨。曾未闻经，一披若诵。斯则宿习，博闻故能若此，不可比拟也。日常自励戒本，一遍《般若》，《金刚》二十遍。六时礼忏所有善根，回向净土，至终常尔。凡造刻檀像数十龛，写《金刚》《般若》千余部，请他转五千余遍。讲《涅槃》八十余遍，《摄论》《胜鬘》诸经论等，遍数难记。以年月终于住寺，春秋八十有六。有弟子义淹，戒洁清严，见之可领，乃迁葬蒲坂东原，

---

① 唐·道宣撰《续高僧传》卷二十五《蒲州仁寿寺释普明传》，《大正藏》第50册，第598页下。

凿穴处之，树碑其侧。

普明，蒲州安邑人，先后师于外兄道逊和延兴寺童真，道逊和童真又同为昙延之弟子。并且以道宣对普明"性聪敏，解冠侪流。讲听相仍，无法不学。周游肆席，曾无住房"之描述，作为昙延两大弟子的徒弟，普明亦应该与昙延本人有很多接触的机会。但道宣确未言明。由于道宣在《普明传》中对于普明生卒年月叙述不清，亦有可能因年代过久，现代人不能准确理解古人所述之缘故，致使目前学者对于普明的生卒年月的考证多有不同。又因普明十八岁便讲习《大乘起信论》，因此普明之生卒年月的早晚问题很可能直接关系到《大乘起信论》最早出现的明确时间。现将目前几位学者所述罗列如下：

颜尚文所著《隋唐佛教宗派研究》中记普明约生于533年，卒于618年[1]，凡八十六年。若以此生卒年，那么普明当在550年开始讲习《大乘起信论》，该时间对于《大乘起信论》的研究意义重大，这意味着真谛在太清二年（548）始达建业后两年，《大乘起信论》就已经传至北地，究竟是否存在这种可能，暂且不论。首先值得考察的是颜尚文先生的考定，是否正确，源自何处。由《普明传》可知，颜之所言普明卒于618年，即指普明于武德元年（618）奉旨住蒲州仁寿寺后不久便圆寂。概因在《普明传》中出现"武德元年"之后在无具体时间出现，后又言"以年月终于住寺"遂而认为"以"即为"该"，即武德元年。

又有杨维中所著《中国唯识宗通史》中认为普明的生卒当为

---

① 颜尚文著《隋唐佛教宗派研究》，新文丰出版社，1978年，第366页。

574—659 年。概因《续高僧传》中言普明:"大业六年(610),召入大禅定道场。止十八夏,名预上班,学功所位,四事既备,不阙二严"。杨认为"这是说,在受具足戒十八年之后,获得朝廷征召至京城,假定其二十岁受具足戒,由此可推知其生年为573 年"①。杨维中先生可能认为"止"字意为受戒之后,修禅定止观("戒、定、慧"三学,止为修定,观为修慧)之意,若于二十岁(此应为实岁,虚岁当为二十一)受戒,则修止观、禅定十八年后,"名预上班,学功所位"所以才被征召入大禅定道场,因而普明应在大业六年(610)的三十八年前,即 572 年出生。因此,以杨维中先生方法应得出普明生于 572 年,610 年"名预上班"时虚岁三十九,657 年圆寂,虚岁八十六。

日本学者布施浩岳考定普明的生卒年②约为 565—650。他认为大业六年时,普明实际上已经在大禅定寺住了十八年。若以其三十岁解《摄论》后来到大禅定道场,则大业六年时,普明至少已经四十八岁,由此可以推算出普明应生于 563 年,圆寂于 648 年。不知为何他所得出的时间却为 565—650 年。

日本佛教史学家镰田茂雄在其《中国佛教通史》第四卷③中提到普明在武德元年(618)后住于仁寿寺,并且在寺"凡造刻

---

① 杨维中著《中国唯识宗通史》,凤凰出版传媒集团,凤凰出版社,第 339页。书中于此所印为 573 年,若以此,普明当在 658 年圆寂。但本页中杨明确言之"根据僧传记载,普明显庆四年(659)圆寂于蒲州仁寿寺,春秋八十六",并且在本节开篇述普明之时于其后缀为"(574—659)",笔者疑此为编辑校订之误以及杨在计算受戒虚岁中的失误,杨之所考应为 572—657 年。
② [日]布施浩岳著《涅槃宗之研究》,丛文阁出版,后篇,1942 年,第442 页。
③ [日]镰田茂雄著,周净仪译《中国佛教通史》第四卷,高雄:佛光文化事业有限公司,2011 年,第 99 页。

檀像数十龛，写《金刚》《般若》千余部，请他转五千余遍。讲《涅槃》八十余遍，《摄论》《胜鬘》诸经论等，遍数难记"，以此而认为普明在仁寿寺"时间是应该相当长，可能超过二十年。在六三八年圆寂，世寿八十六，推算他的生年为五七三年。"其中错误显而易见，但不知究竟是编辑校订的错误，还是学者考证的错误。依镰田茂雄之意，普明圆寂时间应为武德元年之后二十年，约648年，由此生年当为563年，而非573年。此结论与布施皓月类似。

笔者认为，在《普明传》中"大业六年，召入大禅定道场。止十八夏，名预上班，学功所位，四事既备，不阙二严"一句应理解为，在普明被召入大禅定道场之年，意味着他被选为当世之高僧。道宣《续高僧传》中言"上班"者仅两处，另一处为《昙延传》中：

> "逮天元遘疾，追悔昔愆，开立尊像，且度百二十人为菩萨僧。延预在上班，仍恨犹同俗相，还藏林薮。[1]"

"天元"为周宣帝宇文赟于大象元年（579）时的自称[2]，此时昙延已六十四岁，方在"上班"。因此，普明应该是在被选为上班之后，又修行了十八载而圆寂，而不是在大禅定

---

① 唐·道宣撰《续高僧传》卷八《隋京师延兴寺释昙延传》，《大正藏》第50册，第488页下。

② 唐·令狐德棻等撰《周书·卷七·帝纪第七》云："朕今传位于衍。乃眷四海，深合讴歌之望；俾予一人，高蹈风尘之表。万方兆庶，知朕意焉。可大赦天下，改大成元年为大象元年。帝于是自称天元皇帝，所居称天台，冕有二十四旒，车服旗鼓，皆以二十四为节。"中华书局，1971年。

道场住了十八年，或者如上文中学者所述受戒之后修行十八年，方召入禅定道场。又据元代昙噩所撰《新修科分六学僧传》言普明[1]：

> 大业六年，诏处大禅定道场。名列上班，一坐十八夏。武德元年，诏住其乡之仁寿寺，从民望也，昼讲夜禅，一遵教典。旦日诵戒本一遍，金刚般若二十遍。六时礼忏，悉以回向，净土终身行之，无所变。诸雕像写经。兹不复载。既而终。春秋八十有六。

"一坐十八夏"即成为"上班"十八年。《普明传》中又言："凡造刻檀像数十龛，写《金刚》《般若》千余部，请他转五千余遍。讲《涅槃》八十余遍，《摄论》《胜鬘》诸经论等，遍数难记。以年月终于住寺，春秋八十有六。"所刻之檀像，所写之经书若理解为在仁寿寺中所造所写，难免牵强。道宣此意应为普明一生总共所造所写。"以年月终于住寺"，道宣之所以不言明，是因前文已提，而并非其疏漏所致；再者，道宣生于596年，卒于667年，普明示寂于他之前，对于普明之卒年应不可能不记。最后，《普明传》中明确记年者总共两处：大业六年，武德元年。武德之后，言其住仁寿寺；大业之后，有"止十八夏"。因此"止"应理解为"只或仅仅"而并非在禅定寺"修止观"之意。又有"学功所位，四事既备，不阙二严"，其中"学功"恰为普明诸多所造刻以及所写；"四事"即为衣服、饮食、卧具、汤药；"二严"

---

[1] 元·昙噩撰《新修科分六学僧传》，《卍续藏》，第77册，第270页中。

为智慧庄严和福德庄严。这些功德福报智慧不经数十年难以修成。综上所述，普明应于大业六年之后十八年后，也就是628年圆寂，由此而得出其生年当为543年，被召入禅定寺，选为"上班"之时已六十八岁。

考证完普明的生卒年后，便知普明十八岁讲《大乘起信论》时，当为560年，即北周武成二年。由此，前文所述吕澂先生及杨维中先生对于《大乘起信论》出现的下限时间便可直接缩减到560年以前。对于此种缩减的意义，还有待进一步的研究。

4. "心性论"思想之兴盛

道宣《续高僧传》所记载高僧时间跨度为502—645年，共一百四十四载。该时间段在中国佛教史上也是一段极为重要的时代，即中国佛教的转型时期。"心性论"思想是佛教最主要的思想之一。杨维中先生在《论中国佛教心性本体论的特质》一文中指出："佛教心性论起因于对解脱主体原本状态的探究，而从深层次上说，也有解脱之前的'心'与解脱之后的'心'是否同一的问题。这就是小乘佛学'心性本净'与'心性本不净'之论所阐述的主题。而中国佛教心性论在继承小乘佛教心性思想所昭示的思辨理论之外，也同时受到大乘中观学和如来藏思想的洗礼，因而所论及的问题无疑比印度佛学的心性思想更为复杂。"[1]也许，这也是中国佛教与印度佛教不同之所在。

隋唐时期佛教理论的中心也是心性问题。方立天先生认为："中国佛教心性论是阐述新的本性（自性）的理论，它的重心不是论述心的本性是净还是染的心理和生理问题，而是阐明成佛的

---

[1] 参见杨维中撰《论中国佛教心性本体论的特质》，载于《普门学报》，第6期，2011年11月。

可能性和开悟人心的理论根据"①这一点与《大乘起信论》中"一心二门"思想密切相关。与此同时，方立天指出了中印佛教思想之差异在于心性思想的重心、心和心性的内涵、心性修养方法等方面有很大的差异②。从印度心性思想到中国心性思想的转变，就标志了佛教思想在中国的转变和本土化的过程。这一点是完全符合中国传统儒道文化的，因而这种转变，抑或是说中国式的佛教心性思想的兴盛是其在中国本土发展过程中必然经历的过程，唯有如此，才能方便更多的众生。

四、昙延及其《起信论义疏》与"如来藏"思想

昙延除《起信论义疏》以外没有留下其他著作，据道宣《续高僧传》中记载昙延曾经所著的《涅槃义疏》十五卷，可惜如今亦已佚失。但从《续高僧传》记载昙延常云"佛性妙理为涅槃宗极"，以及偈语"归命如来藏，不可思议法"等可看出，昙延必定对于以《涅槃经》为代表的如来藏经典有极为深刻的研究。在昙延所撰《起信论义疏》的开篇便提到：真如心"寻夫至运无涯，情虑莫识其原。玄通虚廓，视听罔知其极"③。由此即可看出昙延对于"如来藏"或"真如"思想的推崇。此外，加之前文中对于当时佛教界涅槃宗之兴盛状况的描述可见，不论从何种角度来说，《涅槃经》都必定是昙延思想研究的一个重要依据。并且，《大乘起信论》

---

① 方立天著《中国佛教哲学要义》,中国人民大学出版社,2012年,第44页。
② 参见方立天撰《简论中印佛教心性思想之异同》,载于《佛学研究》1996年第5期，第59页。
③ 隋·昙延撰《大乘起信论义疏》,《卍续藏》第四十五册，第153页下。

与《涅槃经》《胜鬘经》等又都同为"如来藏"思想的主要经论。由此诸种原因，我们便可以通过对《涅槃经》《胜鬘经》以及其他代表"如来藏"思想的经论与《大乘起信论》本身思想义理的对比分析考察，把《大乘起信论》与昙延《起信论义疏》放入整个"如来藏"思想发展的脉络中去，从而还以《大乘起信论》本身及其《起信论义疏》应有之历史地位。这样的研究途径并非是脱离了研究的主题，只不过是将昙延思想放在了一个更大的思想系统中去研究，旨在对昙延思想有一个更加全面的把握。

本章最后一节则是对昙延《起信论义疏》思想与《大乘起信论》本身思想做一番梳理考察比较，属于比较具体的思想对比研究。由此，我们即可从文本的角度看出昙延思想与《大乘起信论》思想的具体关系。

1.《大乘起信论》与《涅槃经》

昙延的师父僧妙既是以讲《涅槃经》为恒业，"叙略纲致""分剖文句，皆临机约截，遍遍皆异"，在周齐都有很高声望，为当时英杰所赞。昙延从僧妙处学习佛教经典。自然《涅槃经》便为其研习经论的重中之中，《僧妙传》中称昙延是僧妙处少有的学有所成者，不但"承著宗本"，而且还"更广其致"。并且昙延在师从僧妙之时，也常云："佛性妙理为涅槃宗极。"另外，从昙延在太行山修行时与薛居士辩论时所说的"方如方等城，圆如智慧日，动则识波浪，静类涅槃室"亦可看出他对于《涅槃经》的推崇。昙延所处之时代，完整的四十卷本昙无谶译本《大般涅槃经》已经译出，以佛入灭为素材详细介绍了佛性思想。作为《起信论义疏》的著者昙延，早年便在僧妙的指引下对《涅槃经》有了很深刻的见解，其后更是在其弟子中广为宣扬。正因如此，昙延及其大部分弟子才会皆以讲习《涅槃》义学而著称于世。因此，《大乘起信论》与《涅槃经》之间联系，也正是昙延所著《起信论义疏》与《涅槃经》联系的直接体现。

《涅槃经》的思想对于中国佛教思想影响甚深，其中"一切众生悉有佛性"观点的出现，明确提出了众生能够成佛的可能性，即使是"一阐提"亦可成佛。学者牟宗三就曾指出："'佛性'观念之提出是在说明两个问题：一是成佛之所以可能之问题，一是成佛依何形态而成佛方是究竟之问题。"①成佛之可能性问题为佛教发展建立了更广泛的信众基础，而成佛所依之形态则是对成佛可能性的进一步论证。"一切众生悉有佛性"，此佛性事实上"即是我义"。"如来所说真我，名曰：佛性。"此真我"即是如来藏义"。此言与《大乘起信论》所言如来藏有些许不同。《大乘起信论》直言为"如来藏自性清净心"，而《涅槃经》言为"如来秘密之藏"②。从经文上具体来看，《涅槃经》云：

> 佛性雄猛，难可沮坏，是故无有能杀害者。若有杀者，则断佛性。如是佛性终不可断。性若可断，无有是处。如我性者即是如来秘密之藏。如是秘藏，一切无能沮坏烧灭。虽不可坏，然不可见。若得成就阿耨多罗三藐三菩提，尔乃证知。以是因缘无能杀者③。

---

① 牟宗三著《佛性与般若》，台湾，学生书局，1977 年，第 180 页。
② 牟宗三著《佛性与般若》，台湾，学生书局，1977 年，第 190 页。
③ 北凉·昙无谶译《大般涅槃经》卷七如来性品，《大正藏》第 12 册，第 649 页中。

首先，《大乘起信论》的"一心开二门"结构。在《大乘起信论》中云："摩诃衍者，总说有二种，云何为二？一者法，二者义"，"所言法者，谓众生心"。而此"众生心"又可以摄"一切世间法出世间法"，依于此心分"心真如门"和"心生灭门"并分别示"摩诃衍体"和"摩诃衍自体相用"。"摩诃衍义"又分三种：体大，相大，用大。其中，"相大"谓"如来藏具足无量性功德故"。"相"为"表"者，众生虽具如来的一切功德性，但因没有显发，所以名为"如来藏"。而此"如来藏"在众生中又是平等无差别，不增不减的，即其所谓"体大"者，因而才有"如来藏自性清净心"。

从这个角度来讲，《大乘起信论》中的"如来藏"义实际上是比《涅槃经》中更加凸显，以"摩诃衍"的法与义为目，得到了更加清晰的表述。简单来说，《涅槃经》中大乘佛法义"一切众生悉有佛性"，在《大乘起信论》当中得到了升华，直接以"摩诃衍"之内本身所含之"法"直指为"众生心"，使佛法与众生不相离，佛心与众生心平等无增减，这便更加迎合了众生，使众生得知成佛之可能，并非外求而所得，事实上，自身就已具备了成佛的种子，只需消除无明烦恼，即可得证菩提。

由此可以看出《大乘起信论》实际上是《涅槃经》思想的进一步衍生，至于为什么会有这样的衍生，这又与当时的社会环境背景紧密相关。

在此同时，亦有学者指出，在《大乘起信论》中完全排除"佛性"这一概念的。中国的"佛性"思想自道生提倡"顿悟成佛"起，随着四十卷本《涅槃经》的翻译流传而兴盛，逐渐形成了南北朝时期的一个重要学派，即涅槃宗。《大乘起信论》中没有提到"佛性"的概念，那么创作时间和地点就必须进行进一步的商榷。学者石吉岩对此提出了两种假设[1]：

第一，《大乘起信论》是从印度传来，原本有与"如来藏"相对的词语，但只是"佛性"在翻译时没有适当的对应。在这种情况下，应当从具有"如来藏"思想传统中的与"佛性"相对的《涅槃经》类传统以及使用"如来藏"这一概念传统上来考虑，起信论显然是选择了后者。与此相关，如对治邪执段著所示，《大乘起信论》对"如来藏"这种概念从其自身的理解需要特别的注意。

第二，《大乘起信论》是中国人的著作，或者是来到中国的天竺人的著作，成为中国撰述。在《大乘起信论》出现的六世纪中叶，可说是中国佛教界对佛性思想探讨的最高潮时期。《大乘起信论》中没有"佛性"这一概念，应当是与当时中国佛教传统保持有一定距离的论书的意义。在最近的研究中，认为在中国《大乘起信论》的撰述者应当是菩提流支或者是其身边的人物。但是菩提流支或者其身边人物都经常使用"佛性"一词，与《大乘起信论》作者的想法有一些差距，这样的例子可以举出一些。

《大乘起信论》与《涅槃经》的关系看似简单，没什么具体关系，但其实里面包含了很多问题。这些都有待于进一步地探讨和深入研究，同时这也恰好就回答了为什么之前学界对于两书之关系探讨较少的原因。

2.《大乘起信论》与《胜鬘经》

从《续高僧传》中即可以看出《胜鬘经》在周隋之际极受重视，可谓早期如来藏经典中最受中土佛教界重视，影响最大的一

---

① 参见石吉岩在"比较经学·《大乘起信论》工作坊"会议上的发言："关于《大乘起信论》成立的几点问题"，2013 年。

部。《胜鬘经》，即《胜鬘狮子吼一乘大方便方广经》，方广，即为一切大乘经的通名。此译名取自刘宋时期的求那跋陀罗译本，于元嘉十三年（436）译出，该译本最为流行；另有最早的北凉昙无谶译本，现已佚失；以及唐代的菩提流志译本。在《续高僧传》中，《大乘起信论》与《胜鬘经》经常同时出现在高僧研习宣讲的经论目录中，这种现象恰好寓示了这两部经论之间紧密而又深刻的联系。

从内容来看，《胜鬘经》叙述了胜鬘夫人皈依、受戒、发愿的过程，而《大乘起信论》则是在《胜鬘经》修行实证的基础上从讲述大乘法义到修性信心，最后到劝修利益的一种理论总结和升华。关于大乘佛法"摩诃衍"者，《胜鬘经》云："摩诃衍者，出生一切声闻缘觉世间出世间善法。"①《大乘起信论》以"摩诃衍"之"法"来讲，说此"法"即众生心"摄一切世间法出世间法"。因《大乘起信论》所针对的说法对象，所以直接从"摩诃衍"中抽出所含"法"者，即为众生心，此法不但能"生一切声闻缘觉世间出世间善法"而且还能够摄受"一切世间法出世间法"。很明显，《大乘起信论》在《胜鬘经》的基础上，突显了其更无量的包容性和功德性。无论是凡夫众生，还是佛、菩萨、阿罗汉，无论是"染法"还是"净法"皆为其所摄。

关于《胜鬘经》中的"如来藏"思想，可以从以下内容看出。《胜鬘经》云：

世尊！生死者，依如来藏；以如来藏故说本际不可

---

① 印顺著《胜鬘经讲记》，中华书局，2011年，第84页。

知。世尊，有如来藏故说生死，是名善说……世尊，生死者，此二法是如来藏。世间言说故有死有生。死者诸根坏，生者新诸根起。非如来藏有生有死，如来藏离有为相，如来藏常住不变，是故如来藏是依是持是建立。世尊！不离不断不脱不异不思议佛法。世尊，断脱异外有为法依持建立者，是如来藏。①

经中讲"生死"依常住不变之"如来藏"，"生死"二法是"如来藏"，此非"如来藏"有生有死，"如来藏"依旧离有为相，依旧常住不变，故而如来藏是依是持建立，故而生死杂染依于如来藏，清净功德也依于如来藏。在《大乘起信论》中，对此总结为：

"一切世间生死染法，皆依如来藏而有，一切诸法不离真如……以如来藏从本已来，唯有过恒沙等诸功德，不离不断，不异真如义故。以过恒沙等烦恼染法，唯是妄有，性自本无，从无始世来未曾与如来藏相应故。若如来藏体有妄法，而使证会永息妄者，则无是处故。②"

由此明显可以看出，《大乘起信论》与《胜鬘经》都讲到清净功德法与生死杂染法皆依如来藏而有，一切诸法不离真如。但清净功德法与如来藏"不离不断"，不异"真如"，而生死杂然

① 刘宋·求那拔陀罗译《胜鬘狮子吼一乘大方便方广经》，《大正藏》第12册，第222页中。
② 马鸣菩萨造，梁·真谛译《大乘起信论》，《大正藏》第32册，第580页上。

法则是妄有，如来藏自性本无，并且"从无始世来未曾与如来藏相应故"。在《大乘起信论》后文中，则继续讲道：

> 以如来藏无前际故，无明之相亦无有始。若说三界外更有众生始起者，即是外道经说。又如来藏无有后际，诸佛所得涅槃与之相应，则无后际故①。

此段正好对应了前文《胜鬘经》中"以如来藏故说本际不可知"一句，以言明"如来藏"超越了时间相，无前际，亦无后际。另在《胜鬘经》中有云：

> 如来藏者，是法界藏，法身藏，出世间上上藏，自性清净藏。此自性清净如来藏，而客尘烦恼上烦恼所染，不思议如来境界。何以故？刹那善心，非烦恼所染；刹那不善心，亦非烦恼所染。烦恼不触心，心不触烦恼，云何不触法而能得染心？世尊，然有烦恼，有烦恼染心，自性清净心而有染者，难可了知。

自性清净心与烦恼之间，为主客之关系：主为常，客为无常。"善心"不为烦恼所染，"不善心"亦非烦恼闹所染，"烦恼不触心，心不触烦恼"。因而，这如来藏的不染而染、染而不染的境界，非一般众生所能了知②。《大乘起信论》中云：

---

① 马鸣菩萨造，梁·真谛译《大乘起信论》，《大正藏》第 32 册，第 580 页中。
② 印顺著《胜鬘经讲记》，中华书局，2011 年，第 166 页。

"一切诸法唯依妄念而有差别，若离妄念，则无一切境界之相。是故一切法从本已来，离言说相，离名字相，离心缘相，毕竟平等，无有变异，不可破坏。唯是一心，故名真如。①"

"以一切心识之相皆是无明，无明之相，不离觉性，非可坏，非不可坏。如大海水，因风波动，水相风相不相舍离，而水非动性。若风止灭，动相则灭，湿性不坏故。如是众生自性清净心，因无明风动，心与无明俱无形相，不相舍离。而心非动性，若无明灭，相续则灭，智性不坏故。②"

由上文可以看出，《胜鬘经》与《大乘起信论》一致的地方，即皆言自性清净心（或言如来藏，或言真如心）不为烦恼所染，心与烦恼相分离，刹那的善心与不善心皆不为烦恼所染，此心即自性清净藏，"烦恼不触心，心不触烦恼"。只不过《大乘起信论》言此心"离言说相，离名字相，离心缘相"，以明其心"难可了知"，又以大海水之不坏湿性喻指真如心、觉性、自性清净心、智性；动性、染性皆为无明风相所引起；但此心又不为无明，风相所坏。并且自性清净心与无明烦恼为性相之别，不相舍离。

此外，从其他地方也可以看出《大乘起信论》对于《胜鬘经》的参照。如"解释分"中关于"体相熏习"问题。《大乘起信论》言：

"自体相熏习者，从无始世来，具无漏法，备有不

---

① 马鸣菩萨造，梁·真谛译《大乘起信论》，《大正藏》第 32 册，第 576 页上。
② 马鸣菩萨造，梁·真谛译《大乘起信论》，《大正藏》第 32 册，第 576 页下。

思议业，作境界之性……问曰，若如是义者，一切众生悉有真如，等皆熏习，云何有信、无信，无量前后差别。皆应一时自知有真如法，勤修方便，等入涅槃。答曰，真如本一，而有无量无边无明，从本以来，自性差别，厚薄不同，故过恒沙等上烦恼，依无明起差别。[1]"

那么何谓"上烦恼"？《胜鬘经》云：

"烦恼有二种，何等为二。谓住地烦恼，及起烦恼。住地烦恼有四种，何等为四。谓见一处住地，欲爱住地，色爱住地，有爱住地。此四种住地，生一切起烦恼，起者，刹那心刹那相应。世尊，心不相应无始无明住地。世尊，此四住地力，一切上烦恼依种，比无明住地，算数譬喻所不能及[2]。"

事实上，所谓之"上烦恼"实为"起烦恼"的别名，也有异译作"随烦恼"是依根本而发起的，微细而且还数量极多。《大乘起信论》中喻"上烦恼"多于恒河中的所有沙子。住地，即为习气，习地之义。这些住地烦恼，"见一处住地，欲爱住地，色爱住地，有爱住地"（第一是见到所断之烦恼，后三住地为修道所断之烦恼，因三界而划分）生一切"起烦恼"，并为"上烦恼依种"，而且非凡夫可断。那么，"上烦恼"如何又"依无明起差别"，因无明的起烦恼，为尘沙烦恼，并且是所有烦恼中最极

① 印顺著《大乘起信论讲记》，中华书局，2011年，第156页。
② 印顺著《胜鬘经讲记》，中华书局，2011年，第100页。

微细的，并且是一切烦恼的根源。

3.《大乘起信论》与其他"如来藏"经典

"如来藏"系之说始于《如来藏经》中的"如来藏"说，即经中所云：

> "一切众生，贪欲恚痴诸烦恼中，有如来智、如来眼、如来身，结伽趺坐，俨然不动。善男子，一切众生，虽在诸趣烦恼身中，有如来藏常无染污，德相备足，如我无异。①"

经过后来的《不增不减经》和《胜鬘经》的继承和发展，使其在理论上更加圆融。《不增不减经》中云：

> "众生界者，即是如来藏；如来藏者，即是法身。②"

其他"如来藏"经典还有《楞伽经》《究竟一乘宝性论》《佛性论》等。《宝性论》与《佛性论》相比于之前的几部"如来藏"经典属于后出论著，因而在这两本论著中对之前所出经论多有引用。释恒清曾在其《〈宝性论〉的研究》中指出，《宝性论》根据提倡真常思想的经典，"以佛'性'为主轴，串联了生佛不二的因位（众生在缠）和果位（众生出缠）。其所引用的经典有二十余部之多，而所引用的经文几乎占了'释论'的三分之

---

① 东晋·天竺三藏佛陀跋陀罗译《大方等如来藏经》，《大正藏》第16册，第457页下。

② 元魏·菩提流支译《不增不减经》，《大正藏》第16册，第467页中。

一"。对于引用如此之多的经论（其中最重要而且引用最多的有《如来藏经》《不增不减经》和《胜鬘经》），而且还能够系统地阐述"如来藏"学说，对于《大乘起信论》来说无疑具有很大的借鉴意义。与此同时，《宝性论》与《大乘起信论》在将"众生心"分为"真如门"和"心生灭门"的结构是极为一致的，并且"将阿梨耶识导入于心生灭门，以整齐论理的而在说着'如来藏缘起'。比较起来的话，《宝性论》对如来藏说之论述，是直截了当，开展着明朗之人生观的"①。此外，《宝性论》中言佛、法、僧即是如来藏性，"佛法身遍满，真如无差别，皆实有佛性；是故说众生，常有如来藏"。这与《大乘起信论》的思想是极为相符的。但是由于《宝性论》所引用的经典较多，如引用了《如来藏经》中的如来藏九喻；《不增不减经》中的如来藏"无差别"义；《胜鬘经》中的空如来藏与不空如来藏等②。故而本文并没有将《大乘起信论》与《宝性论》两者单独进行对比分析。

总而言之，正如印顺法师所云：《大乘起信论》不是传袭一家一派，而是摄取了一切资料，综合众说而自成为一完整体系的；泛论大乘要义，便是本论的长处③。对于《大乘起信论》所参照之经论，诸如《大般涅槃经》《胜鬘经》《楞伽经》《如来藏经》《不增不减经》《解脱道论》《佛性论》《宝性论》《仁王经》等。在讲到"真如自体相义"时，印顺分析道："本论所略举的真如

---

① ［日］中村瑞隆《如来藏的体系》，收编于《新编世界佛学名著译丛》第66册《如来藏思想》，第85页。
② 参见释恒清撰《〈宝性论〉的研究》，载于《佛教思想的传承与发展 —— 印顺导师九秩华诞祝寿文集》，东大图书公司，1995年，第169-230页。
③ 参见印顺著《大乘起信论讲记》，中华书局，2011年，第89页、第113页、第118页。

自体相义，是遍通一切大乘经，为诸大乘经中的重要论题。约偏胜说，如大智慧光明义，为《大般若经》所说；遍照法界义，为《华严经》所一再宣说的；自性清净心义与不离不断不异义，为《胜鬘经》所说的；常乐我净义、清凉不变自在义，更是《涅槃经》《楞伽经》所谈到的。这都名为法身，名为如来功德之藏，也见于《胜鬘经》。"①

关于真谛所译的《佛性论》，该论作者如《大乘起信论》一样有待进一步考证，而其内容也与《宝性论》有很多雷同的地方。理清这些"如来藏"经典之间的相互关系，对于《大乘起信论》的进一步深入分析研究也会起到很重要的作用。

4.《大乘起信论》与昙延《起信论义疏》（附论："杏雨书屋本"《起信论义疏》与昙延《起信论义疏》关系浅述）

关于《大乘起信论》的大致出世时间，前文已述。那么，自然昙延《起信论义疏》的面世时间应该是在《大乘起信论》出世之后的事情了。根据镰田茂雄的分析，"《大乘起信论》由于北周武帝断然废佛，恐怕五七七年以前就已流传到北地"，而昙延所著"《起信论疏》撰述年代不详：如较慧远之疏早著，应于北周太祖生前，于太行山百梯寺所撰述。其疏或为《涅槃经疏》，亦有可能著述《起信论疏》。五五四年九月，于始兴县译的《大乘起信论》，在五五六年以前，已传到昙延手里，把撰述年代降到建德年间，与周弘正对论以前，已著有《起信论疏》"②。不过，如果根据上文对于普明讲习《大乘起信论》时间的考证，若普明

---

① 印顺著《大乘起信论讲记》，中华书局，2011 年，第 171 页。
② ［日］镰田茂雄著，周净仪译《中国佛教通史》第四卷，高雄：佛光文化事业有限公司，2011 年，第 86 页。

所接触《大乘起信论》渊源于昙延，那么既可推出昙延至少在560年以前就对《大乘起信论》有相当深入的研究了。但是具体什么时间撰写《起信论义疏》亦应大概在撰写《涅槃义疏》十五卷，舍利塔感应放光之后了。

另外，在昙延《起信论义疏》述及"五业"时提到："五业者，一者悲业，二正行业，三威德业，四方便业，五真实教业。此据如《摄论》。"[1]昙延所撰《起信论义疏》之时，应参考过综合了诸多经论。如开篇解释《大乘起信论》题目时便提到：

> "言起信者，此般若大悲，非复无因。因于大乘而生信心，以彼三种众生愚暗不解故。于此真如三种大义，不生信乐。菩萨大悲为令彼等生起正信，制作斯论，故名起信。三种众生者：一身见众生。以愚痴故，起种种我见，不信真如体义，为众生性。为令彼于自身信有真如自体性义，复令远离种种我见过患故。示真如体大义。二者颠倒众生。以暗障故，于真如功德，谓非己分，不生愿求，欲令彼真如功德相信有可得义，复令远离跛驴心无进意过故。示真如相大义。三者空乱意众生。以不解故，执无有物为空，不信真如有无穷可作功德义，为令彼信有无穷功德，复令远离乐空心过故。示真如用大义。[2]"

为何言为起信，实为对治三种众生愚暗不解。昙延将三种众

---

① 隋·昙延撰《大乘起信论义疏》，《卍续藏》第四十五册，第154页中。
② 隋·昙延撰《大乘起信论义疏》，《卍续藏》第四十五册，第154页上。

生：身见众生、颠倒众生、空乱意众生又分别示现真如之体、相、用三大。三种众生在《胜鬘经》《宝性论》等经论中皆有提及（《大乘起信论》中未见），但将三种众生与《大乘起信论》之体、相、用三大分别对应，这是在其他经论中所没有的。与此同时，昙延以论之对象三种众生为出发点而展开了对于《大乘起信论》的全面疏解。在《胜鬘经》中云：

> "如来藏者，非我非众生非命非人。如来藏者，堕身见众生，颠倒众生，空乱意众生，非其境界。"

如此看来，昙延在撰述《起信论义疏》时，已对《摄论》有一定程度的研究，这在昙延传记之中并未提及。至于昙延所研习之《摄论》为北魏佛陀扇多译本，还是真谛译本是一个很重要的问题。若为真谛译本，那么昙延撰写《起信论义疏》的时间可能被推至571年，真谛弟子法泰初讲《摄论》于建康的时间之后，或者真谛译出《摄论》的时间563年以后。不过，根据两种译本的流传广度来看，昙延所看到的极有可能是真谛译本。因而，昙延《起信论义疏》的撰述时间亦可推至563年之后。

有学者认为《大乘起信论》依于《楞伽经》而作，并且三大《大乘起信论》注疏皆有引用《楞伽经》，但是在昙延《起信论义疏》却没有关于《楞伽经》内容的引用。此外，目前我们所看到的昙延《起信论义疏》实际上是不完整的。该《起信论义疏》本有上下两卷，可如今仅存上卷。所存上卷从"归敬偈"一直讲到了"心生灭相"之"体相熏习"，并且该义尚未讲完，上卷便终。

在过去有关《大乘起信论》研究成果的基础上，近年来，《大乘起信论》的研究又有了新的发展。尤其以日本"杏雨书屋本"《起信论义疏》的发现尤为重要，针对该义疏的发现研究，以日本学者池田将则、大竹晋以及韩国学者石吉英为代表又重新掀起了一股"起信论热"。池田将则通过对"杏雨书屋本"《起信论义疏》与昙延《起信论义疏》的相关对比研究发现①：第一，"杏雨书屋本"《起信论义疏》要早于昙延《起信论义疏》，两疏虽都同时引用了《摄大乘论释》，但昙延《起信论义疏》书中亦有不少部分引用了"杏雨书屋本"《起信论义疏》；第二，很多部分基于真谛所撰述和翻译的文献，如《九识章》《摄大乘论释》《佛性论》等，这就同时意味着"杏雨书屋本"《起信论义疏》之撰述可能发生在真谛身边；第三，据现存文献内容，还未确定"杏雨书屋本"《起信论义疏》与慧远《疏》，元晓《疏》的关联，但是却可以看出法藏《义记》参考过"杏雨书屋本"《起信论义疏》；第四，可以大致确定，"杏雨书屋本"《起信论义疏》的撰写年代《摄大乘论释》译出时间(564年)到昙延逝世(588年)之间。

那么，这样看来，毫无疑问，昙延《义疏》出现时间也大致是在这个时间段以内了。在这段时间，北周恰好出现七年之久的佛道论争，即北周天和元年到建德三年（567—574），随后便是周武废佛，又是七年（574—580），在此大背景之下，面对佛教发展本身所遭遇的危险，昙延注释《大乘起信论》是极为可能的，而这一切的目的又都是为了佛教的再次复兴。这也是为什么周废隋兴之后，昙延迫切想与新的统治者隋文帝杨坚达成一致，开始复兴佛教的行动的主要原因。

关于"杏雨书屋本"《义疏》与昙延《义疏》之间的关系，日

---

① 转引自石吉岩在"比较经学·《大乘起信论》工作坊"会议上的发言：《关于〈大乘起信论〉成立的几点问题》，2013年。

本学者池田将则在《杏雨书屋所藏敦煌文献〈大乘起信论疏〉》一文中指出：昙延《义疏》要比杏雨书屋本《义疏》注释内容更简略，实际上主要是以两本义疏对于引照真谛译《摄大乘论释》为例来说明。由此而推断出"杏雨书屋本"《义疏》早于昙延《义疏》。但是，与此同时，昙延《义疏》在有些地方又比"杏雨书屋本"《义疏》注释更为详细。这样的观点实际上是以思想进化发展的观点来断定的。但是由此同样也可以认为因为昙延《义疏》更早，所以精练。后来者只是在此基础上之加工。不过，"杏雨书屋本"《义疏》相比于昙延《义疏》的确是引用了更多的真谛译集的相关内容，若《大乘起信论》本身出自真谛或真谛周边的话，"杏雨书屋本"《义疏》确有可能是更早的《大乘起信论》注释书①。

关于两本《义疏》的具体比对，可见以下两例。如对于《大乘起信论》中"觉相"篇中"缘熏习镜，谓依法出离故，便照众生之心，令修诸善根，随念示现故"一段，"杏雨书屋本"《义疏》注释为："缘熏习者，此出离法身，流出应化二身。此应化二身，复流出无分别后智，此无分别后智，复流出大悲。此大悲复流出十二部经，安立众生。言教内，与众生做外缘熏习也。"昙延《义疏》注释为："四缘熏镜者，依出离法身，起应化二身，从于大悲，流出十二部经，作诸众生外缘熏习。"显而易见，"杏雨书屋本"《义疏》的注释，多出了对于"应化二身"以在如何"便照众生之心，令修诸善根"的问题上做出了更详细的解释，即"此应化二身，复流出物分别后智，此无分别后智，复流出大悲"。这样的解释，使得文义显得更加顺畅。又如《大乘起信论》"觉相"篇中，"始

---

① 参见池田将则撰《杏雨书屋所藏敦煌文献〈大乘起信论疏〉（羽 333V）》，收于韩国《Critical Review for Buddhist Studies》2012 年 12 月，第 45-167 页。

觉义者，依本觉故而有不觉，依不觉故说有始觉。又以觉心源故，名究竟觉；不觉心源故，非究竟觉。"其中对于后四的解释，"杏雨书屋本"《义疏》释为："言心元者，觉心初起之根元也。名究竟觉者，觉功成就，同于本觉也。不觉心元故者，谓观住异灭三相也。非究竟者，以未同本觉，故修自觉加行，未足自心也。"昙延《义疏》释为："又觉心原故者，觉心体性之根源也，名究竟觉者，觉功成就，同于本觉也。又不觉心原故者，谓不观本性六七识生灭之根原也，非究竟觉者，以未同本觉故，但名加行非究竟也。"

近年来，相比于日本、韩国对于《大乘起信论》方面的研究，国内研究明显有些许滞后。但是值得庆幸的是随着国际学术交流机会的增多，能够让国内学者尽可能多地了解到国际研究的最新动态，即便是时间上稍有些迟，但是也基本上可以做到紧跟其后。遗憾的是由于语言方面的缺陷，笔者不能全面地了解和掌握国际学术动态，这成为本文研究中的一个很大的障碍。

五、结语

昙延身为隋文帝杨坚之师，周隋两朝的昭玄统，隋都城城门亦用其名。这样的一位大法师，却没有在佛教史上占据应有的地位，实为可惜。与慧远齐名的昙延，其所著文疏若如道宣所云"用比远公所制"，慧远是"文句惬当，世实罕加"，昙延"标举宏纲，通镜长鹜"①则远远超过了慧远。可惜的是，现存慧远著作多达十种之多，而昙延的著疏唯有一卷《起信论义疏》，这也是现代

---

① 唐·道宣撰《续高僧传》卷十八《隋西京禅定道场释昙延传》，《大正藏》第 50 册，第 588 页中。

学界之所以对昙延关注较少的主要原因。另外一方面，"文句恰当"者，便于大众之理解，因而流传较广；"标举宏纲，通镜长鹜"者，其艰深的文义致使受众较少，很容易在历史中淹没。

事实上，关于昙延的研究，国内学者除了《昙延传》中的资料，几乎没有其他资料。可是，对于昙延及其《起信论义疏》的研究在日本早已开展了很多年。如望月信亨、高崎直道、吉津宜英、荒牧典俊，丹治昭義等。尤其值得庆幸的是，尤其是这两三年来，随着"杏雨书屋本"《起信论义疏》的发现，昙延《起信论义疏》又再次引起了学界的关注和研究。《大乘起信论》的研究，一直以来都对佛教思想界有着巨大影响，因而学界对它的研究几乎近百年来从未中断过，当然，这样漫长的时间中积淀下来的成果也是相当丰富的。之所以如此，概因《大乘起信论》来源的问题关系着中国佛教传承合法性的问题。但是，从另外一个层面来看，这种合法性的认定究竟又会有多大的价值，一切的一切都不会让我们轻易地得出答案。

因为没有专门学习过佛学研究方法论的内容，所以，在此论文的研究撰写中存在着很多问题。不过，方法的终极目的始终是指向研究、学习、实践的目标的。正如吴汝钧先生在其《佛学研究方法论》中提到，佛学方法是"对佛、菩萨、祖师或其他有关者的佛学，以各种的进路来理解。说得轻松点，佛学研究方法实是佛学方法之方法，是对前人的佛学成果进行理解的研究的方式"。

笔者因目标相同才敢在这陌生的方法知识海洋中胆怯地扬帆，去追寻生命的意义。关于现代佛学的研究方法，以吴之所言，大体可归为两种：哲学的与文献学的。若仔细划分，又可分为：文献学方法、考据学方法、思想史方法、哲学方法和实践修行法等。

这也是为什么近代我国宗教学研究学者大多为哲学、外语、历史出身的原因了。

回到本文来说，依照本文的内容结构，大体上用到了以下几种方法：文献学方法、考据学方法和思想史方法。首先关于昙延的生平，无非是对文献资料的考察、分类和整理。当然，笔者所言之文献学方法是没有涉及比较语言学的广义的文献学方法。其次，考据学方法主要应用于对昙延及其师友弟子的生卒年、活动时间等问题的考察。最后，但却是最重要的思想史方法，它与以上两种方法以及哲学的方法紧密结合，这也是本文在考察昙延及以昙延为代表的当时的佛教宗派在整个佛教发展史上历史定位的主要方法。对于《大乘起信论》本身内容思想的理解，笔者作为一名佛教初学者，不得不参考大家之著作，如印顺法师之《大乘起信论讲记》，以此印顺为代表的一批佛教界学者对于经论的熟悉程度是绝大部佛教初学者所无法企及的，而这种熟悉在《大乘起信论》文本研究过程中无疑具有极大的优势，因此对于其《讲记》的精读就极大地帮助了笔者在理解上的困难。笔者相信，对于昙延及其《起信论义疏》研究的中文文献资料的集中整理，必定会对未来《大乘起信论》研究起到一定帮助作用。

附录一：昙延年表

516 年（北魏熙平元年），昙延出生于蒲州桑泉。

531 年（北魏普泰元年），年十六因游寺，于仁寿寺听妙法师讲《涅槃经》，探悟其旨，遂舍俗服膺幽讨深致。

535 年，昙延时在弱冠（即二十岁）便就讲说，词辩优赡，弘裕方雅。每云："佛性妙理为涅槃总极，足为心神之游玩也。"并在此不久，便受具足戒。

550年（北齐天宝元年），法师昙延（年三十五）与周弘正辩论后，帝益加重，进位昭玄上统。

563年，昙延（年四十八）收慧海为弟子，慧海（550—606）"年至十四，遂落发染衣，为沙门大昭玄统昙延法师弟子"（《续高僧传·慧海传》）。此外，昙延应在此之前，收童真（543—613）为弟子，童真"少厌生死，希心常住，投昙延法师，为其师范，综掇玄儒，英猷秀举。受具已后，归宗律句，晚涉经论"（《续高僧传·童真传》）。由此可见，童真当在563年即二十一周岁前既已师事昙延。

567—574年（北周天和元年到建德三年），周武帝灭佛前的七年争论。573年九月，与陈使周弘正于朝堂辩论。

574—580年，武帝灭佛。（身为国统的）昙延向武帝极谏不从，便隐于太行山，屏迹人世。 逮天元遘疾（约579—580年），追悔昔愆，开立尊像。且度百二十人为菩萨僧。延预在上班，仍恨犹同俗相，还藏林薮。

581年（大定元年正月），昙延、彦琮等，同举奏度方蒙落发。

581年（隋开皇元年，昙延年六十六），二月十三日高祖受禅改号开皇。高祖（隋文帝）下诏度千余人，从沙门昙延之请。

582年，徙都于龙首原，名城曰大兴城，殿曰大兴殿，门曰大兴门，县曰大兴县，园曰大兴园，而尽以靖善房立大兴善寺，寺殿崇广，为京城之最，号曰大兴佛殿，制度与太庙同。 召沙门僧猛住大兴善寺，为隋国大统。按隋承元魏之旧，立昭玄寺掌诸佛教，置大统一人，统一人，都维那三人，亦置功曹主意见簿员以管诸州郡县山门。

584年，开皇四年（昙延年六十九），为沙门昙延立延兴寺。

585年，文帝受菩萨戒，大赦，召僧人入宫讲经。应昙延请，自突厥迎北印度犍陀罗过名僧阇那崛多还，主译经事。后更召婆罗门僧达摩笈多，并敕居士高天奴、高仁和兄弟等同传梵语，又置十大德沙门僧休、法粲、法经、慧藏、洪遵、慧远、法纂、僧晖、明穆、昙迁等监掌翻事，铨定宗旨；沙门明穆、彦悰重对梵本，再审覆刊，整理文义。法常（567—645）"年十九，投昙延法师"（《续高僧传·法常传》）。

586年，亢旱，诏昙延法师于正殿，升御座南面授法，帝及群臣咸席地受八关斋戒，俄而云兴大雨沾淫。收河东道洪为弟子。

587年，召六大德洛阳慧远、魏郡慧藏、清河僧休、济阴宝镇、汲郡洪遵、彭城昙迁并各弟子十人入京，于大兴善寺安置供养。召昙迁为昭玄大沙门统。又立净影寺，使沙门慧远常居讲说。

588年（开皇八年八月十三日），昙延卒于长安延兴寺，年七十三。墓修蒲州栖岩寺。帝辍视朝，敕王公往临。

附录二：昙延弟子汇编（据《续高僧传》）

童真（543—613），姓李氏，远祖陇西，寓居河东之蒲坂，少厌生死，希心常住。投昙延法师，为其师范。通明大小，尤善涅槃。恒处延兴，敷化不绝。听徒千数，各标令望。详真高誉，继迹于师。开皇十二年（592），敕召于大兴善对翻梵本。十六年（596），别诏以为涅槃众主，披解文义，允惬众心。大业元年（605年），营大禅定，下勅召真为道场主，辞让累载，不免登之。存抚上下，有声僧网。又以涅槃本务，常事弘奖，言令之设，多附斯文。大业九年（613），因疾卒于寺住。

慧海（550—606），姓张氏，河东虞乡人。年至十四（563），遂落发染衣。为沙门大昭玄统昙延法师弟子也。留心宗匠，观化群师，十八便讲涅槃。既受具戒，转厌嚣烦，屏迹山林，专崇禅业。居于弘农之伏读山。会周武肆勃，仁祠废毁。乃窜身避难奔齐入陈。戒品无亏，法衣不舍。又采听《摄论》，研究至趣。大隋御宇，方践京邑。帝姊城安长公主，有知人之鉴，钦其德望，为立伽蓝，遂受以局之，今之静法寺是也。课业四部，三学兼弘。门徒济济，于今传美。大业二年（606）五月二十七日卒于本寺，春秋五十有七。弟子钦崇德范，收骨而建塔于终南之峰，即至相之前岭也。刻石立铭树于塔所。

慧诞（约557—630，待考），雍州人，学究《涅槃》及通《摄论》，每登讲席，有名京室。即昙延法师之学士也，住延兴寺。仁寿下勅召起塔于杭州天竺寺，住在灵隐山。贞观初年，卒于本寺，七十余矣。临终清言安话，神色无异。顾诸法属，深累住持，通告好住，恬然神逝。

觉朗（生卒不明），河东人，住大兴善寺。明《四分律》及《大涅槃》而骨气凌人。形声动物，游诸街巷，罕不顾之。仁寿四年（604），下勅令送舍利于绛州觉成寺。大业之末，有勅令知大禅定道场主。镇压豪横，恬然向风，渐润道化，颇怀钦重。不久卒于所住。（觉朗为昙延弟子，在《昙延传》中有明确记载，但在《觉朗传》中只提"住大兴善寺"，"明《四分律》及《大涅槃》"。）

玄琬（562—636），俗姓杨，弘农华州人，远祖因徙，今居雍州之新丰焉。青襟悟道，履操冲明，志在学年，方游法苑。事沙门昙延法师。（昙）延震岭宏标，遗教法主，隋文钦重，立寺处之。而琬位居入室，恭恪据怀。及进俱后，便随洪遵律师，伏膺《四分》。冠冕遮性，镕汰持犯。涉律三载，便事敷演。使于后进乐推，前英叹美。乃旋踵本师（昙延），涅槃真体。掘掇新异，妙写幽微。又欲钦佩唯识，包举理性。于昙迁禅师禀学《摄论》，并寻阅众锋，穷其心计。《法华》《大集》《楞伽》《胜鬘》《地论》《中论》《百论》等。并资承茂实，研核新闻。永惟延师存日，愿造丈六释迦。于仁寿二年（602），提洽有缘，便事炉锤。寺乃京皋冲要，峙望归心。故使至感冥通，控引咸遂。当时空色清朗，杲日流辉；上天雨花，状如云母；满空飘洒，终坠像前。僚庶嘉其罕逢，法属庆斯荣瑞，及开摸之后雅相逾圆，即为关辅栋梁。金像之大有未过也。今在本寺。每于静夜清朝，飞流八音之响，而不测其来至。又造经四藏，备尽庄严，诸有缮写，皆资本据。逮贞观初年，以琬戒素成治，朝野具赡。有敕召为皇太子及诸王等受菩萨戒，故储宫以下师礼崇焉。有令造普光寺，召而居之。贞观十年杪冬，遘疾知归后世。遂以腊月七日，卒于延兴寺房，春秋七十有五。

法常（567—645），俗姓张氏，南阳白水人。少践儒林颇知梗概。年十九（585），投昙延法师。学不逾岁，即讲涅槃，道俗听者咸奇理趣。自尔专亲侍奉，晓夕咨谋，每击幽致。（昙）延欣其情理深当，乃摩顶曰："观子所涉，必住持正法矣。"于即研精覃思，无释寸阴。时年二十二（588），摄论初兴，随闻新法，仰其弘义。于时论门初辟，师学多途。大业之始，荣唱转高，爰下敕旨入大禅定。贞观九年（635），又奉敕召，入为皇后戒师。因即敕补兼知空观寺上座。终于住寺，春秋七十有九。即贞观十九年六月二十六日也。至七月二日，葬于南郊高阳之原。著《摄论义疏》八卷，《玄章》五卷，《涅槃》《维摩》《胜鬘》等，各垂疏记，广行于世。弟子德逊等，为立碑于普光之门。宗正卿李百药为文。

道洪（571—649），姓尹氏，河东人也。年在十三，以开皇六年（586）出家，事京邑大德昙延法师。博通内外，驰誉门序。虽广流众部，偏以涅槃为业教之极也，故敷演之。所以师资传道，声绩逾远近。后与愿法师所，学穷地论，傍通经数，德器崇振。贞观十四年（640），宝昌寺众，请讲《涅槃》。时感白鸡，随人听法，集散驯狎，终于讲会。相从传授，迄于暮齿。凡讲《涅盘》八十七遍，依承宗旨，罕坠彝伦。及弘福译经，选充证义。慈恩创起，又敕征临。以贞观末年微觉轻贬，才经一旬奄尔长逝。春秋七十有九。

道生（生卒待考），蒲州人，延统是其师也，名父之子，系迹厥师。虽雅尚未齐，而思力方远，仁正致怀，声色无染，受持戒护，耽咏文言，四分一律，薄霑声教，讲诲时扬，器法难拟。住兴善寺，卓卓标异，目不斜眄，威仪安帖，众敬惮之。仁寿二年（602），敕召送舍利于楚州。

道逊（556—630），姓张氏，河东虞乡人也。神气高邈，器度虚简，善通机会，鉴达治方。子史流略，尝颇游处。护法御众，诚其本据。虽大通群籍，偏以《涅槃》《摄论》为栖神之宅也。与弟道谦发蒙相化，俱趣昙延法师。延正法城堑，道俗宗归，观属天伦，可为法嗣。乃度为弟子。荷担陪随，游栖宫阙；讲悟谈述，皆簉下筵；欣叙玄奥，每思击节。故听涉乃多，而特览其纲要。

晚住蒲州仁寿寺，聚徒御化，树业当衢。然以地居方会，宾旅凑从，季俗情芜，多纵凡度。既行向背，憎爱由生。逊道会晋川，行光河表。日延主客资给法财，皆委僧储，通济成轨，或有所匮者，便课力经。始周告有缘，德洽民庶，为无不遂。逮贞观中年冬，有请讲《涅槃》者，预知将终，苦不受请。前人不测意，故郑重延之。遂依文叙释，恰至偈初，即觉失念。经才三宿，卒于山所。春秋七十有五，即其年十二月二十五日也。

道谦（561—627），学行之美少劣于兄，而讲解《十地》有闻关表。以仁寿住持既滨关路。每因此嚣尘，地接京都，亟劳人事。乃顾言幽遁，历观山水，谷号王城。因而栖处。以贞观元年卒于山舍。春秋六十七。逊抚之洒泪，与弟子道基等阘毗移阴，收其余尘，散之风府。追惟恩悌，为造释迦砖塔一躯，勒碑树德，沙门行友为文。

海顺（589—618），河东蒲坂人，依于沙门道逊、道光、玄胄，名扇儒宗，具见别传。顺躬事学礼，昼夜诵经。有栖严寺沙门神素者，性好幽栖，尤专二论。顺远承寄调，思扣冲关，乃荷帙登峰，诣参讲肆。徒属既众，钻仰殊多。有所询求但举纲要。

普明（543—628），姓卫氏，蒲州安邑人。十三出家，事外兄道逊为师。又以明付延兴寺沙门童真为弟子。明抗志主持，以大法为己任。十八讲《胜鬘》《起信》，凤素听之，知成大器。进具已后，专师《涅槃》《四分》《摄论》。年二十四讲《涅槃》，三十解《摄论》。凡所造言，宾主兼善。大业六年（610），召入大禅定道场。止十八夏，名预上班，学功所位。武德元年（618），桑梓倾音，欣其道洽。以事闻上，有旨令住蒲州仁寿寺。凡造刻檀像数十龛，写金刚般若千余部，请他转五千余遍。讲《涅槃》

八十余遍，《摄论》《胜鬘》诸经论等，遍数难记。以年月终于住寺，春秋八十有六。有弟子义淹，戒洁清严，见之可领，乃迁葬蒲坂东原，凿穴处之，树碑其侧。

通幽（549—605），姓赵氏，河东蒲坂人，幼龄遗世，早慕玄风。弱冠加年，随霭僧仵，而贞心苦节，寒暑不亏。寻师访道，夷险无变。遇周齐凌乱，远涉江皋。业架金陵，素气悠远。及大隋开运，还归渭阴。味法泰（曾助真谛翻译）其生平，操行分其容止。晚贯籍延兴，时当草创，土木瓦石工匠同举（按：延兴寺立于584年，由此可知通幽师于曼延应在此之前）。以大业元年正月十五日，端坐卒于延兴寺房，春秋五十有七。弟子等从其先志，林藏于终南之山至相前峰，火燎余骸立塔存矣。

Tanyan and His *Exegetical Commentary* on the Awakening of Faith in the Mahāyāna

Wang Zhisong

SUMMARY

In the past century, research into the *Awakening of Faith* 起信论 has received the broad attention of both Chinese and international scholars. Regardless of whether or not it is research into the exact date of this text or a comparative analysis of its philosophical meaning, there have been many well-known scholars and masters who have done penetrating research. The essay will begin with Tanyan 昙延 himself as well as his commentary on the *Awakening of Faith* that predates the "three school commentaries" on this text, and will reorganize the historical background of Buddhism during the period straddling the Zhou and Sui dynasties through a historical study and analysis of Tanyan and other contemporary monks. Moreover, this essay will situate the *Awakening of Faith* and Tanyan's *Exegetical Commentary to the Awakening of Faith* 起信论义疏 within the intellectual system of "*tathāgatagarbha*" (*rulaizang* 如来藏)

and briefly compare it with other "*tathāgatagarbha*" classics. Tanyan was famous throughout the land during the time between the Zhou and Sui dynasties. He was active during the same historical period that the *Awakening of Faith* was being spread around the country. Even though Tanyan wrote the *Exegetical Commentary to the Awakening of Faith*, however, research on the *Awakening of Faith* in the academic world as not directly focused on or investigated Tanyan, therefore, I have taken Tanyan and his *Exegetical Commentary to the Awakening of Faith* as my starting point and hope that research into Tanyan will gain sufficient attention in regard to the *Awakening of Faith*.

Key Words: Tanyan; Nirvana Sect; *Awakening of Faith*; *Further Biographies of Eminent Monks*; *tathāgatagarbha*.

净影慧远对毗昙的定位与运用
——以四宗判教为中心

河北大学哲学系讲师　向慧

摘要： 毗昙学是南北朝较为流行的学说之一，但当时对毗昙的注疏多已散失，净影慧远著述中涉及毗昙的内容，就成为了研究毗昙学在南北朝流行状况的重要材料。净影慧远对毗昙的定位与运用，主要体现在他的判教思想和多部著述的引用之中。其判教的意图、宗旨，以及引用毗昙的方式、特点，都显示出净影慧远将分别法相和彰明行德同时作为毗昙的重要作用，而这两个作用，可能是毗昙在南北朝赖以流行的主要原因。

关键词： 净影慧远　毗昙　判教　立性宗　大乘义章

基金项目：河北省高等学校社科研究 2016 年度基金项目"南北朝时期'毗昙学派'研究"（SD161101）。

在对净影慧远（523—592）的研究中，净影慧远与毗昙的关系，可能是涉及最少的一项内容。南北朝时期，毗昙流行较为广泛，就净影慧远长期栖居的北方而言，《杂心》《毗婆沙》等毗昙论书曾被道场集中宣讲，研习毗昙者与地论一系也常有交涉。净影慧远自然也对毗昙颇为关注，虽在判教时将其置于小乘中浅，但仍在著述中大量引用毗昙论书。①这一做法，在其所处的时代，算是特例。稍晚于净影慧远的智顗与吉藏，虽然同样将毗昙置于各自判教体系的最底层，但对毗昙的重视程度却远不能及——吉藏引用虽多，但意在破斥；智顗虽在世界悉檀的层面上部分肯定小乘法的价值，却意在彰明大乘，对毗昙征引极少。较之两者，净影慧远不仅频引毗昙，还多次肯定毗昙的功用。②那么，净影慧远为什么要大量引用毗昙，仅仅是出于法相分别的必要，还是有其他更深刻的原因？在净影慧远的判教体系中，毗昙的根本功用是什么，占据何种地位？研究净影慧远对毗昙的认识，是否可以成为解读其判教思想的钥匙？本文即以净影慧远的四宗判教为中心，探讨在大小乘意识完全树立的南北朝末期，净影慧远是如

---

① 净影慧远著述十六部，其中三部已佚。现存文献中引用过毗昙的有：《大般涅槃经义记》《地持论义记》《十地经论义记》《无量寿经义疏》《观无量寿经义疏》《维摩义记》《大乘起信论义疏》《大乘义章》。

② 关于净影慧远学习毗昙的经历，僧传中记载不确，只提到"年十六，师乃令随阇梨湛律师往邺，大小经论普皆博涉，随听深隐特蒙赏异，而偏重大乘以为道本"。这里提到的小乘经论可能为毗昙，之后净影慧远往邺，邺是当时北地弘传毗昙的中心之一；再者，其三十一岁时"忆昔林虑，巡历名山，见诸禅府，备蒙传法，遂学数息，止心于境"，学习禅法的同时应该离不开对毗昙的学习；其三，净影慧远各部著作的时间虽难以精确厘定，但被学界公认为成书较早的《十地经论义记》中，就已引用过毗昙。综上三者，加上对净影慧远各部著作引用毗昙的考察可知，净影慧远学习毗昙，可能是一个持续的过程，其系统学习毗昙的时间，应在中青年时期。

何运用和定位毗昙论书，并在自己对佛教全体的理解中，给予毗昙一席之位的。

一、净影慧远四宗判教的基础内容

净影慧远的判教由两部分内容组成，一为四宗判教，二为半满教判。其中，又以四宗为其判教的核心。四宗教判应始自慧光：[①]

> 一因缘宗，指毗昙六因四缘；二假名宗，指成论三假；三诳相宗，指大品三论；四常宗，指涅槃、华严等，常住佛性，本有湛然也。[②]

净影慧远的四宗判教亦是以"分宗"为基础的：

> 宗别有四。一立性宗，亦名因缘，二破性宗，亦曰假名，三破相宗，亦名不真，四显实宗，亦曰真宗……经论之中，虽无此名，实有此义。四中前二是其小乘，后二大乘，大小之中，各分浅深，故有四也。[③]

将毗昙称作"因缘宗"，是南北朝末较为普遍的一种做法。除慧光外，地论一系的大衍、护身、耆阇等所立判教思想中，都将毗昙称为"因缘宗"。净影慧远虽然提及这一称谓，也同样采

---

① 据吉藏记述，"四宗是光统著述"，《法华玄论》，卷二，大正34，374 下。
② 智顗：《法华玄义》，卷一，大正33，801 中。
③ 净影慧远：《大乘义章》，卷一，大正44，483 上。

取四宗判教的模式，似乎表明，他仅在名称上稍作改动，内容与地论一系判教无大差别，实则不然。

净影慧远与慧光的判教，有两点显著差异。[1]其一，净影慧远判教的根本标准是大小乘，而非顿渐。在慧光的另一判教思想——顿渐圆三教判中，慧光直接将小乘经论排除在外。而净影慧远认为，小乘经论"非是顿渐所摄"，[2]在任何时间研习都是必要的，排除小乘就会造成"摄教不尽"的后果，故无论四宗判教还是半满判教，净影慧远都将佛教的全部经论作了判摄对象。其二，净影慧远虽然明确指出小乘二宗分别为毗昙和成实，但在大乘二宗的判摄中，却没有对大乘经论进行明确的高低区分。关于这一点，净影慧远虽然没有直接将矛头指向慧光，但还是借批评他人的观点，说明了以往四宗判教的缺陷：

> 又人立四，别配部党。言阿毗昙，是因缘宗；成实论者，是假名宗；大品法华，如是等经，是不真宗；华严、涅槃、维摩、胜鬘，如是等经，是其真宗。前二可尔，后二不然。[3]

此处的"前二可尔，后二不然"，是指净影慧远认同其他判教中对毗昙和成实归属的判摄，但认为对后二宗的判摄存在问题。净影慧远认为，所有大乘经典都为同一旨归，内容上皆具有破相

---

① 吉津宜英共提出四点差异，参考其文《净影寺慧遠の教判論》，駒澤大學佛教學部研究紀要，1977年第3期，第211页。

② 净影慧远：《大乘义章》，卷一，大正44，465中。

③ 净影慧远：《大乘义章》，卷一，大正44，483中。

和显实的因素，所以不应以经论为单位，对大乘划分深浅。

　　净影慧远不对大乘经论作高低区分的判教理论，在同时代学者中非常少见。他的这一划分，很容易让人把注意力置于大乘两宗，认为小乘两宗的判摄只是沿承前人说法。然而，如果前两宗的判摄完全承袭前人，净影慧远为什么要刻意将"因缘""假名"二宗改称作"立性""破性"？如果说，"假名"中包含"破性"的含义，都体现了《成实》的特点，改称尚容易理解，但描述毗昙所用的"因缘"和"立性"之间，似乎存在相当的差距。那么，为什么净影慧远一定要用立性来定义毗昙呢？吉津宜英认为原因有二：其一，可能是由于因缘法不仅仅存在于毗昙论书中，还普遍存在于大乘法义，故用"立性"突出毗昙的特质；其二，由于后两宗中没有明确划分大乘经典的归属，为了对应破相和显实之名，采用了立性和破性两个名称。[①]笔者认为，这一解释仍有继续讨论的空间。如果小乘二宗的改称，是为了和改称后的大乘二宗保持一脉，突出净影慧远"以宗分别"的意图，那么，净影慧远新立四宗的意图是什么？把毗昙称作立性宗，是否体现了他判教的意图？想要解决上述问题，则需要从分析净影慧远对毗昙的定位开始。

二、从判教的结构看净影慧远对毗昙的定位

　　除了对各宗的名称进行了改动之外，净影慧远还运用二谛分析了各宗对诸法有无的看法，以显示各宗的主要区别。其中，在

---

① 吉津宜英:《净影寺慧遠の教判論》, 駒澤大學佛教學部研究紀要,
1977 年第 3 期，第 215-216 页。

分析立性宗时，净影慧远并未强调毗昙论书以六因四缘解说法义的特质，而是把核心归于法有无自性的问题上。他对毗昙的宗旨概括为"宣说诸法，各有体性"，[①]对毗昙观点的总结，都是基于这一观点进行的。[②]

就法分别	内容	立性宗	破性宗	破相宗	显实宗
无	无彼凡夫横计之无	真谛	义有两兼	义有两兼	义有两兼
	假名因缘法中无性之无	未说	真谛	义有两兼	义有两兼
	妄想无	未说	未说	真谛	义有两兼
	（法）妄想无	未说	未说	未说	义有两兼
	真实寂灭之无	未说	未说	未说	真谛
有	阴界等事相之有	世谛	世谛	世谛	世谛
	苦无常等法相之有	真谛	世谛	世谛	世谛
	因缘假名之有	未说	世谛	世谛	世谛
	诸法妄想之有	未说	未说	世谛	世谛
	妄想之有	未说	未说	未说	世谛
	真实有	未说	未说	未说	体为真谛用为世谛

整体而言，四宗囊括所有法义，净影慧远用立性、破性、破相、显实，概括不同宗判的宗趣和特征，既在客观上呈现了佛教法义由浅（小乘中浅）入深（大乘中深）的过程，突显大乘的地

---

① 净影慧远：《大乘义章》，卷一，483 上。
② 净影慧远：《大乘义章》，卷一，484 下 –485 上。

位，又将佛教经论统一于一个系统之内。表面上看，小乘二宗，不仅在法的范围上有界限，而且在法的究竟程度上有局限。然而，除此之外，净影慧远运用二谛分别分析四宗的方法，也呈现出每一宗中法义的独立性和自洽性。

净影慧远所谓的二谛，并非用二谛概念贯穿四宗，说明何宗为俗，何宗为真，而是"于此四中，皆有二谛"①，在每个宗判中都独立运用了二谛的范畴，对本宗内的法义进行区分。因此，在每一宗的范围内，都会存在一个真谛。这就显示了在不同宗判之下，所含摄法的合理性。当然，从佛教全体来看，立性宗的真谛，必然会在显实宗中被视作世谛，但这是否显示了净影慧远对小乘法的贬斥和否定呢？笔者认为并不尽然，这从净影慧远对二谛的理解中可以获知一二：

> 问曰："我等情取为有，于法本无。说何为谛？"
>
> 释言："凡夫取阴为我，阴随情取，名为我人。说为世谛，非全无法。其真谛者，圣人知阴，非我我所。阴从圣解，说为无我。名为真谛，亦非无法。②"

南北朝时期的判教，多以所立宗经为标准，对其他经论进行判摄，对比吉藏而言，虽然吉藏立于二谛，但在分析于谛时，谓"诸法性空，世间颠倒谓有，于世人为实，名之为谛"③，强调了诸法性空为根本，所谓实有，是世间颠倒而成，对于世人而言为实法，

---

① 净影慧远：《大般涅槃经义记》，卷五，大正 37，738 下。
② 净影慧远：《大乘义章》，卷一，大正 44，483 下。
③ 吉藏：《二谛义》，卷一，大正 45，78 中。

故假名说谛，意在破；但净影慧远则不然，他只是客观描述了小乘毗昙中世谛和真谛的区别，不仅没有用最高法义对其进行评破，反而强调了，即便是毗昙中所谓的取蕴为实，也包含一定的合理性，在"凡夫"的范围内是成立的，故"非全无法"，意在立。这样一来，小乘毗昙坚持法有的特点就会被突显出来，净影慧远用"立性"进行概括，较之吉藏等人以"执以为实"破斥毗昙的做法，更侧重从正面肯定毗昙的合理性，从而突显了四宗在各自的范围内，都是合理自洽的特点。正面肯定所有经论的合理性，可能是净影慧远在判教时最为重要的着眼点。

三、从法相和行门看净影慧远对毗昙的认识

净影慧远以二谛分别四宗，肯定法义在特定范围内的自洽性，突出毗昙"诸法各有体性"的特点，似乎给他将毗昙由因缘宗改称为立性宗提供了一定的依据，然而，讨论至此是远远不够的。笔者认为，净影慧远之所以侧重从"立性"的角度描述毗昙，还有更深刻的依据，这一依据，与其看待佛教经论的角度有直接关系。

净影慧远判摄经论的根本依据，体现在他对"宗"的定义上：

> "言定宗者，诸经部别，宗趣亦异，宗趣虽众。要唯二种：一是所说，二是所表。言所说者，所谓行德；言所表者，同为表法，但法难彰，寄德以显。显法之德，门别无量。故使诸经，宗趣各异。①"

---

① 净影慧远：《大乘义章》，卷一，大正 44，466 下。

结合四宗判的内容可知，净影慧远所谓"定宗"，主要是侧重大乘经论而言的。虽然宗趣由"行德"和"所表"二者构成，但"所表""寄德以显"，故"行德"为净影慧远定宗之根本。净影慧远认为，就大乘而言，大乘经论的行德，都是由真性缘起所成，但所成行门不同。举例而言，《华严》《法华》，以三昧为行门，《般若》诸经以智慧为行门，《涅槃经》则以佛果德涅槃为行门。因此，虽然最终的旨归一致（真性缘起），但行门不同，故大乘法有破相和显实二分，而以往四宗判中判别经论高低的方法无法显示大乘的这一特点。

通观净影慧远的著述，他惯用"行德"指称大乘经典中的行法。①在论及小乘经论时，净影慧远通常采用"行"、"行门"等说法。②虽然定宗之义重在大乘，但实际上，他在分析小乘经律的时候，也采用了相似的区分。③就阿毗昙而言，净影慧远提供了阿毗昙的四种译法，其中着重强调了两个译名——阿毗昙和摩德勒伽，对二者的解释，显示了净影慧远定位阿毗昙的两种角度：

① 举例而言，净影慧远在定义大乘三藏时，曾指出大乘阿毗昙的功用："（大乘阿毗昙）亦名摩德勒伽藏，此云行境界，亦名摩夷，此云行母。此论（十地地持等）所明，八识之理为体，行法为宗。诸菩萨等依于此理，得起修行，依行成德，故言菩萨摩德勒伽藏也。"净影慧远：《大乘起信论义疏》，卷一，大正44，175上中。

② 所谓"行法"，即"三十七品"："就行门分别，行门有七：一是念处，二是正勤，三如意足，四是五根，五是五力，六七觉分，七八正道。故毗昙云：处方便一意，软钝及利根，见道思惟道，佛说三十七。"净影慧远：《大乘义章》，卷十六，775上。

③ 对律藏也是以此二门进行分析的：一就教论，二就行辨。若当就教，诠量名律；若当就行，调伏名律。毗尼之教，诠此律行，故称为律；又生律行，故复名律。净影慧远：《大乘义章》，卷一，486上。

阿毗昙者,此方正翻,名无比法。……解释有二:
一就教论,二据行辨。言就教者,三藏之中,毗昙最
为,分别中胜,故曰无比;言就行者,毗昙诠慧,慧
行最胜,故曰无比,毗昙之教,诠此胜行,故名无比;
又能生彼,无比之慧,故曰无比。摩德勒伽,此方正翻,
名行境界。辨彰行仪,起行所依,名行境界。言摩夷者,
此名行母,辨诠行法,能生行故,名为行母。与前境界,
其义相似。①

作为百科全书似的人物,净影慧远经常在《大乘义章》中列
举佛教名词在中国的多种翻译形式,毗昙也不例外。净影慧远指
出,"无比法"这一译名,显示了毗昙在法相分别上的优长,"摩
德勒伽"和"摩夷"两种译法,则突出了毗昙在规定行法和境界
方面的功用。②但值得注意的是,虽然毗昙在中土已有固定的译
法(阿毗昙、毗昙等),但净影慧远还是经常使用"摩德勒伽"
一词,突出说明毗昙在行法上的功用,并对阿毗昙(无比法)和
摩德勒伽的侧重点进行了对比:

阿毗昙 (无比法)	释修多罗	释法相名	释化教	分别止作之义,为生物解
摩德勒伽	释毗尼	辨宣行仪	释行教	辨其修相,为起行心

结合净影慧远其他著作可知,净影慧远并非在阿毗昙(论藏)

---

① 净影慧远:《大乘义章》,卷一,489上中。
② 同样定义摩德勒伽,吉藏的记述中则未显示出以行法切入的意图:"勒
伽论者,即摩德勒伽,谓解阿毗昙论,此翻为境界,寻斯论旨,能生自他利解,
即生解之境界也。" 吉藏:《法华论疏》,大正40,卷一,786上。

之外，再划分出摩德勒伽单成一系。此处，净影慧远主要利用两个不同的译名，突出说明毗昙的两个重要特点：以教法观之，毗昙分别"一切情理虚实、诸谛差别、因缘法相五明处"等法义，是三藏之中分别名相最为细密的；以行法视之，毗昙能够彰显行仪，辨诠行法。

那么，毗昙的释法相名和辨宣行仪两种功用之间，是如何关联的？这也是当代学者在研究毗昙流传原因时所面临的一个难题。毗昙释名解义上的特点常为人知，后世学者也通常在"学习佛教的入门书"这一层面上肯定毗昙在南北朝的流行。然而，在行法方面，毗昙与禅法虽颇有关联，但其间到底存在何种关联？中国长期运用小乘律法，毗昙的流行是否与小乘戒律相关？苦于材料有限，上述问题虽被关注，但在解答上并无定论。

净影慧远在《大乘义章》中为上述问题提供了一种解答的方式，可能有利于我们重新认识毗昙在南北朝时期的作用，这一解答，也与净影慧远立足行法解释佛教有关。这一思想体现于他对三藏的定位之中：

> （慧远）《毗婆沙》中，释有两义：一以义分，随彼一切圣教之中，诠定之义，斯皆摄之，为修多罗；诠戒之义，以为毗尼；诠慧之义，判为毗昙。[1]
>
> （吉藏）修多罗通。又为三藏之本，通诠一切者，名修多罗本教；局诠戒行，名曰毗尼；重辨前二者，名阿

---

[1]《婆沙》中相应部分："为分别心名修多罗，为分别戒名为毗尼，为分别慧名阿毗昙……"可见净影慧远还是做了一些创造性的解释的。 浮陀跋摩共道泰等译：《阿毗昙毗婆沙论》，大正28，卷一，2上。

毗昙。故《婆沙》云：种种杂说，名修多罗；广说戒律，
名曰毗尼；说总相别相，名阿毗昙。①

同样是引用《毗婆沙论》，吉藏对三藏的定位，代表了对于经、
律、论的基本认识。但净影慧远另辟蹊径，重新定义了三藏的内容。
首先，除了律藏以外，净影慧远对经和论的定位都不同以往：经
作为"通诠一切者"，是佛教最重要，也是最基础的内容，但净
影慧远以"定"释经，似乎不足以显示经藏在三藏中的基本地位；
毗昙虽以辨明法相为旨，但所有的分别都是依据经律而来，以"慧"
释论，似乎有些夸大毗昙的作用。但是，从隐显互成的角度，净
影慧远的这一定位就很好理解：

第二隐显，互相助成。修多罗中，虽明戒慧，助成
定行；毗尼藏中，虽明定慧，助成戒行；毗昙藏中，虽明
戒定，助成慧行。以隐显相从，故为此判。②

净影慧远指出，毗昙表面（显）与戒定最为相关，其基本内
容也是说明戒定二学，但在说明戒定的过程中，需要"广开法义"，
对相关的名相概念进行详细的解释，因此，可以促发对佛教真理
的洞察和观照。从这个角度来说，毗昙的根本旨趣（隐），在于
对佛教智慧的显发。

不仅如此，在说明三藏的过程中，净影慧远还纳入了"行"
的概念，强调了戒定慧三学在行法方面的重要性，这样一来，研

① 吉藏：《胜鬘宝窟》，卷一，大正 37，6 中。
② 净影慧远：《大乘义章》，卷一，469 上中。

习经律论三藏就和戒定慧三"行"直接关联起来。单就毗昙而言，净影慧远的这种解释结构，正面给出了对毗昙的定位——通过释名辨相的方式，重点说明禅法与戒律，并对理解法义和悟解佛教有促进之功。

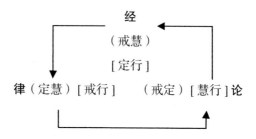

净影慧远用行德和表法作为立宗的根据，令人不得不联想起南道系的另外一位重要人物，也是四宗判的开山之祖——慧光。吉津宜英用"行解相冠"概括他的学风，也认为这是慧光不偏废四宗判教和顿渐圆三教判的重要原因。[①]仅就四宗判教而言，净影慧远自立了一套体系，并间接批判了慧光，看不到其中有继承慧光行解相冠的根本证据。然而，如果从净影慧远立足行法重新定位三藏和四宗进行分析，他的四宗判教或可成为继承慧光学风的一处依据。实际上，不仅在判教中，净影慧远在其著述中也贯彻了这两条线索。

四、净影慧远引用毗昙的角度及特点

从净影慧远引述的内容看，在阴界入、四谛、因缘、业报、禅定、解脱、三无为、圣贤果位等问题上大幅引用毗昙论书的观点。

---

① 吉津宜英:《浄影寺慧遠の教判論》，駒澤大學佛教学部研究紀要，1977 年第 3 期，第 209 页、第 218 页。

由上文可知，净影慧远在定位毗昙时，有法相和行法两个角度，这一定位是否在其称引毗昙的过程中得到了体现呢？

净影慧远对毗昙的称引，尤以《大乘义章》和《大般涅槃经义记》为多。其中，《大乘义章》虽是净影慧远引用毗昙最多的文献，[1]但作为一部包含佛教主要思想的义章类著作，引用当时流行的毗昙学说，不足为奇；同时，也正是由于义章类著作的性质，净影慧远在引述各家观点时，基本忠实于引用之经论，鲜作褒贬评价。这样一来，仅依据《大乘义章》，很难分析出净影慧远是如何运用毗昙的。相较之下，《大般涅槃经义记》是对经典的注解，净影慧远可以自主选择在论述哪些主题时引用毗昙，这就有利于分析净影慧远引用毗昙的角度。

因此，笔者以《大般涅槃经义记》为例，从彰明行仪和法相分别两个角度，统计了净影慧远对毗昙的引用和评论情况。其中，与三十七道品相关的内容，划为"行法"一类，对某一名相的分析解说，划为"法相分别"一类，判教或无明确意义的内容划为"其他"。然而，在很多时候，法相与行法是杂糅一体的，在解说行法的同时，也需要辨明法相，难以全然分别。因此，只能根据征引的侧重点，做一粗略划分，仅举两例，以示说明：

[1] 一分色为十，五根五尘，是其十也。如毗昙中，说有十一，五根五尘及无作色；成实法中，说有十四，五根五尘及与四大。[2]

---

① 从净影慧远的引述频率来看，毗昙和成实的比例相当，各占《大乘义章》的 1/4，涅槃引述最多，约占 1/3。

② 净影慧远：《大般涅槃经义记》，卷六，大正 37，779 上。

[2] 言见道者，依如成实，见四谛空，名为见道；
若依毗昙，见于四谛，十六圣行，从苦法忍，至道比忍，
此十五心，名为见道。①

引文 [1] 划入法相分别一类，此处只是说明毗昙如何分别色法；引文 [2] 划入行法一类，虽是在说明毗昙对于见道的规定，但意在表示毗昙法中如何见道，故属行法。

根据以上划分标准，《大般涅槃经义记》对毗昙的引用形式大体如下：

引用意图	辨宣行仪	释法相名	其他
次数	50	41	6

由此可见，净影慧远不仅在判教、定位三藏和分析毗昙时，强调了毗昙在诠释行法上的作用，还将毗昙的两个功用贯穿于写作的始终。同时，他还注重从"寻同"的角度，提示毗昙对法相的辨析与大乘的一致，②以及在行法上与大乘行德的相通③。这种与大乘的紧密关系，也可能是净影慧远认为毗昙"非全无法"，肯定毗昙正面作用的重要依据。

---

① 净影慧远：《大般涅槃经义记》，卷五，大正 37，753 下。
② 比如对触、四谛等基础概念的解释。举例而言，在对四倒的辨析中，净影慧远指出毗昙的观点与《大智度论》随喜品中的观点一致；对"灭谛"的辨析又与《涅槃经》中说法一致，对于十二入法是否并通三世的问题上，净影慧远也认为，"大乘法中，文无定判，多同毗昙"。净影慧远：《大乘义章》，卷八，632 上。
③ 比如净影慧远以善、恶、无记三性来分别十八界时，净影慧远指出，大乘用根尘二分，同意毗昙认为五识通三性的观点。净影慧远：《大乘义章》，卷八，633 下 -634 上。

五、结论

净影慧远的四宗判教在南北朝末的判教理论中，显得极具特色。净影慧远之所以不以经论、而以宗归作为判教的基本依据，主要与他重视行法有关。对毗昙的定位也不例外，"言就教"加上"以行辨"的双重视角，奠定了净影慧远定位毗昙和运用毗昙的基调。正是明确毗昙在"令生物解"方面的优势，净影慧远才肯定了毗昙"非全无法"；也正是清楚毗昙在诠释禅戒方面的特点，净影慧远才认为毗昙可以"助成慧行"。因此，较于吉藏和智顗对毗昙的判摄，净影慧远能从毗昙自身的理论出发，发掘毗昙论书的特点和在佛教三藏中的作用。而这样的视角，也贯穿了净影慧远四宗判教的始终。那么，净影慧远是如何立足于行德的角度，分别大乘二宗，并统摄佛教全体的，这一角度与地论一系的如来藏思想是否有关，还需进一步讨论。

Jingying Huiyuan's Positioning and Use of Abhidharma—Centering on the Differentiations of the Four Sects

XIANG Hui

SUMMARY

Abhidharma 毗昙学 was one of the prevailing Buddhist doctrines during the Northern and Southern dynasties of China. However, the vast majority of the commentaries on the Abhidharma texts have been lost. Therefore, the content of Abhidharma texts which Jingying Huiyuan 净影慧远 touches on in his writings constitute important materials for researching into the state of Abhidarma during the Northern and Southern dynasties. The position that Jingying Huiyuan gave to Abhidharma and his use thereof are mainly embodied in his thought on how to differentiate Buddhists sects and his numerous quotations of related texts. The main idea and theme, as well as the characteristics and method he used to quote Abhidharma texts all reveal that Jingying Huiyuan thought differentiating "dharma-characters" (*faxiang* 法相) and manifesting virtue were both important functions of Abhidharma. Furthermore, it is possible that these two were the main reasons why Abhidharma was popular during the Northern and Southern dynasties.

Key Words: Jingying Huiyuan; Abhidharma; *panjiao*; Lixing Sect; *Dasheng Yizhang*.

中国华严宗的观音诠释

中国人民大学佛教与宗教学理论研究所教授　张文良

摘要： 基于《华严经》的观音信仰是中国观音信仰的重要组成部分，而中国华严宗思想家对观音菩萨的诠释是中国观音信仰展开的重要理论契机。法藏、澄观、李通玄除了对观世音、观自在、光世音等观音的译名做出诠释之外，还结合佛教的三业思想和华严学的诸圣圆融思想对观音的思想内涵进行了创造性诠释。从语言学的视角看，他们对观音译名诠释的准确性值得商榷，而从观音信仰嬗变的视角看，这种诠释对我们理解观音信仰中国化的途径和规律不无启发。

关键词： 华严宗　观音　法藏　澄观　李通玄

提起观音信仰，我们首先想起的是《法华经》。因为观音信仰的经典依据一般认为就是《法华经》中的"观世音菩萨普门品"。据《观音玄义》记载，由于昙无谶（385—433）念诵观世音的名号而治愈了河西王沮渠蒙逊（386—433）的疾病，《观音品》被单独编为一部经并广泛流行起来。[1]这一传说的真伪待考，不过，现存最古的经录《出三藏记集》已经记载《观音经》别行本的存在。[2]随着大量关于《观音经》的注释书[3]以及宣扬观音信仰功德的灵验记的制作、流传，观音信仰成为中国民间最为流行的菩萨信仰形态。[4]

实际上，观音菩萨不仅出现于《法华经》中，也出现于众多大乘佛教经典之中。如在《华严经》的"入法界品"的善财童子

————————

[1]《观音玄义》卷下："今所传者，即是一千五百三十言《法华》之一品。而别传者，乃是昙摩罗谶法师，亦号伊波勒菩萨，游化葱岭，来至河西。河西王沮渠蒙逊，归命正法。兼有疾患，以告法师。师云，观世音与此土有缘。乃令诵念，患苦即除。因是别传一品，流通部外也。"（《大正藏》第34册，891页下）《出三藏记集》卷第四"《光世音经》一卷（出《正法华经》或云"光世音普门品"）"（《大正藏》第55册，22页中），由此可知，曾存在由竺法护译《正法华经》别行的《光世音经》，此别行本是否早于《观音经》的别行待考。

[2] 参见《出三藏记集》卷第四"《观世音经》一卷（出新《法华》）"（《大正藏》第55册，22页中）。

[3] 道生（355—434）的《妙法莲花经疏》、法云（467—529）的《法华义记》,吉藏（549—623）的《法华玄论》《法华义疏》以及《法华统略》智顗（538—597）和灌顶（561—632）的《法华文句》、窥基（632—682）的《法华玄赞》等都包含"观音品"的注释。

[4] 关于观音菩萨最早的应验记之一是陆杲（459—532）的《系观世音应验记》。但此书在中国散逸已久，后来在日本的青莲院吉水藏被发现，牧田谛亮曾有相关研究成果发表（牧田谛亮《六朝古逸观世音应验记の研究》、平乐寺书店，1970年）。此外还有王琰撰《冥祥记》（只有片段，鲁迅《古小说钩沉》收录）、唐临撰《冥报记》三卷（永徽年间〔650—655〕成立）等著作中虽然书名里没有出现"观音"的名字，但也包含观音菩萨灵验记的内容。惠祥《弘赞法华传》十卷、僧详《法华传记》十卷也包含观音菩萨灵验的内容。

五十三参的故事中，观音菩萨（《六十华严》中称"观世音"，而在《八十华严》中称"观自在"）是第二十七位出场的善知识。善财童子到补怛洛迦山，参诣观音菩萨，菩萨为其解说"大悲行法门"，特别提到修行此法门可以得到二十四种现实利益，这种说法与《观音经》中的说法（信仰观音菩萨可以获得十二种功德，如免除七难、远离三毒、得男得女等）有类似之处。《华严经》的观音菩萨信仰在后世影响深远。如在明代小说《西游记》中，《华严经》中的善财童子被描写为观音菩萨的侍者。在观音类的绘画中，源自《华严经》的观音菩萨教导善财童子的形象也屡屡出现。[①]正因为如此，《华严经》的《普贤行愿品观自在菩萨章》，与《法华经》的《观世音菩萨普门品》、《楞严经》第六卷《观世音菩萨耳根圆通章》一起被称为"观音三经"。

　　《华严经》是中国华严宗的根本经典，与以《法华经》为根本经典的天台宗一样，两个宗派被视为中国佛教八大宗派中最富有理论独创性的宗派。在这两大宗派中，菩萨信仰在其理论体系中占有重要地位。如上所述，天台宗中有诸多《观音经》的注释书，如智顗所讲、其弟子灌顶所记录的《观音玄义》《观音义疏》《法华文句》的"观音品"注，此外还有宋代四明知礼所著《观音义疏记》四卷等。中国华严思想家虽然没有留下

---

　　① 与《华严经》的观音信仰最有名的灵验故事，是《高僧传》所载《四十华严》的译者求那跋陀罗被观音菩萨换头的故事："谯王欲请讲《华严》等经，而跋陀自忖未善宋言，有怀愧叹。即旦夕礼忏请观世音，乞求冥应。遂梦有人，白服持剑，擎一人首，来至其前曰'何故忧耶？'跋陀具以事对。答曰'无所多忧'。即以剑易首更安新头。语令回转曰'得无痛耶？'答曰'不痛'，豁然便觉心神悦怿。旦起，道义皆备，领宋言。"《大正藏》第50册，344页中。

专门的《观音经》注疏，但在对《华严经》的注疏中皆关注到观音菩萨，并从华严宗的立场对观音的内涵和思想做了独特解说。以下以法藏（643—712）、澄观（738—839）、李通玄（635—730）的相关注疏为中心，结合当代学术界关于观音菩萨研究的最新成果，对中国华严宗观音诠释的内涵及特征略作考察。

一、观世音、观自在、光世音

关于观音菩萨，《观音经》的注释者早就注意到一个现象，即其名字的多样性。最早的观音译名是《阿弥陀三耶三佛萨楼佛檀过度人道经》（东汉支娄迦谶或吴支谦译）中的"庐楼亘"[①]，后来的竺法护在《正法华经》中将其译为"光世音"[②]。但这两个译名都流传不广。之后的译名主要分为两类：一是稍早时期的含有"音"字的译名，如"阒音""现音声""光世音""观世音""观音"；另一类是含有"自在"字的译名，如"观世自在""观自在""观世音自在"。

根据现代学术界的研究成果，含有"音"字的译名，其梵文原语是 Avalokitasvara，而含有"自在"字译名的梵文原语应该是 Avalokiteśvara。两者之间，还应该还有 Avalokitaśvara 的过渡词汇。即首先是 s 变为 ś，这种变化在印度、尼泊尔、中亚地区的梵文写本或碑文中经常看到。或许 Avalokitasvara 在传承的某个阶段被误写成 Avalokitaśvara，而受到邻接的 s 被口盖音化为 ś，母音 a 也被口盖音化为 e，结果，Avalokitasvara 就被误

---

① 《大正藏》第 9 册，308 页中 15 行，其梵文原文应该是 Avalo…svra。
② 《大正藏》第 9 册，129 页上 20 行。

发音为 Avalokiteśvara [①]。也有的研究提到《法华经》中观音化身为"自在天"或"大自在天"说法，或者湿婆信仰的流行对 Avalokiteśvara 出现的影响，但都没有决定性的证据。[②]无论这一梵文词在历史上实际的演变情景如何，在梵文文本中曾有两个梵文词的存在是确定无疑的。如果认可现代学术界的研究成果，那么，原初的、正确的写法应该是 Avalokitasvara，即观音，而晚出的 Avalokiteśvara，即观自在，则是一种误读或误写。

但中国历史上的佛经翻译家和佛教学者的认知则有种种差异。如玄应在著于 620 年的《一切经音义》卷五云：

> 观世音，梵言"阿婆卢吉低舍婆罗（Avalokiteśvara）"。此译云"观世自在"，旧译云"观世音"，或言"光世音"，并讹也。又寻天竺多罗叶本，皆云"舍婆罗（〈ī〉śvara）"，则译为"自在"。雪山以来经本皆云"娑婆罗（svara）"，则译为"音"，当以"舍（ś）""婆（s）"

---

① 关于观音菩萨译名的来历和演变，日本学术界有诸多研究成果。早期的研究有：荻原雲来"世自在王と観世音"（《荻原雲来文集》244-254 页，1938 年，1972 年再版，山喜房仏書林）、本田義英"観音訳語考"（《佛典の内相と外相》211-246 页，1934 年，弘文堂書房）、"観音古名論"（同上247-269）、"観音神話の問題"（《法華経：印度学方法論より観たる一試論》195-216 页，1944 年，弘文堂書房）。最新的研究成果则有：辛嶋静志"法華経の文献学的研究 (2) 観音 avalokitasvara の語義解釈"（《創価大学国際仏教学高等研究所年報 (2)》47-49 页，1998 年）。关于观音译名的演变，本文主要参考了辛嶋静志的研究成果。
② 岩本裕《佛教説話の伝承と信仰》（《佛教説話研究》第 3 卷，209 页，1978 年，開明書院）。斎藤明"観音（観自在）と梵天勧請"，《東方学》1-12，122 页，2011 年）。

两声相近，遂致讹失也。①

由此可见，在玄应所见到的印度贝叶本经典中，梵文是写为
Avalokiteśvara，而"雪山已来经本"（或许是玄应时代在中国所
保存的中亚地区的写本）则写作 Avalokitasvara。比玄应的解释更
有权威的是佛经翻译家玄奘（602—664）。玄奘不仅在自己所译
的经典中排除"观世音"的译名而采用"观自在"的译名，而且
在《大唐西域记》卷三关于"阿缚卢枳低湿伐罗（Avalokiteśvara）
菩萨"的自注中云：

　　唐言"观自在"。合字连声，梵语如上；分文散音，
即"阿缚卢枳多（Avalo-kita）"，译曰"观"；"伊
湿伐罗（īśvara）"，译曰"自在"。旧译为"光世音"，
或云"观世音"，或"观世自在"，皆讹谬也。②

玄应曾参加玄奘译场的翻译工作，接触到大量的梵文文本，
两人关于观音菩萨译名的解释，在基本立场上完全一致。不过，
值得注意的是，尽管玄奘等明确指出"观音"或"观世音"的译
名是误译，但在唐代，"观世音"的译名还是广泛流行。究其原
因，一是"观音"或"观世音"的名称由来已久，在民间已经得
到信众的广泛认可。民众的观音信仰并不是基于对观音菩萨名字
来源的正确解读而成立的，所以也不可能由于玄奘等知识精英的
纠误就发生改变。二是这一译名并不是完全误译，而是如玄应所

----

①《一切经音义》180 页，新文丰出版，1973 年。
②《大正藏》第 51 册，883 页中。

说的那样，也有梵文本的依据，只是两个译名所依据的梵文原本不同而已。所以，从根本上说，不能说何者为"正"何者为"误"。三是在唐代，不同宗派之间对这一名称的解释并不统一。玄奘等法相唯识宗坚持"观自在"的译名，但天台宗和华严宗等宗派则对此词的译名持开放态度。如华严宗二祖法藏在《探玄记》中云：

> 观世音者，有名"光世音"，有名"观自在"。梵名"逋卢羯底摄伐罗"（valokiteśvara）。"逋卢羯底"（valokite），此云"观"；"毗卢"(vairo)，此云"光"。以声字相近，是以有翻为"光"。"摄伐罗"（śvara），此云"自在"。"摄多"（śvuta)，此云"音"。勘梵本诸经中，有作"摄多"（śvuta)，有"摄伐罗"（śvara），是以翻译不同也。①

法藏力图从语言学的角度对观音菩萨译名的来历做出说明，但比较玄奘的做法就可以清楚看到，法藏对这些译名的梵文还原是不准确的，如"逋卢羯底"（valokite）就缺少了"阿（A）"音，而"摄伐罗"（śvara）则缺少了"伊（ī）"音。更离谱的是将"光世音"的"光"还原为"毗卢"(vairo)。下面将提到，其正确的还原形态应该是"ā bh ā"。法藏之所以还原为"毗卢"(vairo)，很可能是受到《华严经》中的"毗卢遮那佛"（vairocana，光明遍照）梵文拼法的启发，把这里的"光明"（vairo）与"光世音"的"光"连接起来。这显然是想当然的做法。

关于"观世音""光世音""观自在"等译名，与玄奘、玄应等的立场不同，法藏并没有肯定其中一个而排除其他，而是持

---

①《大正藏》第 35 册，471 页下。

一种中立和开放的态度。而这种态度的理论依据则是梵本诸经原本就有不同写法，故翻译者译成不同的名字是理所当然的，并没有谁对谁错的问题。

澄观在《华严经疏》中也有与法藏类似的说法①，但与法藏略有不同的是，澄观在《行愿品疏》中明确认定"光世音"的译名为误译：

> 然观自在，或云"观世音"。梵云"婆卢枳底"（valokite），此云"观世"。护公误作"毗卢"(vairo)，译为"光"也。"湿伐罗"（śvara），此云"自在"。若云"摄伐多"（svara），此云"音"也。梵本有二故，令译者二名不同。②

"光世音"的译名出自竺法护，但据现代学者考证，这是竺法护的一种误译。即《正法华经》是用西北地区的方言犍陀罗（Gandhari）语传承下来，之后用佉卢文(Kharosthi)的书体传写下来的。在犍陀罗语中，"bh"与"v"之间没有严格区分，而在佉卢文中，母音的长短音没有明确的区分，如"a"与"ā"不分。故竺法护 Avalokitasvara 的接头语"ava"误解为"ā bh ā"，译成"光"，"lokita"（见）与"loka"（世）联系起来，译成"世"，"svara"（音）译成"音"，从而有了"光世音"译名的诞生。③

---

① "又观自在者，或云'观世音'，梵云'婆卢枳底'，'观'也；'湿伐罗'，此云'自在'；若云'摄伐多'，此云'音'。然梵本之中，自有二种不同，故译者随异"(《大正藏》第 35 册，940 页上)。从观音菩萨译名的释义看，与法藏一样，澄观对观音译名的梵文还原并不准确。

② 《卍新续藏》第 5 册，136 页上。

③ 《辛嶋静志"法華経の文献学的研究 (2) 観音 avalokitasvara の語義解釈"，《創価大学国際仏教学高等研究所年報 (2)》43 页，1998 年。

法藏指出了"遮卢"与"毗卢"音字相近，故译为"光"，但没有指出这是一种误译，而澄观则明确指出"光世音"是竺法护的一种误译。"光世音"的译名主要出现于竺法护的翻译经典中，其后，这一译名很快被"观世音"所取代的事实，似乎也证明后来的翻译家意识到竺法护的译名有问题。法藏曾参与唐代的佛经翻译，但其梵文水平如何不得而知。不过，从他没有发现"光世音"译名存在问题来看，其水平值得怀疑。澄观虽然没有像现代学者一样从犍陀罗语、佉卢文的语法演变的角度来分析这一问题，但能够竺法护所译"光世音"是误译，仍然显示出其学术的洞察力。

中国唐代另一位著名的华严思想家是《新华严经论》的作者李通玄。李通玄的《华严经论》结合《周易》和五行思想解释《华严经》，其立论大胆、新奇，与法藏、澄观的注释风格迥然不同。或许是因为这一原因，在宋代确立的中国华严宗的祖师谱系中，李通玄被排除在华严祖师之外。李通玄的这种独特注释风格也表现在对"观世音菩萨"的解释中。李通玄通过比较发现，在早期的《六十华严》（旧译）中，观音菩萨被译为"观世音菩萨"，而在后出的《八十华严》（新译）中则被译为"观自在菩萨"。关于这两个译名之间的异同和取舍，李通玄说明如下：

> 今言"观世音"者，取正念心成，依心应现而立名也，不可以为"观自在"所表法也。"观自在"者，约名表法。义中是表第六般若波罗蜜位也，非是方便波罗蜜。入生死，同众生行，以四摄、四无量，不断烦恼之名。此由翻译者误也。[①]

---

① 《大正藏》第 36 册，863 页中。

李通玄在比较旧译《华严经》中的"观世音"和新译《华严经》中的"观自在"之后，明确指出自己"依旧不依新翻"，即肯定旧译中的"观世音"而否定新译中的"观自在"。这一立场颇让人费解。因为李通玄的《新华严经论》是对新译《华严经》即《八十华严》的注释，而李通玄竟然否定注释对象的译名，这与法藏和澄观对两个译名兼容并蓄的态度形成鲜明对照。而分析李通玄否定"观自在"的根据，并不是梵文原本如何如何，而是从教理教义的角度来作出的判断。即在李通玄看来，"观自在"代表的是大乘六波罗蜜中的"般若波罗蜜"而非"方便波罗蜜"。这种说法，或许受到玄奘所译《心经》的开头部分"观自在菩萨行深般若波罗蜜多时"的影响。与此相对照，"观世音"依众生之心而化现，在现实世界以"四摄""四无量"救度众生，代表的是"方便波罗蜜"，似乎更能反映观音菩萨"大悲行门"的宗教内涵。这是李通玄舍"观自在"而取"观世音"的思想根据。它实际上反映了李通玄对观音菩萨内涵的独特理解。与李通玄这种思路相关联的是他对"光世音"译名的解释：

　　　　又依梵云"光世音"菩萨，明以教光、行光、大慈悲之光，等众生而利物。即一切处文殊，一切处普贤，亦得名一切处光世音。①

　　如上所述，"光世音"是竺法护的一种误译，在中国翻译史

---

　　①《大正藏》第 36 册，863 页上 - 中。

上存续时间也不长。但或许与"光"这一词在佛教（"光明""无量光"等）和中国古典中（"光曜"等）的词性有关，除了竺法护在所译经典中，从"光"的角度对观音的内涵进行阐释之外，三论宗的吉藏（549—623）同样从"光"的角度进行发挥，如他在《法华义疏》中提到"光世音"译名的来历时云："复有经云'光世音菩萨'，或可是翻之不正。《华严经》云'此菩萨住大慈法门光明之行，从此立名云光世音'也。又此菩萨住普门光明三昧，从所住法门为名。"①可见，吉藏虽然意识到"光世音"译名可能是误译，但由于《华严经》中有此菩萨住"大慈法门光明之行"和"住普门光明三昧"的说法，所以又认为观音菩萨是从所住法门而得"光世音"之名。与吉藏相比，李通玄甚至脱离了《法华经》和《华严经》的文脉，直接用独创的"教光""行光""大慈悲之光"来表达观音菩萨平等救度众生的特征。可见，"光世音"一词作为一种误译，本来应该被淘汰，但由于"光"这一词汇在佛教经典和汉语语境下的独特意蕴，"光世音"的译名在三论宗和华严宗中重新获得了生命力，可以说，这一译语已经完全脱离了梵文文本的限制，在汉语文本的脉络中获得了新的意蕴。

二、"三业"与观音信仰

将人的身、口、意三业与观音信仰结合起来的做法，初见于法云的《法华经义记》。法云在注释《法华经》的"观音品"时，

---

① 《大正藏》第 34 册，624 页下。

有"第一正，身业礼拜，求男得男，求女得女"[1]的说法。法云的说法应该启发了吉藏。吉藏在《法华义疏》中阐释"观世音"名字的来历时云：

> 观世意名，但生意业善；观世身名，生身、意二业善。生善义局，故不标之。若口称名，必备三业，以生善多故，立观音名也。三者，意业存念，身业礼拜，但得自行，不得化他，故不立身、意二名。口称观音，具得自行化他，故立观音名也。[2]

吉藏在这里解释观音菩萨为什么称"观世音"而不称"观世意""观世身"的理由。即因为"观世意""观世身"都只产生"意业"善和"身业"善，这种善相对有限，而只有"观世音"才同时具有身、口、意三业之善，所以称为"观世音"。此外，"观世意""观世身"都属于自我利益，而只有"观世音"才兼有"自利"和"利他"，故立"观世音"之名。但《法华经》文本中根本没有出现"观世意""观世身"的说法，吉藏完全是为了与"观世音"进行比较，为了凸显"观世音"译名的殊胜而杜撰出两个译名。这种解释显然不是基于梵文文本的语言学或文献学的解释，而完全是基于吉藏本人对佛教教义的理解而做出的独特解释，是一种"六经注我"而非"我注六经"的注释思路。

如上所述，法藏、澄观的注释思路最初还是力图从梵文文本出发，正确把握"观世音"和"观自在"的内涵。在这个意义上

---

[1]《大正藏》第 33 册，678 页中。
[2]《大正藏》第 34 册，624 页中。

他们与法云、吉藏不同。但在语言学和文本学的考察之后，法藏、澄观等与前代注释家一样，也力图站在特定的思想立场对观音及其信仰做出自己的独特解释。如法藏在《探玄记》中引用了《观世音经》，并解释云：

> 《观世音经》中，"实时观其音声，皆得解脱"。解云，等观世间，随声救苦，名观世音。彼《经》中具有三轮：初语业称名，除七灾，谓水火等；二身业礼拜，满二愿，谓求男女等；三意业存念，除三毒，谓若贪欲等。并如彼说。若偏就语业，名观世音，以业用多故；若就身语，名光世音，以身光照及故。若具三轮，摄物无碍，名观自在。①

在这里，法藏将《观世音经》中的观音信仰分为三类，即"语业"的"称名"、"身业"的"礼拜"、"意业"的"存念"。在佛教的传统中，"意业"实际上最受重视，即起心动念被认为是一切善恶行为的出发点，所以一切修行实际上都结合心念而修。但这里出现的菩萨名字并不是"观世意"而是"观世音"，如何从佛教教理的立场阐明"观世音"乃至"光世音""观自在"名称的微言大义，这是中国佛教思想家的课题。如上所述，吉藏在《法华义疏》中给出了一种解释，但显然这种解释很牵强，并没有说明"观世音"这一名称出现的逻辑必然性。法藏继承了吉藏从"三业"的视角阐释观音法门的思路，即结合身、口、意三业说对观音及观音信仰的

---

① 《大正藏》第35册，471页下。

内涵进行解释，但他高明之处在于并没有勉强把"观世音"这一译名视为唯一、绝对的译名，而是同时承认"光世音""观自在"译名的合理性，并分别以"身光照及"和"摄物无碍"来阐释这两个译名的佛理内涵。这种解释虽然没有任何梵文文本的依据，但确实使这三个译名获得了某种逻辑上的合理性和存在的合法性。而"观自在"与华严宗特有的"无碍"理念联系起来，凸显了"观自在"译名的殊胜，客观上透露出法藏自身对待三个译名的个人倾向。

那么，澄观又是如何对观音的内涵作出阐释的呢？在晚期的《四十华严》注释书《行愿品疏》中，关于观音的内涵云：

> 《法华》"观音品"云，"观其音声，皆得解脱"，即观世音也。然彼《经》中，初语业称名，灭除七灾；二身业礼拜，能满二愿；三意业存念，净除三毒，即自在义。而今多念观世音者，语业用多，感易成故。今取义圆，云观自在。然"观"即"能观"，通一切观。故云"真观、清净观，广大智慧观，悲观及慈观，常愿常瞻仰"。世是"所观"，通一切世。谓若山若海，若佛若生，无不观故。若云"音"者，亦是"所观"，即是所救一切机也。若但云"自在"，乃属"能化"之用，具足应云"观世自在"，通"能""所"也。"能"必有"所"，故略无之。能所两亡，不碍观察，互相融摄，为真自在。[①]

澄观同样从"三业"的角度理解《法华经》中的"观世音"

---

①《卍新续藏》第 5 册，136 页上。

信仰，但与法藏不同的是，法藏将"自在"理解为"三业"的圆融，而澄观则将其理解为"意业"，因为"意业"意味着消除贪嗔痴"三毒"，与佛教修行根本理念相一致，所以称为"自在"亦有道理。

不过，澄观关于"观世音"解释的特色，在于从"能观"和"所观"相互关系的角度来诠释其内涵。"观世音"的"观"代表"能观"，体现菩萨的清净、智慧、慈悲，而"世"和"音"则代表"所观"，包括山河大地、佛众生及一切菩萨所救度的对象。从"能""所"具足的角度看，"观世音"应该称为"观世自在"。"观世自在"是六世纪佛经中出现的关于观音的译名，如菩提流支、瞿昙般若流支、那连提耶舍、阇那崛多、佛陀扇多的译经中皆作"观世自在"。①而玄应的《一切经音义》也把"观世自在"视为正确的译名。即使在玄奘将其翻译为"观自在"之后，在唐代，"观世自在"仍然出现于诸多译经中。但与佛经翻译家基于梵文而选择这一译名不同，澄观是从"能观""所观"具足的教理出发而肯定这一译名的。而从最究竟的教理出发看待"观世音""观世自在""观自在"等诸译名，澄观最终还是选择了"观自在"。因为有"能观"必有"所观"，所以"观世自在"中的"世"字可以省略。更重要的是，"自在"意味着"能观"与"所观"双亡，意味着两者已经相互融摄。所以"观自在"体现了最究竟的圆融

---

① 如菩提流支所译《胜思惟梵天所问经》(《大正藏》第 15 册，80 页下 29 行)、瞿昙般若流支所译《得无垢女经》(《大正藏》第 12 册，97 页下 24 行)、那连提耶舍所译《大方等大集经》(《大正藏》第 13 册，340 页上 22 行)、阇那崛多所译《观察诸法行经》(《大正藏》第 15 册，727 页下 2 行)、佛陀扇多所译《如来师子吼经》(《大正藏》第 17 册，890 页上 19 行)等皆出现"观世自在"的译名。这一译名在玄奘之后仍然出现，如 723 年金刚智译《金刚顶瑜伽中略出念诵经》(《大正藏》第 18 册，242 页上 15 行)就出现"观世自在"译名。

无碍的教理。

三、四圣圆融与观音信仰

李通玄原本对《周易》星相、五行八卦等有较深造诣，在对《华严经》进行注释时，这种独特的知识背景的影响也有体现。如在对"观世音"进行释义时，结合《法华经》中的普贤菩萨云：

> 《法华》中云，普贤菩萨从东方宝威德上王佛所来者。又余《经》云，观世音在西方阿弥陀佛所者，总是如来密意方便，表法成名。意云，东方是智，西方是悲。以方表法，实无方所。但约东为春阳发生，日出普照。二十八宿中，东方角宿及房心等七星，皆为众善位，以表智门；西方七宿昴毕参等，主白虎，秋杀义。昴为刑狱，多主罚恶，以观世音主之。而实佛国一方满十方，一尘含法界，何有方所而存自他隔得别佛也。①

即《法华经》言及普贤菩萨从"东方"而来，而净土类经典则云观世音菩萨作为阿弥陀佛的胁侍菩萨住在"西方"。这里的"东方"和"西方"都是古印度观念中的方位，本来不能直接置换为中国的方位。但李通玄直接从中国古代的五行说出发，认为"东"主"春"，"西"主"秋"，"东"主"生"，"西"主"杀"。在二十八星宿中，东方七星主"智"，而西方七宿主"悲"。如

---

① 《大正藏》第 36 册，981 页中－下。

此一来，观世音的"大悲行门"不仅符合佛教经典的教义，而且与中国传统的五行说、星象学也完全符合。这种说法，从消极的方面说，与早期的"格义佛教"相类似，即拿中国传统的概念思想与佛教的概念思想相比附，从积极的方面说，李通玄力图把"观世音"这一"西方"的菩萨置于中国文化背景下去理解，找到两种文化之间的契合点，也可以视为佛教中国化的一种尝试。

当然，李通玄并没有把"东""西"这种方位概念的意义绝对化，从华严的理事无碍、事事无碍的立场看，时间和空间都是相互融摄的，所谓"一方满十方，一尘含法界"。由于方位概念是相对的，所以他反对所谓观世音菩萨是西方的菩萨而非中国菩萨的观念，认为这不符合佛菩萨的境界。

李通玄的观音信仰的另一显著特征，是结合华严特有的诸圣圆融思想诠释观音。关于观音菩萨与文殊菩萨、普贤菩萨以及《华严经》的说法主毗卢遮那佛之间的关系，李通玄云：

> 于《法华经》中会三入一门中，具有此三法：文殊、普贤、观世音菩萨。表法身无相慧及根本智，即文殊之行主之；表从根本智起差别行，以普贤主之；表大慈悲心恒处苦流不求出离，以观世音主之。以此三法属于一人，所行令具足，遍周一切众生界，教化众生，令无有余，名毗卢遮那佛。即明一切处文殊，一切处普贤，一切处观世音，一切处毗卢遮那。[1]

---

① 《大正藏》第 36 册，981 页下。

李通玄在这里提到了《法华经》的"会三入一"门，认为"三"分别指文殊菩萨、普贤菩萨、观世音菩萨，"一"则指毗卢遮那佛。其中，文殊菩萨代表"无相慧及根本智"，普贤菩萨代表由根本智所起"差别行"，观世音菩萨则代表"大慈悲心"。"会三入一"则指三位菩萨皆属于毗卢遮那佛。本来，《法华经》所说的"会三入一"是指法华"一乘"思想，即声闻乘、缘觉乘、菩萨乘皆归于"佛乘"之一乘。李通玄通过对《法华经》"会三入一"的再解释，从华严的圆融哲学的立场出发，提出三菩萨与毗卢遮那佛之间"四圣圆融"的思想。

在《华严经》中，本来地位最高的菩萨是文殊菩萨和普贤菩萨。如澄观在《三圣圆融观》中所指出的那样，文殊菩萨代表"智"而普贤菩萨则代表"理"和"行"；文殊和普贤代表"因"，毗卢遮那佛则代表"果"。[1]三圣圆融与"因果不二"可以相互说明，即由"因果不二"说明三圣圆融，同时，三圣圆融也体现了"因果不二"。但李通玄在《新华严经论》中不仅讲到三圣圆融，也讲到了这里所表达的四圣圆融。此外，李通玄还讲到了弥勒菩萨、文殊菩萨、普贤菩萨的三圣圆融。[2]"三圣圆融"的说法，是到澄观的《三圣圆融观》才固定下来，成为华严诸圣圆融的典型说法。到宋代以后，除了占主流地位的三圣圆融，在华严体裁的造像中

---

① 《三圣圆融观门》："三圣之内，二圣为因，如来为果。果起言想，且说二因。若悟二因之玄微，则知果海之深妙。"《大正藏》第 45 册，671 页上。

② 小岛岱山"李通玄における三聖円融思想の解明"，《華嚴学研究》創刊号，華嚴学研究所，1987 年。

也有三圣加弥勒菩萨、观音菩萨的"五圣"造像[①]。这应该是受李通玄的《新华严经论》的影响所致。

四、结语

以上，以法藏、澄观、李通玄的相关注疏为中心，考察了中国华严宗思想家对于观音的诠释。这种诠释分为两部分：一是从语言学和文献学的角度对观音译名的诠释。从现代学术的立场来看，无论是法藏的诠释还是澄观的诠释都有很大的缺陷，难以说是准确的，有些完全是一种想象和臆测，如关于"光世音"的"光"字的解释就是如此。二是从三业和诸圣圆融的立场对观音译名及其内涵的诠释。这种诠释，不仅在理论上对观音各种译名存在的合理性作出了论证，拓展了观音菩萨的精神内涵，而且也成为构筑中国华严理论体系如三圣圆融、四圣圆融、五圣圆融思想的重要契机。

从佛教本土化的角度看，基于梵文文献的印度、中亚的观音形象只是观音信仰的原型，观音信仰的展开过程也是观音信仰的中国化过程。这种中国化进程在两个方向展开：一是伴随《观音经》等经典以及《冥祥记》《冥报记》等观音应验类典籍的流行，在

---

① 根据镰田茂雄的研究，华严三圣像最早出现于九世纪中叶的四川，到宋代传播到各地。如杭州飞来峰的石刻像、金代大同善化寺造像、西夏榆林石窟的壁画等。开凿于南宋嘉熙四年（1240）的四川安岳石窟华严洞除了中间的华严三圣造像，左壁还雕有观音菩萨像，右壁则雕有弥勒菩萨像。日本在平安时代出现的"华严五圣曼陀罗"则是华严三圣像的发展形态。镰田茂雄"華厳三聖像の形成"，《印度学仏教学研究》44‐2，1996年。

庶民阶层形成的、以求得现实利益为目标的信仰形态；二是通过佛教思想家从理论上对观音信仰进行的理论诠释，使得观音的内涵与中国传统文化密切结合在一起。正是通过包括中国华严思想家在内的再阐释，原本作为"西方"印度的观音菩萨，逐渐吸收中国文化的要素，与中国文化相结合，成为"东方"的代表性菩萨。总结华严宗思想家的观音阐释模式，可以让我们从一个独特的角度审视佛教中国化的途径和规律。

Interpretation of Guanyin in Chinese Huayan Sect

ZHANG Wenliang

SUMMARY

Beliefs based in the Avalokiteśvara of the *Avatamsaka Sūtra* 华严经 constitute an important part of Chinese beliefs in Avalokiteśvara and, moreover, the interpretation of Bodhisattva Avalokiteśvara by thinkers belonging to the Huayan sect of China was one of the important moments in the development of Chinese beliefs in Avalokiteśvara. Other than the interpretations of the different translations for name of Avalokiteśvara such as "*guanshiyin* 观世音," "*guanzizai* 观自在," and "*guangshiyin* 光世音" provided by Fazang, Cheng Guan, and Li Tongxuan, these three also advanced a creative interpretation of the significance of Avalokiteśvara by connecting the thought on the "three activities" (*sanye* 三业) with Huayan's thought on completely integrating the various sages. From a linguistic perspective, the accuracy of their translations of the name of Avalokiteśvara is worth discussion; and from the perspective of the evolution of beliefs in Avalokiteśvara, this kind of interpretation is not without its merits in terms of our understanding the regulations and paths of Chinese beliefs in Avalokiteśvara.

Key Words: Huayan Sect; Avalokiteśvara; Fazang; Cheng Guan, Li Xuantong

评大竹晋著大乘起信论成立问题研究——《大乘起信论》及汉文佛教文献的拼缀之作[①]

日本驹泽大学教授　石井公成

在近代佛教学的众多论争中，为时最长、歧说最多的是关于《大乘起信论》形成的论争。在中国，通过这场论争，近代的佛教学得以形成。[②]

东亚佛教的基轴之一《大乘起信论》（以下简称《大乘起信论》），被认为是马鸣菩萨之作，真谛三藏（499—569）所译。可是在隋译经目录法经的《众经目录》（594）中说，"人云真谛译，

---

①　大竹晋：《大乘起信論成立問題の研究——《大乘起信論》は漢文仏教文献からのパッチワーク》，東京：国書刊行会，2017 年。

②　石井公成："近代の日本・中国・韓国における《大乘起信論》の研究動向"（《禅学研究》特别号，2005 年 7 月）。对此增补的演讲，参见笔者"近代日本における《大乘起信論》の受容"（アジア仏教文化研究センター《2012 年全体研究会プロシーディングス》，2013 年 3 月）。

勘真谛录，无此论，故入疑。"另外，三论宗思想的集大成者吉藏（549—623）的同门兼弟子百济慧均在《大乘四论玄义》中说，据北地诸论师言，此论非马鸣作，乃是昔地论师作后托为马鸣之作。唐代新罗的华严学者珍嵩也在《探玄记第三私记》中说，《大乘起信论》乃由伪经而成的伪论。

此后亦不时出现对此问题的争论，但望月信亨在1902年发表论文《关于起信论的作者》，质疑《大乘起信论》的作者和形成年代，使此论争变得热烈起来。此后，真作说、北地乃至南地的伪作说、来华印度人撰述说等各种各样的观点出现，互相争论。

在这场论争中，竹村牧男的《大乘起信论读释》（1985）具有重要的分水岭作用。竹村是印度唯识的研究者，也具有华严思想等中国佛教的知识。他详细考察《大乘起信论》的用语，指出其与北地菩提流支及勒那摩提等的译语的一致之处远远多于南地真谛的译语。这点此前曾被提出过，但竹村大力推进了此方面的研究，局面为之一新。因此，最初支持真谛译出说并反复实证研究的柏木弘雄等，后来认为是北地僧侣南下参加真谛译场从而影响了其译语。

然而，近年来仍有人将竹村等至今为止的研究成果置之不顾，并在不了解印度佛教思想的情况下主张《大乘起信论》是印度形成的。在此情况之下，大竹晋的《大乘起信论成立问题的研究——〈大乘起信论〉乃汉文佛教文献的拼缀之作》出版了，作者是在筑波大学本科及研究生院接受竹村指导并开始研究的。如其副标题所示，此书认为《大乘起信论》是在中国形成的，可以说这是一部终结一千四百余年长期论争的划时代的研究著作。就其讨论的细节之处，今后或可修正或补充，但大竹晋的结论认为《大乘起信论》是中国北地的中国人所作，此点已不可反驳。

本书的结构如下：

作者在"序论"中说，《大乘起信论》"被当作印度大乘佛教的合适的入门书"，并严厉批评那些讨论其形成问题的大多数人"并没有梵文及藏译的知识，不过是依据汉文佛教文献臆测而已"（4页）。如大竹所述，本书的研究是基于"汉文大藏经电子化"与"敦煌出土北朝文献的翻刻出版"[①]这最近的两大成果。但大竹之所以能够充分利用这些成果，是因为其拥有对印度和中国的如来藏说、唯识说可博的知识，以及对梵文文献及藏译文献的精确解读能力。迄今为止，大竹的著作有《以唯识说为中心的初期华严思想研究——从智俨、义湘到法藏》《元魏汉译世亲释诸经论研究》，译注有公开出版的新国译大藏经系列的《十地经论Ⅰ、Ⅱ》《大宝积经论》《能断金刚般若波罗蜜多经论释、其他》《法华经论、无量寿经论、其他》《金刚仙论》（合著），另发表了众多相关论文。总之，他对作为《大乘起信论》背景的汉译诸经论做了精细的注释，指出梵文及藏语的对应之处，也研究了其内容。另外，如《地论宗断片集成》（金刚大学佛教文化研究所编《地论宗的形成》，国书刊行会，2017年）所示，大竹自己也致力于收集和公开地论宗文献的佚文。

这种深厚的积累体现在本书中。对于《大乘起信论》的形成问题，大概没有比大竹更合适的研究者了。大竹认为，"如果人们想要确定某个文献是印度撰述还是中国撰述，但自己却没有梵文及藏译的知识的话，则其学问的诚实不免会受到怀疑"（4页）。如灵活使用梵文、藏译、汉文资料来考察《大乘起信论》的高崎

---

① 青木隆·方广锠·池田将则·石井公成·山口弘江：《藏外地論宗文献集成》（ＣＩＲ，ソウル，2012年），青木隆·荒牧典俊·池田将则·金天鹤·山口弘江·李相旻：《藏外地論宗文献集成 統集》（ＣＩＲ，ソウル，2013年）。

直道、柏木弘雄、竹村牧男等，日本佛教界曾表现出优秀的研究水准，但这种水准在急速衰退，大竹感到强烈的危机感，故发此言。对此严厉之言，青年研究者应该理解为激励的话。

在第一部资料篇的第一章中，作者利用不同的敦煌写本校订文本，复原了唐代流通的《大乘起信论》的古代形式。毫无疑问，大竹复原的版本将成为今后《大乘起信论》研究的基础。仅仅利用大正大藏经来研究的时代早已终结，近年船山彻的研究通过文本变迁阐明了《梵网经》接受方式的变化[①]，但遗憾的是国内外研究者大多对此尚未予以充分注意。

在第二章"北朝现存汉文佛教文献对照《大乘起信论》"中，作者参照高崎直道的研究，简略说明了《大乘起信论》的语法及用语特征，然后提供了《大乘起信论》的校订本及其现代日语译文。接着，他把《大乘起信论》校订本置于上部，把现存北朝汉文佛教文献中的对应部分置于下部，配比对照，认为《大乘起信论》是以北朝的汉译经论、讲义录、注释等各种汉文佛教文献为素材的，至少是与它们同时流行的。对于经论等的梵文本及藏译本留存之处，即附上并配有现代日语译文。这种对照工作贯彻始终，极其有用。由此，可知《大乘起信论》作者所依之典据，或与之类似之处，如本觉、始觉的部分，在对应的梵文本及藏译本所无之处，很有可能是《大乘起信论》作者的创造。由此可见《大乘起信论》的特质，而且今后再进一步研究时，没有比这更便利珍贵的资料了。

在第二部研究篇中，第一章"《大乘起信论》的素材"考察了作为此论素材的北朝各种汉文佛教文献。其中不仅有伪经、伪

---

① 船山徹：《梵網経の研究——最古の形と発展の歴史》（臨川書店，2017 年）。

论，也包括来华印度三藏的讲义录。以前曾有人指出《大乘起信论》使用了伪经《仁王般若波罗蜜经》的思想，本书更彻底地做了这种考察。特别是对与《大乘起信论》有类似之处的《金刚仙论》，大竹自己做了详细研究，表明其是菩提流支的讲义录。由此来看，《大乘起信论》大量以《金刚仙论》为基础的部分，就成为其是北朝人撰述说的有力证据。

这部分有很多发现。其中尤其重要的一点是，探明了《大乘起信论》所引大量"修多罗（sūtra 经）"之说的典据，而且表明了《瑜伽论》"本地分中菩萨地"的异译《菩萨地持经》的主张被作为"修多罗"之说引用。如大竹所说，"菩萨地"是论，但却被引用为"经"，这只存在于把"菩萨地"当作《菩萨地持经》，以"经"的形式而接受的中国。这是只有大竹才能做出的考察。至今为止，《大乘起信论》对"修多罗"的引用仍有很多不明之处，大竹探赜索隐，阐明其据。

在第一章中，笔者比较惊讶的是其仅指出一处基于《涅槃经》的部分。虽然作者查典考据非常细致，但《大乘起信论》与《涅槃经》的一致之处仅有一个，鉴于北朝《涅槃经》的流行，这让人难以置信，但也很好地显示出《大乘起信论》作者的独特立场。这也和《大乘起信论》不使用"佛性"一词有关系。总之，《大乘起信论》的作者一方面尊重如来藏经典《胜鬘经》《楞伽经》《宝性论》及其他汉译经论，以及菩提流支的讲义录《金刚仙论》等，但另一方面却不重视以强调"一切众生悉有佛性"而奠定南北朝佛教基调的汉译《涅槃经》，或者这是为了强调差异。这一点在推定《大乘起信论》的作者方面是极其重要的前提。这样此书自身作为优秀研究成果的同时，也为今后的研究提供了非常有用的素材。

此外，本章在揭示与般若流支译经的共通之处时，还注意到菩提流支倾向于直译，而同时期的毘目智仙和般若流则一贯四字成句，且都由昙林笔受。然后，昙林的《毗耶娑①问经翻译之记》也有和《大乘起信论》相似的措辞，而且在《大乘起信论》与《毗耶娑问经翻译之记》中包含着"摄化众生"的最早用例。笔者曾指出，《大乘起信论》中有直译难读的部分与四字句（如后半部分）相连之处，在直译部分中四字句的出现使人感觉是不恰当的比喻和中国式的解释。②大竹接触此说后，认为《大乘起信论》中四字句相连之处可能是受到昙林译文的影响。

　　笔者还指出，昙林作序并编纂的禅宗最初的文献《二入四行论》中有与《大乘起信论》类似的措辞，大竹进一步发挥此说，认为虽不能说昙林参与了《大乘起信论》的撰述，但《大乘起信论》的撰述无疑是在距昙林不远之处进行的。大竹在"关于菩提达摩的《二入四行》"（《驹泽大学禅学研究所年报》第二十五号，2013 年 12 月）中发现了《二入四行论》与北地译经的共通性，此次的《大乘起信论》研究也对初期禅宗研究有所裨益。

　　在第二章中，作者利用近年翻刻并得到研究的敦煌出土北朝佛教文献，整理指出《大乘起信论》中所见北朝佛教的思想。本章具体揭示了《大乘起信论》中的北朝佛教思想有了怎样的中国式的解释，据此否定印度人撰述说，补强了北地中国人撰述说。《大乘起信论》与南朝佛教学的类似也值得注意，其对大乘予以体大、

---

① "娑"，书评人误写为"婆"，据原书改。——译者按。
② 石井公成：《〈大乘起信論〉の成立——文体の問題および〈法集经〉との類似を中心として》（研究代表者·井上克人：《〈大乘起信論〉と法藏教学の実証的研究》，平成十三年·平成十五年度科学研究費補助金研究成果報告書，課題号：13410006）。

相大、用大的三大的说明，是南朝庄严寺僧旻、开善寺智藏及招提寺慧琰等解释摩诃般若时所用体大、相大的概念，经过《金刚仙论》以体和用来分别佛之三身，而在北地展开的体、相、用的佛身论基础上形成的。大竹未提及的是，庄严寺僧旻及开善寺智藏等的思想也曾传至北地，其学说体现在敦煌及其周边的写本中。

第三章考察了《大乘起信论》中散见的对于印度佛教的误解。这是大竹独擅之场。大竹认为相关研究近乎阙如，其原因在于东亚诸国皆将《大乘起信论》当作印度佛教的概论，而未注意到《大乘起信论》与印度佛教思想的差异。这些意义深远的论述中尤其值得注意的是，印度佛教中意味着不退转的阿惟越致（avaivartikatā 等）在《大乘起信论》中被误解为不从信退转。大竹认为这与《金刚仙论》中"众生于诸佛所深植善根，得决定不退之信"的观点相似。《大乘起信论》的这种解释对以元晓为首的东亚诸国的净土信仰影响深远，大竹这一发现很有意义。

第四章根据目前可资利用的资料，阐明了《大乘起信论》何时在北朝形成，何时假托于马鸣，何时流传于南朝，何时假托于真谛等问题。大竹认为《大乘起信论》中没有地论宗南道派及北道派的思想，而与菩提流支来中国之时及之前北朝佛教的思想，以及菩提流支译经及讲义录中所见的思想要素有明显的共通点。再鉴于当时的译经情况等，可知《大乘起信论》的形成时期约在543 年至549 年左右。

其次关于假托马鸣，在日本的七寺一切经、兴圣寺一切经、松尾社一切经等发现的保存古代形式的写本系《马鸣菩萨传》中记载，马鸣为免文烦，著论简略，《大乘起信论》的作者了解此点，便将开头记述众生以文多为烦的《大乘起信论》假托于马鸣。

也就是说，作者自身在撰述《大乘起信论》时即假托马鸣。但法藏以前的注释所用的文本中，并没有马鸣作的记述，这点尚需进一步考察。

关于《大乘起信论》传到南朝真谛周边的经纬，作者注意到池田将则对现存最古的《大乘起信论》注疏杏雨书屋本（拟题，羽333v）的研究，其指出此疏只使用了真谛译经与真谛系文献，[①]作者认为北地的文献传到真谛的集团中，并举出其用语体现于真谛译经的例子，从真谛为伪经《仁王经》作注来看，真谛于550年为《大乘起信论》作注的记载也有可能是事实。《大乘起信论》之所以被当作真谛译，其原因也在此。与之前的章节考据论典详细论述不同，第四章非常简略。虽然其考论大多可以理解，但细节也不乏商榷之处。

在最后的"结论"中，大竹提示说印度瑜伽师系的如来藏思想有不同的系统，如来藏思想的集大成之作《宝性论》是一个系统，融合如来藏与阿梨耶识，发展出独自观点的《入楞伽经》是另一个系统，二者分别形成。勒那摩提汉译了《宝性论》，同时在洛阳的菩提流支汉译了《入楞伽经》，因此，结合两个系统的《大乘起信论》只能在中国北地形成。大竹提醒我们，鸠摩罗什译《成实论》、玄奘译《成唯识论》都不是纯粹的翻译，而是将印度佛教文献作了面向中国人的编集之作。大竹强调，外来文化本地化，从而产生新的丰富的文化，因而即使说《大乘起信论》不是形成于印度，也不能因为它是伪作就认为没有价值。这与如何评价阿毗达磨文献、大

---

① 池田将则：杏雨书屋本《大乘起信論》と曇延《大乘起信論義疏》,（近藤大学仏教文化研究所编《敦煌写本〈大乘起信論〉義疏の研究》(国書刊行会，2017年）。

264

乘经典的发展直接相关，它们都不是释尊在印度的亲口直说。

　　以上是本书的内容。很明显它是划时代的研究，解决了众多难题。当然，本书也不是完全没有问题。比如，《大乘起信论》的"我已总说"被译为"已被我总结说完"（341页）。汉语原文是主动语态，翻译为被动形式就有些奇怪。大竹在读《大乘起信论》时，一边思考作为此论背景的印度经论的相应部分是何种梵文或藏译，一边阅读，所以上述《大乘起信论》的部分也是按照梵文经典的习惯语法"被如来说"来翻译的。大竹熟悉梵文文献，可以说这是只有他才能做出的翻译，这样的例子不止一处。但既然是汉文文献，就应该既考虑到作者写作的意图，也照顾到当时僧侣阅读接受的反应来翻译。另外在论证方面，也经常可见一些稍显武断之处，兹不具论。

　　但对于本书和《大乘起信论》，不管今后会有何种争议，大竹的结论应该是不可动摇的，即《大乘起信论》是六世纪中叶在中国北地了解菩提流支与勒那摩提译书及讲义录的中国僧人编撰的。可以说本书终于解决了持续一千四百年以上的关于《大乘起信论》形成问题的争论。作为近年与《大乘起信论》相关的两大成果——汉文佛教文献电子化与地论宗文献翻刻——的参与者之一，也作为见证大竹自研究生时期以来惊人研究状态的同伴之一，笔者对大竹这一划时代学术成果的刊行深感欣喜。佛教学中《大乘起信论》的真伪论争，是可与日本史学中邪马台国论争相匹敌的重大问题，就这样得到妥善的解决。笔者得以亲眼见证，深感好运。

（史经鹏 译）

评松森秀幸著《唐代天台法華思想の研究——荊渓湛然における天台法華経疏の注釈をめぐる諸問題》[①]

日本驹泽大学　山口弘江

一、天台学研究在本书的地位

中国天台宗的中兴之祖荆溪湛然（711—782）的思想不仅对中国佛教界，也对日本诸宗派产生了深远影响。因而可以说湛然研究是佛教学中最重要、最令人关心的一个主题。对此研究发起挑战的最新成果就是松森秀幸《唐代天台法華思想の研究——荊渓湛然における天台法華経疏の注釈をめぐる諸問題》。

---

① 松森秀幸：《唐代天台法華思想の研究——荊渓湛然における天台法華経疏の注釈をめぐる諸問題》,京都：法蔵館，2016 年

说到湛然研究，在日本长期以日比宣正的《唐代天台学序说——湛然の著作に関する研究》（1966）、《唐代天台学研究——湛然の教学に関する研究》（1975）为主要参考书。近年新的研究趋势高涨，最近十年间日本有吴鸿燕《湛然〈法華五百問論〉の研究》（2007）、池丽梅《唐代天台仏教復興運動研究序説——荊渓湛然とその〈止観輔行伝弘決〉》（2008）等基于学位论文的积极的研究成果依次出版。本书也加入此趋势中，湛然研究迎来新时代。

奥野光贤在中外日报"悠ゆう楽々：中外プラスＡ"（2016年6月10日）已经刊载了本书的概要。奥野氏在报纸专栏的有限篇幅中，恰当地评价了该书的论典，笔者蝇附骥尾，拟进一步探讨该书的内容。

二、本书的目的和意义

如书名所示，该书主要考察湛然的"天台法华经注疏，尝试阐明湛然的法华思想"（3页）。在学位论文的基础上，本书加入了新的问题意识，"湛然的法华经观如何影响了其天台宗复兴运动？"（15页）

至此，首先值得注意的是副标题中的"天台法华经疏"一词。管见所及，先行研究中从未用过这个概念。据作者所说，这是指以天台智顗（538—597）的讲义为基础，弟子章安灌顶（561—632）撰述的《法华经》注释书，即《法华玄义》和《法华文句》（6页）。这并未涉及这一概念的由来。古代有时将《法华玄义》和《法华文句》合称为"法华疏"，本书大概是模仿此名而采用的这个概念。即便如此，本书提出"天台法华经疏"的用意何在呢？

与此相关，作者说"湛然在构筑天台教理的思想体系时，将阐明天台止观实践方法的《摩诃止观》与《法华玄义》《法华文句》这些天台法华经疏关联起来，强调这些是代表智顗思想的一系列著作"（6页），"在此意义上，可知湛然对天台法华经疏的注释是探讨唐代'天台宗'复兴运动实态的线索"（6页）。这里所谓的"湛然的注释"，是指对《法华玄义》的注释《法华玄义释签》和对《法华文句》的注释《法华文句记》。本书主要以这两部文献为研究对象，将之与对《摩诃止观》的注释《止观辅行传弘决》分离开来，笔者认为这是为了消解"三大部"这一后代形成的固定概念化的框架。通过复原"法华疏"这一原初的框架，提出"天台法华经疏"的概念，其意图是想要回到湛然的原意吧。与之前池丽梅（2008）以《止观辅行传弘决》为中心相对，作者把焦点集中于"天台法华经疏"的注释来考察湛然的法华经观，以此尝试阐明"天台宗"的复兴运动。这种视角与方法论是该书的特色，是其在天台学研究中的意义。

三、本书的结构

本书序章之后的正文由五章构成，最后是总结各章成果的结论。本书的结构如下所示。

序章

第一章 平井俊荣《法華文句の成立に関する研究》的检验

第一节 智顗及其《法华经》注释书

　　在序章中，首先指出"本书的范围和课题"，阐述了研究"天台法华经疏"及其注释的意义。其次，在"对湛然的先行研究"中概述了自岛地大等《天台教学史》（1929）以降对湛然的主要相关研究史。这里很出色的是，作者积极地介绍了俞学明的《湛然研究——以唐代天台宗中兴问题为线索》（2006）等海外研究，并点明其在研究史中的地位。最后，在"本研究的构成"中指出正文中五章各自要考察的问题意识。

　　第一章检验平井俊荣《法華文句の成立に関する研究》（1985）中的问题点。此书是 571 页的大著，列举了天台法华经疏参照三论宗吉藏（549—623）著作的例子，对灌顶基于智顗的讲说而笔录所成的三大部的文献价值提出质疑。书中对天台法华经疏做出了彻底的批判性考察，这给现代天台学研究提出了重大课题。此书的各种观点是否恰当值得检验。本章首先在第二节用 7 页篇幅确认了此书中的观点，为读者指明问题的所在。然后再在第三节用 74 页篇幅检验平井的观点。其中考察了平井的两个观点，一是关于《法华玄义》与吉藏《法华玄论》的关系问题，一是灌顶或后来的天台宗学者以吉藏所引诸说为基础而假托为《法华文句》的分科问题。在前者部分，平井质疑的是《法华玄义》的撰者名号"天台智者大师说"，作者指出，首先这个名号是经过各种变迁才形成目前的形式的（40 页），然后承认《法华玄义》卷八列举诸说的部分参考了《法华玄论》（44页），但也指出它也可能参考了《法华玄论》以外的资料（48页），另外智顗讲经时可能本就不关心其他学者的观点，灌顶为了突显智顗学说的优越性，介绍其他师说时也很简略（62页）。再就后者的分科问题来看，平井认为《法华文句》参照吉藏学说而成立的二经六段说，作者认为这是接受了吉藏之前僧绰的主张（104页）。就这样，本章提出并慎重探讨平井说的问题，对其稍显勉强的论证过程，举出客观的论据来应对。

第二章着眼于《法华玄义》中明显是灌顶追记的部分，从湛然对此的注释来讨论湛然对灌顶的理解。第一节考察《法华玄义》最后附记的"私录异同"。在此举出一些事例，表明湛然未意识到对吉藏《法华玄论》的引用，以之为灌顶的思想加以注释，由此可见湛然将《法华经》向绝对化方向修正的意图（126页）。另外，作者推测产生这种误解的背景是，当时湛然通常参照的是吉藏的《法华义疏》，而不是《法华玄论》（135页）。另外，有些可以看出是引用地论宗慧远（532—592）《大乘义章》的部分，湛然也没有意识到，湛然误认为灌顶之说，还给出个人的理解（156页）。第二节在开头即表明目的，想要通过讨论《法华玄义》中对于《法华经》之宗的十二种异说及灌顶的私见，以及湛然的相应注释，来阐明湛然对灌顶的评价以及对吉藏学说的态度（160页）。通过66页的详细考察，作者承认平井说的妥当性，即灌顶在将智顗的《法华经》讲义整理为注疏时，为宣扬老师义解高僧之德，把当时最新的法华经研究——吉藏的研究成果——采纳进来（238页）。文中还介绍了一些例子，表明在吉藏和灌顶对于异说采取不同批评之处，湛然不知其异而从吉藏的角度加以注释（241页），由此可见湛然的注释态度之一斑。

第三章探讨了在先行研究中受到质疑的《法华经大意》是否为湛然述的问题。《法华经大意》是个小部头的文献，从"大意""释名""入文判释"三个方面概括了《法华经》二十八品各品的内容。此著之所以受到重视，是因为其开头处出现了"天台宗"一词，这是湛然初次使用"天台宗"这个名称的地方。本章致力于考察它的内容，其至今为止研究不足。通过扎实的研究，作者表明此文献在"大意"和"入文判释"中同样的意思却用了不同的措辞，这可能透露出它们是不同人物执笔的（290页），还可看出一些日本汉文式的表现（292页）以及与湛然思想不同的随意强调《法华经》圆融性的态度（298页），最后指出《法华经大意》比《法华文句》和《法华文句记》制定了更细化的分科（301页）。从上述几点来看，作者认为应对《法华经大意》的形成时期和著者持保留态度（302页），并极其慎重地给出结论：《法华经大意》并非湛然的著作。

第四章着眼于湛然的《法华文句记》所说的"十不二门"，考察湛然的法华经观。"十不二门"是《法华玄义释签》对《法华玄义》所说"十妙"的实践性诠释的一段，它曾经别为一卷单独流行，成为后世重视的一个概念。本章首先通过考察与《法华文句记》所言及的六处"十不二门"相关的部分，来阐明其与《法华玄义释签》的关联性以及《法华文句记》中思想的接受与展开（313页）。在其后的考察过程中，以"十不二门"的十种中所不包含的"事理不二"为中心来展开论述。第三节明确指出湛然对"常住理"的用法与智顗、灌顶不同（326页），与《法华文句》中并列事理、双向交互的关系相对，《法华文句记》则将重点置于理上，强调纵列单方向的相即关系，这是湛然解释的变化（327—328页）。接着在第四、五节，通过检讨各种研究观点，探讨了

"事理不二"的内容。其结果虽有所保留，但作者认为"事理不二"并非十种特定的内容，而是可以推想"十不二门"整体概念的范畴（337页）。其次，第六节检讨了《止观辅行传弘决》及《止观义例》等所包含的"事理不二"的用例，可以看出其在修行实践上的强调，这与《法华文句记》中的部分不同（343—344页）。第七节提出《法华文句记》中特别重视的"修幸不二门"、"染净不二门"。最后的第八节从《法华玄义释签》《法华文句记》再次确认了湛然在"十不二门"对理的强调。

第五章通过考察湛然独特的"超八"概念，以及其在唐代关于"顿渐"论争中对他者的批判，追问在天台复兴运动中关键的湛然法华思想的本质。本章由四节构成，前三节考察以为《法华经》绝对优于他经的"超八"概念，后一节处理关于"顿渐"论争的议论。第一节中指出，湛然之时尚未有明确的宗派意识，因此湛然的批判焦点并非是为了对抗其他宗派，而是可能侧重于他者对《法华经》的态度和理解（370页），然后表明《法华玄义释签》中虽未直接使用"超八"一词，但已将《法华经》区别于化仪、化法八教而予以特殊对待（376页）。另一方面，对于《法华文句记》，作者着眼于其中唯一可见的"超八"的用语，并考察相关的记述，指出其中批判的"一两师"或"古一师"可能是指华严宗的法藏（643—712）与慧苑（673？—743？）（399页）。通过这种批判，总结出湛然重点是要确立自己宗派以《法华经》为中心的正统性（414页）。其次，在第二节的小结中，湛然著作的最大目的是为了证明《法华经》以及提倡其实践思想天台止观的智顗这二者是与自己相连的，在此基础上，湛然进一步明确了天台止观和"天台法华经疏"的关系（421页）。作者在此再次强调了湛然注释"天台法华经疏"

的意义。第三节着眼于湛然对华严教理的意识，这是其将《法华经》绝对化，确立"超八"一词的背景。另一方面在第四节，作者探讨了《止观义例》——在过去的研究中其被认作批判华严宗的文献，推定其批判对象是"山门"，即天台宗内特定的人物。

最后在结论中，将本书的研究成果分章概括。

以上笔者尽力对本书做了总结，但作者在序章中已明确了各章的问题所在，在结论中也概括了所考察的内容。这两处已对本书的主要论点做了详尽的阐述，可供读者参考。

四、本书的论点及其特色

本书的核心五章中，作者一贯地先仔细考察先行研究，攻其盲点，再精心地利用原始资料，展开扎实的考察。下面谈一下笔者眼中该书的特色。

在序章中，作者明确自己的观点，认为"天台法华经疏"是灌顶在智顗讲义的基础上撰述而成（6页）。在以往的天台学研究中，一般不会使用"撰述"的断语，因此乍看之下这措辞有些过了。可是，随着对本书的阅读，可知作者对著者性质的这个判断有一定的根据，他指出包含"天台法华经疏"的"三大部"是最能发挥智顗思想的著作，这个评价是湛然宣扬出来的（7页），另外第一章中对平井说的批判性检验也有很大的意义。至今的研究中，都极力抑制三大部由灌顶笔录的方面，而着重于论证其是智顗说的意义，但作者转换思想，认为其是灌顶的著作，这给天台法华经疏赋予了新的意义。这点可以说是本书非常显著的特色。

另外，在此前提下，第一章对平井说的检验也是极其客观的。

作者承认灌顶参考了吉藏的注释，但也表明灌顶的注释不是单纯的盗用。这点在第二章也是一样的。在天台法华经疏中，灌顶介入很深，因而至今的研究都致力于从中抽离出智顗的学说，与此相对，作者采用新的视角，提取明确是灌顶著述的部分，来解读湛然对灌顶注释的态度。

第三章考察了《法华经大意》的形成问题，这并不只是一个文献的问题，而是在天台思想史上有着重要的意义。根据本章的考察，表明《法华经大意》并非湛然的真作，并指出其在日本形成的可能，这是本书中值得大书特书的成果。据此关于"天台宗"宗派意识的起源的看法，就必须要修正了。

第四章和第五章回答了序章中提出的问题，"湛然的法华经观对其天台宗复兴运动产生了什么样的影响？"复兴运动的观点是之前池丽梅（2008）极力提出的，本书也意识到此点并进一步考察。结果表明，湛然首先严厉批判的对象并非传统上所谓的其他宗派，而是天台宗内部学习智顗教法而未能正确理解的人，这给我们提供了湛然作为中兴之祖的新的形象。

以上介绍了本书各章的成果，唯一可惜的是序章和结论中没有点明各章的位置和关联性。笔者可以感觉到作者在阐明关于天台法华经疏的形成的疑问后，阐述了湛然法华思想的特质，但如果作者能够再综合论述一下本书的结构的话，读者也就能更容易把握各章考察的意义。

总之，笔者赞同奥野氏所说的，"毫无疑问，本书为今后的湛然研究展开了新的地平线"。期待本书在湛然研究中能够抛砖引玉，引发将来出现更多天台法华经疏的研究。

（史经鹏 译）

《东亚佛学评论》简介

　　《东亚佛学评论》由中国中央民族大学东亚佛教研究中心资助，每年由国际文化出版公司出版两卷（春·秋），论文和书评以中文为主，也包括英文论文和书评。

　　《东亚佛学评论》以东亚佛学研究为主，内容包括东亚佛教的哲学、历史、地理、语言、法律、经济、社会等各方面的学术问题。

　　论文作者可得到论文抽印本二十份及该卷书两册。大陆作者，酌付稿酬。

Review of East Asian Buddhist Studies
（REABS）

The Review of East Asian Buddhist Studies was founded under the auspices of the East Asian Buddhism Institute, MUC. It is published bi-annually (Spring and Autumn) by the International

Culture Publishing Corporation. Most of the articles and reviews are published in simplified Chinese, with some in English as well.

The subject matter of the papers is East Asian Buddhist Studies, including issues in philosophy, history, geography, language, law, economics, and sociology, etc.

Contributors will receive 20 offprints of their articles and two copies of the Review.

投稿须知

Instructions to Authors

1. 所用稿件长短不限，但一般为 8000—15000 字。

2. 来稿请用电子邮件，并注明联系方式。欢迎直接将稿件发到编辑部信箱：eabimuc@163.com，可及时进入评审程序，以免耽误您的稿件处理时间。

3. 译文请附原文复印件，并负责联系版权。

4. 注释请列于页末。各种文字的引文均请用原文注明出处，其顺序为：作者，书名，出版地，出版者，出版时间，页码。

5. 请务必提供内容摘要（中、英文各 150–250 字）和作者简介（中文或英文，100 字）。

6. 编辑部收到格式规范的来稿后，将匿去作者姓名，根据内容送交两位以上的有关专家(中国内地和海外各一)进行评审;《东亚佛学评论》主编将参照专家填写的匿名评审书处理稿件。

7. 自收到稿件之日起，即视为获得首发版权；其间如有任何变化，务请作者赐函通知。

8. 来稿请务必遵守本刊书写规范，引文正确，中英文摘要齐备，并用规范简体字书写。如不遵守本刊规范，将不予处理。

《东亚佛学评论》编委会

2018 年 3 月 1 日